RING

ZEMMOUR PRÉSIDENT, DE LA FICTION À LA RÉALITÉ

suivi de

UNE ÉLECTION ORDINAIRE

édition définitive

GEOFFROY LEJEUNE

ZEMMOUR PRÉSIDENT, DE LA FICTION À LA RÉALITÉ

suivi de

UNE ÉLECTION ORDINAIRE

édition définitive

ring.fr

ÉDITIONS RING

Collection
RING BLANCHE
–
RING
www.ring.fr
–

À Antoine

ZEMMOUR
PRÉSIDENT

DE LA FICTION À LA RÉALITÉ

Les chars couleur sable sont immobilisés avenue Marceau. Partout alentour, des soldats en kaki semblent patrouiller entre les pierres de taille du XVIe arrondissement. Impossible ou presque de se frayer un chemin, même en scooter. Il est 12 h 50 et je sais déjà que je vais manquer le début de cet instant capital. Je déteste arriver en retard à mes rendez-vous professionnels. C'est mal élevé, mais surtout cela indispose mes interlocuteurs : double peine. On progresse lentement vers les Invalides, en contournant les rubans de plastique interdisant d'emprunter certains axes. Derrière moi, Charlotte se cramponne et tente de distinguer une voie sur le GPS de son téléphone. Il est 13 h 07, sept minutes de retard, mon téléphone vibre et sans regarder, je sais que c'est lui. Un SMS suit : *« Je suis au Lutetia. Où es-tu ? »* Charlotte rappelle en haut-parleur, et tente d'articuler, à travers son casque et entre les rafales qui secouent le deux-roues. Lui croit me parler : *« T'es où mon grand ? »* Pas là, pas tout de suite. On contourne comme on peut les chemins interdits et on déboule au Lutetia avec vingt minutes de retard, en ce 14 juillet à la circulation impossible et à la météo peu clémente.

Je vois très peu Éric Zemmour. Une dizaine de fois ces cinq dernières années, ai-je calculé. On se retrouve à chaque interview qu'il donne à *Valeurs actuelles*, peut-être une par an en moyenne, et encore. On s'écrit quatre ou cinq SMS chaque année, soit lorsqu'il me félicite pour un article paru dans *Valeurs*, soit lorsque je lui témoigne mon amitié à l'occasion d'un procès ou d'une polémique. Une fois de temps en temps, je le sollicite pour un café et il m'accorde trois quarts d'heure dans son emploi du temps surchargé. On parle de l'actualité, de ses livres quand il est en promotion, et très rarement de ses ambitions politiques. C'est pourtant l'objet de notre rendez-vous, aujourd'hui.

J'ai évoqué ce sujet pour la première fois avec lui à la fin de l'hiver 2015. À l'époque, j'avais lu dans *l'Express*, sous la plume d'Éric Mandonnet, un articulet relatant les agapes du trio qu'il formait avec Philippe de Villiers et Patrick Buisson, à l'occasion desquelles avait été, pour la première fois, envisagée l'hypothèse de sa candidature à l'élection présidentielle. Ils déjeunaient à la Rotonde, qui n'était pas encore le restaurant d'Emmanuel Macron, ce jeune ambitieux dont seuls quelques initiés connaissaient l'identité. Philippe de Villiers y a ses habitudes ; il y déjeune ou dîne régulièrement, toujours installé à « sa » grande table ronde, au premier étage, coincée au fond à gauche. J'étais jeune journaliste politique à *Valeurs actuelles* et cette hypothèse m'avait agité. J'étais alors fâché avec Patrick Buisson qui me reprochait de ne pas suffisamment l'avoir soutenu au moment de la révélation de ses enregistrements de Nicolas Sarkozy. Je ne connaissais pas encore Philippe de Villiers, qui allait devenir un ami et un mentor. Je n'avais d'autre choix que de me tourner vers le principal intéressé pour démêler le vrai du faux. J'avais appelé Zemmour pour lui demander ce qui relevait du fantasme ou de la réalité dans cette hypothèse. Il avait ri en balayant l'option : *« C'est des conneries mon grand, ne perds pas ton temps. »*

Conneries ? J'étais persuadé de deux choses à l'époque : 1 – un personnage sorti de nulle part pouvait bousculer la donne politique et faire irruption de manière spectaculaire (Macron l'a prouvé un an plus tard). 2 – L'offre politique, entre une droite écrasée par son besoin de respectabilité – aux yeux de la gauche – et ses trahisons, et un Front national en proie aux accommodements mainstream mais incapable d'accéder au pouvoir, avait besoin d'être renouvelée. Ces deux postulats, même si j'avais abandonné l'idée d'écrire un article sur cette potentielle candidature, avaient suffisamment aiguisé mon appétit pour que je m'en ouvre au seul éditeur que je connaissais à l'époque, David Serra, patron de Ring, qui fut séduit par l'idée. Ce récit serait une fiction, genre littéraire qui me permettait de mettre en scène l'inimaginable tout en vidant mes carnets de journaliste politique, pour raconter ce que je savais sur nos élus et dirigeants sans réellement pouvoir l'écrire en toute quiétude dans mon journal.

Le 27 septembre 2015, parut mon premier livre, *Une élection ordinaire*. Quelques mois de travail, beaucoup d'enquête et une dose d'imagination furent nécessaires pour accoucher de ce livre bizarre. J'avais sollicité Éric pour rendre ce récit plausible. Il m'accorda à l'époque trois rendez-vous très formels, dans un café à proximité du *Figaro* où nous escortaient les policiers chargés de sa sécurité – nous étions quelques semaines après l'attentat de *Charlie Hebdo*, quelques mois avant ceux du 13 novembre – ou à la cafétéria du journal, au sous-sol de l'immeuble du boulevard Haussmann. Je l'interrogeais à propos de ses amitiés et relations au sein de la classe politique : Sarkozy, Le Pen père et fille, Valls, Hollande, Cambadélis, Dray, Mélenchon ; il me dit tout ou presque. Je le sondais également sur cette ambition que je me chargeais de coucher sur papier, et il bottait en touche. *« Je suis pour la liberté totale, je ne vais pas t'interdire d'écrire, mais s'il te plaît fais un truc bien* », m'avait-il dit pour seule requête.

Je me suis appliqué comme j'ai pu. J'ai écrit pendant mes pauses déjeuner ou le soir des scènes ou des chapitres, que je faisais relire à Cyril de Beketch et Raphaël Stainville, au bureau. Un jour, revenant d'un déjeuner avec un député socialiste, ils m'appelèrent. J'étais en grand désarroi car j'avais imaginé, dans mon scénario, un rebondissement provoqué par Jean-Marie Le Pen, qui irait déclamer à nouveau chez Jean-Jacques Bourdin, par bravade, que les chambres à gaz étaient un détail de l'histoire de la Seconde Guerre mondiale. Dans mon récit, cette déclaration entraînait rupture avec Marine Le Pen, ralliement à Zemmour, scission du Front national et *tutti quanti*. Mais le menhir avait eu la bonne idée d'aller faire exactement ce que j'avais prévu, chez Bourdin qui plus est… Mon scénario réalisé avant même d'être publié, il ne me restait plus qu'à imaginer autre chose pour dynamiser mon intrigue. Je les rejoignais dans un restaurant japonais de la rue Sainte-Anne, ils finissaient leur déjeuner au saké, et Cyril me dit : « *Il faut que tu fasses mourir le vieux…* » Ainsi naquit l'idée de la mort et de l'enterrement de Jean-Marie Le Pen que, même si je la sais inéluctable, je ne lui souhaite pas trop proche…

La conjuration de la Rotonde fournissait un bon point de départ, mais ça n'était qu'un point de départ… Au moment de ce déjeuner, Philippe de Villiers vivait en exil intérieur. Il avait abandonné la politique peu après les européennes de 2009 et son dernier mandat avait expiré en 2014. Son drame familial et son utilisation médiatique l'avaient vacciné à tout jamais contre la violence du marigot politique. Il vivait en quasi ermite, retiré au Puy du fou. L'hiver, il écrivait des scénarios et des romans historiques. L'été, il arpentait les allées du parc en attendant chaque jour le SMS indiquant le nombre de visiteurs, sur son téléphone à clapet de « maçon portugais » : c'est ainsi qu'il s'amuse à appeler son vieux téléphone qui est à des années lumière des smartphones. Il n'avait pas encore écrit son best-seller *Le Moment est venu de dire ce que j'ai vu*, ces mémoires provisoires qui le réhabiliteraient et lui rendraient une tribune. Buisson vivait lui aussi reclus, un an après la révélation de ses enregistrements de Nicolas Sarkozy. Il s'était attelé à la rédaction de *La Cause du peuple*, ce livre monumental qui allait tenter de redonner une colonne vertébrale à la droite. L'un et l'autre se faisaient discrets, quand leur compère Zemmour prenait la lumière. Il est assez logique que, dans la discussion, ces deux corsaires trouvent brillante l'idée de présenter Éric à une élection, pour faire vaciller le système. Villiers dit de Zemmour qu'il est sa *« bouffée d'oxygène »* à la télévision, Buisson reconnaît son immense talent de bretteur, tous trois sont liés par trente ou quarante ans d'estime et d'amitié, ce qui n'exclut ni les fâcheries ni les bouderies d'un jour. Tous trois sont assez discrets sur leurs échanges, mais je sais qu'ils parlent politique, confrontent leurs points de vue sur l'actualité, se parlent de leurs écrits en préparation, refont leurs guerres du passé.

J'ai rencontré Philippe de Villiers à l'automne 2015 dans un studio de radio alors que nous étions en promotion de nos livres respectifs. Il m'attrapa par les épaules, me dominant d'une tête, et me dit qu'il fallait que l'on se parle. Il me glissa son numéro de portable, me dédicaça son livre et me promit de m'inviter à la Rotonde. Je découvris la célèbre brasserie et son velours pourpre quelques jours plus tard. Assis à la même table que dans la « légende », je découvris le monument d'érudition et ses emportements à la Cyrano. Villiers se sentait renaître à la politique ; il aimait cela autant que ça le tétanisait. Il goûtait son succès de librairie comme la petite monnaie d'une pièce jamais vraiment digérée. Il n'envisagea pas vraiment de se présenter en 2017 mais les journaux le firent à sa place, et il laissa dire. La campagne présidentielle lui donna l'occasion d'un rôle secondaire, pas réellement à sa mesure, mais pas négligeable pour autant. Il joua de la visite de Macron au Puy du fou pour redorer son blason aux yeux des médias, puis distilla quelques conseils quand le candidat du « nouveau monde » le sollicitait. Il donna un coup de pouce à Marine Le Pen en disant qu'elle avait l'étoffe pour être présidente, mais se tut quand elle espéra qu'il appelle à voter pour elle dans l'entre-deux tours.

Il redouta surtout, avant les affaires, que son rival des Pays de la Loire, Fillon, qui avait recueilli le moineau Retailleau après son départ soudain du nid vendéen, ne s'installe à l'Élysée. Il continua à jouer de sa position au début du quinquennat, écrivit en ménageant Macron autant que sa famille d'origine, avant que la crise sanitaire et un différend sur la réouverture du Puy du fou ne lui offrent l'occasion d'une rupture brutale, consommée via deux livres.

Patrick Buisson a cessé quant à lui de vouloir jouer les faiseurs de roi. Après avoir contribué au succès de Sarkozy, il fut durant six ou sept ans l'homme dont la droite venait baiser la babouche, avant d'être oublié et jeté en pâture en quelques jours, quand fut officialisée sa rupture avec Sarkozy. Durant quelques années, il eut à cœur de rétablir sa vérité sur cette affaire d'écoutes, puis il veilla à la chute de Sarkozy comme on surveille un ennemi qui monte à l'échafaud. Il tenta quelques opérations visant à favoriser la recomposition politique, plaidant pour une union des populistes plutôt que pour une union des droites, selon lui vouée à l'échec. Il vit aujourd'hui en Vendée, où il travaille comme un bénédictin à l'écriture de livres profonds sur la décadence française. Son téléphone sonne moins que jadis mais il ne s'interdit pas de répondre et de distiller conseils et analyses, qu'elles soient sollicitées par Marine Le Pen ou ses anciens amis de droite.

Des journalistes m'ont récemment demandé ce qui, dans mon livre, relevait de la réalité ou de la fiction. Six ans plus tard, et alors que la quasi-totalité de mes « prédictions » se sont avérées des fiascos incommensurables, je puis me permettre de révéler le *vade mecum* que je m'étais fixé au moment d'écrire le livre : tout ce qui relève des rebondissements rocambolesques est faux (le ralliement de Frédéric Mitterrand au Front national, la mort de Le Pen, donc, et autres inventions abracadabrantesques). Tout ce qui relève des interactions entre les personnages est vrai. J'ai tenté de saisir, après avoir parlé avec chacun d'entre eux, quels rapports régissaient les relations entre les protagonistes de mon roman. Lorsque je décris la rancœur sourde entre Marine Le Pen et sa nièce, c'est vrai. L'hostilité teintée de mépris entre la même Marine Le Pen et Zemmour, c'est vrai. La rancœur de Guaino ou Buisson envers Sarkozy, et vice-versa, c'est vrai. J'ai même poussé l'exigence jusqu'à n'inventer presque aucun dialogue, mais en allant les reconstituer en interrogeant les uns et les autres et en restituant de manière fictive des échanges qu'ils n'ont jamais eu, excepté par « moi » interposé. Quand Carla Bruni dit du bien de Robert Ménard, par exemple, c'est également vrai.

Le livre paraissait un jeudi. Ce soir-là, Léa Salamé, la bonne fée qui m'avait fait faire mes premiers pas à la télévision, sur iTélé, m'avait obtenu une invitation chez Laurent Ruquier, dans l'émission *On n'est pas couché*. Sur le trajet vers le studio, dans le taxi, Ariane Chemin, grand reporter au *Monde,* dont je dévorais les enquêtes et admirais, à l'époque, le style journalistique, m'avait téléphoné pour la première fois. En quelques mots, elle avait saisi les raisons de mon entreprise et consacrait, le samedi suivant, la manchette de ce qu'on appelait encore le « quotidien de référence » à l'idée d'une candidature surprise et à mon livre. En arrivant au Pavillon Gabriel, où était enregistrée l'émission de Laurent Ruquier, j'eus à la fois la gorge nouée, l'estomac comprimé et une barre dans le crâne à me rappeler mes pires gueules de bois. Ruquier vint me saluer, courtois, cordial et enthousiasmant, malgré les années-lumière qui séparent nos positions politiques. Je croisais ma copine Nadine Morano qui, quelques instants plus tard, allait provoquer un séisme en exhumant la « race blanche » du peuple français évoquée jadis par de Gaulle. Je ne connaissais pas encore Yann Moix, qui allait devenir un compère des plateaux télé. En le croisant dans les escaliers qui conduisaient au studio, il me mit en confiance à sa manière : « *Toi, je vais te défoncer la gueule* ».

J'eus à peu près la même émotion en pénétrant sur le plateau de Ruquier qu'en visitant un site sacré. Lorsque j'étais étudiant, dans les 16 mètres carré de mon studio, j'avais visionné des dizaines d'heures de cette émission qui, pour ma génération, deviendrait mythique. J'avais allumé machinalement la télé sur France 2 pour la première fois en rentrant d'une des dernières soirées avec mon ami Antoine, qui devait mourir un an plus tard dans un accident de moto. Nous buvions une dernière bière avant de dormir dans mon canapé-lit et sur l'écran privé de son un petit bonhomme tout agité semblait monopoliser la parole et cristalliser toutes les oppositions. Antoine m'avait demandé d'allumer *« pour voir »* et nous avions, ce soir-là, découvert Éric Zemmour. Il riait, blaguait, attaquait, s'indignait, enfonçait, fracassait, ridiculisait, moquait, contre-attaquait, argumentait, comme nous n'avions jamais vu personne le faire. Ce fut ma « rencontre » avec un homme qui allait changer ma vie. Très vite, je pris congé vers 22 h 30, le samedi soir, de mes beuveries estudiantines, pour foncer en Velib rue Oudinot et regarder « le Z ». Ma connexion Internet défectueuse ne m'empêcha pas de visionner ses mémorables heures de joutes télévisées. J'acquis sur eBay et Amazon les exemplaires de tous ses livres et me plongeai dans la bibliographie de cet homme de l'écrit que tout le monde avait découvert à l'écran. Je fus particulièrement marqué, à l'époque, par ses trois récits politiques. *Le Livre noir de la droite* reste aujourd'hui une référence, un récit fouillé et implacable sur les trahisons du RPR de l'époque Chirac, nourri par de nombreuses confidences de barons du parti. *L'Homme qui ne s'aimait pas* et *L'Autre* étaient les deux faces de la même biographie psychologico-politique du premier président corrézien : le premier était publié sous la forme d'enquête, le second de roman, pour éviter les poursuites. Ainsi naquit, alors que je me perdais en côtoyant le fond du classement de la fac de droit de la Sorbonne, ma vocation de journaliste politique.

Sur Internet, on pouvait s'inscrire pour participer dans le public à l'enregistrement d'*On est pas couché*. La première fois que j'y pris part, je fondis sur Zemmour sitôt le générique de fin lancé. Il était près de deux heures du matin, et j'avançais vers lui, tremblant, à l'idée de serrer sa main et d'échanger, peut-être, trois mots avec lui. Étonnamment, il me consacra quelques minutes et fut affable, malgré l'horaire et les heures d'enregistrement dans les pattes. « *Ne faites pas ce métier, il est fini* », doucha-t-il mes ambitions. L'arrivée des journaux gratuits, la perte d'intérêt pour l'écrit, la raréfaction des contenus de qualité justifiaient à ses yeux de renoncer à cette profession en perdition. Il n'en fallait pas beaucoup plus pour me motiver.

Aussi étonnant que cela puisse paraître, je réussis à nouer une forme de correspondance avec Éric alors qu'il était l'homme que la télévision s'arrachait et que je n'étais qu'un petit étudiant sans grand intérêt. Il m'avait laissé son adresse email professionnelle, un soir chez Ruquier, et j'en faisais grand usage. Je me permettais de lui écrire pour approfondir un point que j'avais trouvé confus dans une de ses émissions, pour le questionner sur un passage relevé dans un de ses livres, ou tout simplement pour lui demander des conseils. Il répondit systématiquement, parfois par deux mots ou trois lignes, parfois plus longuement. À chaque fois, mon cœur palpitait. En arrivant à *Valeurs actuelles*, je lui adressai mes premiers articles et il m'encouragea. Quelques mois passèrent et je demandai un jour au directeur adjoint de la rédaction s'il connaissait personnellement Zemmour. Éric avait pigé deux ou trois fois par le passé dans *Valeurs*, et livrait surtout une chronique politique mensuelle dans *Le Spectacle du monde*, la revue éditée par notre groupe. Mon audace fut payante et mon supérieur m'incrusta à son prochain déjeuner avec Éric. Le rendez-vous avait lieu au Petit riche, une brasserie chic du IXe arrondissement. J'avais posé mes bagages à *Valeurs* depuis quelques semaines seulement et écarquillai les yeux durant tout le déjeuner. L'aisance de ces deux hommes, qui parlaient politique et évoquaient des souvenirs personnels mêlés à des analyses brillantes, leur connaissance intime du personnel politique, tout me fascinait. J'osai à peine ouvrir la bouche sauf pour relancer, de temps à autre. Éric me reprit à un moment : « *Arrête de me vouvoyer. Entre journalistes, on se tutoie !* » À la fin du déjeuner, je me risquai tout de même : « *Je n'ai jamais compris pourquoi vous... pourquoi tu dis toujours que les Rolling Stones sont meilleurs que les Beatles ?* » Je m'étais initié à la musique en écoutant les doubles albums rouge et bleu, j'avais appris mes premiers rudiments de piano en jouant *Hey Jude* et gratté mes premières corde de guitare sur *Let it be*... Loin de moi l'idée de vouloir fâcher les fans des Stones, mais aucun argument, aucun, jamais, ne peut justifier qu'on ose seulement comparer le génie créatif et mélodique de ces deux groupes. Les Beatles ont révolutionné la musique, les Stones ont régalé une génération de jeunes filles. Point barre. Éric m'expliqua rigoureusement l'inverse. Il n'a pas spécialement de connaissances musicales, et ne s'en cache pas, mais il se lança dans une explication complexe visant à prouver que les Stones avaient marié l'éternelle révolte adolescente aux rythmes des musiques noires américaines, et que ce cocktail était indépassable. Il avait activé le mode bête de scène, me fixa dans les yeux et attendit, en parlant vite et en multipliant les exemples, que j'acquiesce. Je finis par me soumettre en promettant d'acheter des disques pour réviser mon jugement. Je l'ai fait, il se trouve que, selon moi, Éric avait tort. Mais je compris ce jour-là que même quand Zemmour a tort, Zemmour a raison.

Dix ans plus tard, à sa place sur le plateau, pour parler de lui, je pensais un peu à tout cela et eus le sentiment de boucler une boucle. L'émission se déroula correctement. J'étais déjà rompu à l'exercice mais surtout, le livre n'était pas si compliqué à défendre. En soi, n'importe quel esprit alerte pouvait comprendre et accepter l'idée que Zemmour, fort de ses succès de librairie et d'audience, avait commencé à incarner une alternative, certes située hors du champ électoral, au duel UMP-FN qui fatiguait un peu tout le monde. Je fus titillé sur ses idées – c'était le jeu – mais au fond, c'est Laurent Ruquier qui posa la question qui reste, aujourd'hui, la seule pertinente : « *On ne sait pas trop ce qu'il en pense, Éric Zemmour ?* » Je savais les deux hommes brouillés (le dernier passage de Zemmour dans l'émission avait viré au pugilat, et Ruquier avait déclaré regretter de lui avoir donné la parole pendant cinq ans) et m'en étais donc tiré par une pirouette : « *Vous avez son numéro de portable, vous n'avez qu'à lui poser la question* ». Au fond, je n'en savais rien. Éric ne s'était pas inquiété outre mesure de ce que j'écrivais, et je m'étais juste proposé de lui faire lire le livre en avant-première. La veille de l'impression, fin août, je lui avais porté les épreuves en main propre au *Figaro*, alors qu'il revenait, tout bronzé, de ses vacances estivales. Je me liquéfiais, les 300 feuilles A4 en main, à l'idée qu'il lise mon premier vrai travail à son sujet, pendant qu'il baguenaudait en me racontant avoir lu le deuxième tome de la correspondance entre Morand et Chardonne et les mémoires d'une comtesse dont j'ai oublié le nom.

Il me téléphona le lendemain matin et me libéra de ce poids : « *J'ai bien ri, c'est bien fichu, ça se lit agréablement. Ma femme ne va pas aimer que tu me fasses presque mourir dans un accident de voiture, mais ce n'est pas bien méchant. C'est une bonne idée d'avoir pris mes livres pour fil rouge, je n'y aurais pas pensé. Mais tu n'as pas aimé* Le Dandy rouge *?* » Silence gêné. « *C'est celui que mon père a préféré. Et sinon, le plaisir aristocratique de déplaire, c'est Baudelaire, pas Chateaubriand* ». J'avais attribué à tort cette citation et, avertissement au lecteur, c'est la seule correction significative apportée dans la réédition d'*Une élection ordinaire* qui suit ce récit.

Le plus intéressant, au fond, fut que personne ne tourna en ridicule mon hypothèse d'une candidature Zemmour, alors même que je la décrivais comme victorieuse, ce qui, avouons-le, relève encore aujourd'hui de l'improbable. Marion Maréchal la jugea toutefois « *fumeuse* », et Nicolas Sarkozy, qui n'aime pas beaucoup Éric, me dit un jour en faisant la moue que l'idée était « *pour le moins audacieuse* ». Peu de gens la prirent au sérieux mais je pus dérouler mon argumentaire et être écouté. François Fillon me félicita pour mon aisance chez Ruquier, et me dit que ce livre semblait « *stimulant* ». Je fus sollicité par de nombreux élus et personnalités pour discuter des alternatives à l'impasse. Au fond, j'avais mis quelques mots sur un malaise général : personne n'incarne des idées qu'on peut estimer majoritaire, et l'équation politique actuelle les condamne à l'impuissance. L'idée d'une candidature dissidente visant à briser les lignes fut sur de nombreuses lèvres dans les mois qui suivirent : Henri Guaino ? Marion Maréchal ? Michel Onfray ?

2017 passa et nous eûmes Emmanuel Macron. C'est ainsi qu'on apprend l'humilité.

Pourtant, la tectonique des plaques engagée ne s'arrêta pas. La primaire de la droite, en 2016, acheva de prouver que ce qui reste de « peuple de droite » attend réellement un changement de braquet. Que ceux qui croient que Fillon a gagné cette élection en promettant le déverrouillage des 35 heures et la résorption de la dette passent leur chemin : ils perdraient leur temps à lire ce qui suit.

Par l'alchimie mystérieuse d'une campagne électorale et parce qu'il sut au bon moment incarner ce qu'il fallait, l'ancien Premier ministre, en parlant de lutte contre l'islamisme et en promettant de relever la fonction de président sans jamais renâcler devant les difficultés, écrasa ses concurrents sur son passage. La suite de la campagne prouva autre chose : un candidat inconnu, propulsé par les médias (il suffit de compter les couvertures du *Point*, de *Paris Match*, de *l'Express* et de *l'Obs* consacrées à Macron pour le prouver), sans programme ou presque, porté par les circonstances, selon le mot du Général, peut remporter la présidentielle. Les élections suivantes achevèrent quant à elles de démontrer que, dans la France archipelisée décrite par Fourquet, à l'heure où le système ne produit plus de légitimité (cette fois, la formule est de Patrick Buisson), où les communautés d'intérêts ou d'idées s'affrontent sous les yeux hagards d'un peuple devenu abstentionniste, voire sécessionniste, il ne suffit plus que de mobiliser 15 % du corps électoral au premier tour pour prétendre accéder au second et, partant, à la fonction suprême.

Éric a toujours côtoyé la classe politique ; il s'apprête aujourd'hui à la rejoindre. Lorsqu'il était jeune journaliste, il avait ses habitudes : des pains au chocolat dévorés avec François Hollande au Flore ; des discussions aussi passionnées qu'interminables avec Pasqua et Séguin, le premier allant jusqu'à le convier en peignoir dans sa chambre d'hôtel ; une déférence partagée par tous ses contemporains envers Marie-France Garraud ; une rancœur teintée de respect pour Chirac, le « grand » coupable d'avoir sacrifié les intérêts de la France à son ambition. Plus tard, quand sa génération a gouverné, il a développé une pointe de mépris pour Sarkozy, le parvenu qu'il jugeait, au fond, indigne de succéder à de Gaulle, mais gardé une amitié franche et virile avec Villiers et Isabelle Balkany ; une complicité intellectuelle avec Le Maire ; un ascendant sur Darmanin, Wauquiez ou Marion Maréchal... Il s'est probablement toujours vu ainsi, mais Zemmour est devenu un concurrent des hommes politiques. Un jour, Nicolas Domenach, avec qui il a débattu de nombreuses années dans l'émission *Ça se dispute*, sur iTélé, m'a raconté qu'il prenait un café avec Bruno Le Maire au moment où Éric est arrivé. À soixante-dix ans, Nicolas est resté un journaliste politique à l'ancienne : il se promène avec carnet et crayons, manie toujours aussi bien le récit que l'éditorial et prend toujours soin de garder une certaine distance avec son sujet. Ce jour-là, Éric arrive, pose sa sacoche et entame un débat avec Le Maire, à grand renfort de moulinets de bras et son compère le regarde en se disant : « *Lui, on l'a perdu* ».

Éric a assisté à la dernière élection présidentielle en spectateur passif et impuissant. Impossible pour lui de soutenir Marine Le Pen, qu'il juge de gauche et dont il tient les campagnes dites « rassembleuses » – entendez consensuelles – pour des désertions. Compliqué également de soutenir Fillon, qui restait comptable du bilan de Sarkozy, même s'il aurait pu se laisser attendrir par l'homme face à la meute. On l'entendit peu (à l'époque, il ne multipliait guère les tribunes). En octobre 2017, il fit paraître *Un quinquennat pour rien*, recueil de ses chroniques diffusées sur RTL, agrémenté d'une préface au canon contre François Hollande et sa naïveté face à l'islamisation du pays. Pour les besoins de sa promotion, il fut un matin l'invité politique de la matinale de RMC et BFMTV, à 8 h 30. J'étais à l'époque chroniqueur dans cette même matinale. La chaîne avait fait appel à des journalistes issus de titres aux lignes éditoriales variées (*Le Point, l'Express, Libération*...) pour livrer des chroniques orientées sur la campagne. Je m'y collai ce matin-là, arrivai un peu avant 7 h 30 dans les studios du sud de Paris, et Jean-Jacques Bourdin sortit du plateau à l'occasion d'une coupure publicité.

L'homme laisse peu indifférent : il est fort en gueule, exigeant, parfois cassant, mais il reste un monument de la radio et, pour l'avoir vu travailler, son succès ne doit rien au hasard. *« Je reçois Zemmour à 8 h 30, tu vas me faire une chronique sur lui. »* J'avais préparé la veille un papier bien scolaire sur les guerres d'ego à droite sur fond de primaire, me pointais à RMC avec mes trois petites feuilles bien rassurantes, que je m'apprêtais à lire à l'antenne. Bourdin détestait cette approche classique et pouvait aller jusqu'à me confisquer ces pense-bêtes, ou à inverser les questions que je lui écrivais, pour forcer la spontanéité de notre échange. À quelques minutes de l'antenne, je dus griffonner des phrases à la main sur un papier, et lui racontai en guise de chronique que certains – Villiers, Buisson – avaient déjà pensé à Zemmour pour l'élection présidentielle, et que d'autres s'étaient risqués à commander des sondages pour connaître son potentiel électoral. Une heure plus tard, avec Zemmour face à lui dans le studio de l'interview du matin, il reprit ces éléments et interrogea mon camarade : *« C'est flatteur »*, répondit Éric. Je peux affirmer qu'à cet instant, Zemmour ne pensait pas – encore – à se lancer en politique.

On peut dire qu'idéologiquement le zemmourisme des origines se situe quelque part entre Jean-Pierre Chevènement et Jean-Marie Le Pen. Ou plutôt, qu'il est une synthèse des idées portées par ces deux monuments de la seconde partie du XXe siècle, auxquelles on peut ajouter celles de Charles Pasqua et de Philippe Séguin. Recette du cocktail : souverainisme, anti-immigrationnisme, autorité de l'État, indépendance nationale, identité chrétienne, refus de l'islamisation, protectionnisme, et parfois même libéralisme (mais à l'intérieur des frontières)... Éric a bien côtoyé ces personnages. Il a entretenu une complicité intellectuelle avec Chevènement qui fut la seule personnalité, en tant qu'ancien ministre de l'Intérieur (socialiste !) à venir le soutenir lors de son premier procès. Le « Che » avait alors corroboré, nous étions en 2010, expérience des statistiques à l'appui, la phrase qui valut condamnation à Zemmour : *« La plupart des trafiquants sont des Noirs et des Arabes. »* Ironie de l'histoire, lorsqu'en 2002, alors porté par des sondages prometteurs, Chevènement envisagea une alliance avec Philippe de Villiers pour élargir son assise électorale sur sa droite, c'est Zemmour qui fit capoter l'opération en ébruitant dans *Le Figaro* leur rencontre secrète. Éric a compté parmi les rares journalistes à prendre au sérieux Jean-Marie Le Pen, avec qui il dissertait des heures, jusqu'à prédire son accession au second tour de la présidentielle en 2002. Il couvrait à l'époque son épopée et me dit un jour que Le Pen avait fait une campagne formidable, qu'il était porté par une énergie invraisemblable et qu'à l'œil nu on voyait qu'il ne plafonnerait pas à 10 %. Séguin et Pasqua sont davantage des compagnons de route. Leurs confidences truffent les récits politiques du journaliste Zemmour. De l'ombrageux Séguin,

Zemmour retient le tempérament mélancolique et les saintes colères, tout autant qu'il respecte le combat acharné contre Maastricht, le discours de 1992 à l'Assemblée nationale et le débat contre Mitterrand. Du corse Pasqua, il aime la faconde, l'humour, l'accent, la désinvolture du truand qui se sait intouchable et le sens de la formule. C'est à lui qu'on doit cette critique des centristes, au moment de leur fusion avec le RPR pour créer l'UMP : « *On amène les électeurs, et ils amènent les élus.* »

Lorsqu'il accède à la notoriété, au début des années 2000, Éric Zemmour vit encore avec les schémas de l'ancien temps. Il y a une droite et une gauche, des hommes politiques érudits (Fabius, Dumas, Juppé, Giscard) dans les deux camps, une alternance en forme de balancier, et les maux qui traversent la société ne sont visibles que par bribes ou dans leurs prémices. Éric vient de la gauche, il a voté Mitterrand en 1981, parce que, a-t-il dit, « *quand on n'est pas de gauche à vingt ans, c'est qu'on n'a pas de cœur, si on l'est encore à quarante, c'est qu'on n'a pas de tête* ». Il s'est frotté au journalisme grâce à Philippe Tesson, admire la plume de Dominique Jamet ou Stéphane Denis dans *Le Quotidien de Paris*, où il signe ses premiers papiers. Il s'intéresse à la droite, consacre son premier livre à Balladur. Il ne considère pas le Front national comme l'ennemi de la République ou comme le diable, mais dit très exactement que les « *bons mots* » de Le Pen (le détail, Durafour crématoire, etc.) lui coûtent sa respectabilité et lui barrent l'accès aux responsabilités, par le suffrage ou via des alliances. Il crève l'écran durant les années Sarkozy, lorsqu'il fustige la gauche autant qu'il éreinte la droite. Il devient un enjeu politique quand ses écrits ou ses dires suscitent des polémiques. La gauche le désigne comme un adversaire politique. Manuel Valls assiste à ses côtés à un concert des Rolling stones et rigole de bon cœur avec lui, avant, quelques semaines plus tard, de le houspiller. Jean-Luc Mélenchon lâche ses coups contre lui alors qu'il était une des rares personnalités politiques (avec Guaino, Cambadélis et les Balkany) à assister à ses cinquante ans, au pavillon Joséphine, à Rueil Malmaison. À droite, il gêne. Copé l'invite à discourir devant les cadres de l'UMP en 2010 et sourit jaune en l'applaudissant mollement lorsqu'il demande la suppression des lois Pleven et Gayssot, bridant la liberté d'expression. Son ami Laurent Wauquiez subit les foudres de ses camarades du parti lorsqu'il l'invite, de même, en 2018. Rachida Dati déteste qu'il reproche aux parents de ne pas choisir des prénoms français pour leurs enfants – elle a prénommé sa fille Zorah, le prénom de sa mère. Sarkozy lève le petit doigt pour lui éviter d'être débarqué du *Figaro*, en 2009, mais ne le prend guère au sérieux et goûte peu sa radicalité, surtout quand elle s'exerce contre lui. Au Rassemblement national, il a fini par devenir une tête de turc. Icône de la base militante, il ébranle Marine Le Pen, en 2016, lorsqu'il l'accuse de faire la même campagne que Juppé, après qu'elle a affirmé que l'islam est compatible avec la

France. Au fond, la droite de Zemmour est morte à une date inconnue, entre le moment où le RPR et l'UDF scellaient leurs états généraux de l'immigration, en 1990, affirmant que « *l'islam est incompatible avec nos lois* » et que « *l'immigration doit être stoppée* », et le moment où Juppé déclarait, en 2016, la larme à l'œil, que « *si c'était à refaire, je ne le referais pas. C'était une erreur.* »

L'extrême gauche s'est convertie à l'islam et à l'indigénisme, la gauche s'est adaptée au néolibéralisme, la droite a dérivé vers l'européisme et le centrisme, l'extrême droite s'est accoutumée aux prébendes du système. Macron est arrivé, et avec lui, les antiques rapports de force se sont envolés. Après avoir abandonné la gauche, puis la droite, le peuple a déserté la politique. L'abstention chronique, devenue endémique, prive le souverain de son pouvoir : celui de changer la vie, ou plutôt de servir le bien commun, au sens aristotélicien du terme. Ne subsistent que des conglomérats, des îlots formés de communautés politiques soudées, au choix, par les intérêts, la religion, la race. Zemmour, lui, est resté au même endroit. Le voilà seul, orphelin, avec un peuple à ramasser.

Il ne restait que des ruines. Après 2017, Philippot a quitté Marine Le Pen et s'est révélé un formidable leader des anti-covidistes. On lui a découvert des qualités de tribun populiste et on a découvert, par la même occasion, qu'il n'était peut-être pas la seule cause de l'aseptisation du Rassemblement national. Marion Maréchal s'est isolée du parti, a quitté la politique, et a vu l'intégralité de ses proches se faire évincer par la présidente du RN. Le parti de Jean-Marie Le Pen s'est gentiment replié sur le noyau dur mariniste – prière de partager son goût pour les chats, cela rapproche – en même temps qu'il stoppait sa dynamique électorale. Ses électeurs, jadis mus par une volonté de renverser l'ordre établi, devinrent comme ceux des grands partis de gouvernement : lassés, désintéressés, dégoûtés. Mélenchon bascula dans l'islamo-gauchisme. Après avoir longtemps oscillé, le hussard noir chantre de la République manifesta avec des barbus contre l'« islamophobie » dans un pays où le terrorisme islamiste a fait deux cent soixante trois morts en dix ans... Le PS s'est auto-dissous – merci à lui. Macron joua au « en même temps », triangula jusqu'à plus soif, jusqu'à buter sur les Gilets jaunes et la crise sanitaire. La droite décida quant à elle d'organiser le feuilleton de son suicide. Première étape : en 2017, Wauquiez récupère ce qui reste de l'appareil après la défaite de Fillon en promettant de réinventer une droite forte, fière et victorieuse. Deuxième étape : Pécresse et Bertrand, vite suivis par Juppé, Raffarin, de nombreux centristes et j'en passe, fuient ce radeau médusé pour s'émanciper ou rallier carrément Macron, histoire de gagner du temps. Troisième étape : Wauquiez promeut Bellamy, incarnation iconique de la droite des valeurs, tête de liste aux élections européennes, avec le score qu'on sait (8 %). Quatrième étape : les génies précités, déjà partis chez Macron, en tirent la conclusion que la droite n'a plus d'électeurs non parce qu'elle s'est trop reniée, mais parce qu'elle ne s'est pas encore assez reniée. Cinquième étape : Pécresse, Bertrand et Barnier se déclarent candidats à l'élection présidentielle, avec ou sans primaire. *« Ils se battent pour désigner le perdant »*, ironisera Philippe de Villiers.

Xavier Bertrand tient manifestement la corde. Il est à l'écoute, concerné, très au fait de ses dossiers. Il est la quintessence de l'élu local, et son joli score aux dernières élections régionales prouve que ses administrés ne s'y trompent pas. J'ai tiré le chapitre d'*Une élection ordinaire* relatant l'immense désespoir d'un petit patron dans le Nord de la France d'une visite d'usine avec lui, en 2015. Tout ce que j'ai écrit est vrai, à l'exception du dénouement dramatique et de la prise d'otage. Avec ce patron, qui criait le même désarroi, Bertrand avait ouvert l'oreille et gagné la confiance. Mais il reste une différence entre convaincre un par un ses interlocuteurs et emporter le cœur des Français. Sur les grands enjeux, Xavier Bertrand ne sait incarner une promesse de rupture. Au fond, il n'a pas choisi entre recueillir l'assentiment du système pour devenir le Macron de substitution ou fâcher les faiseurs de roi en assumant la rupture désirée par les électeurs. Peu importe d'être dans un camp ou un autre, il n'est qu'une seule position rédhibitoire en politique : celle d'être sur la passerelle. Xavier y est, sous la mitraille, au risque de n'être écouté sur aucune des rives.

Valérie Pécresse, elle aussi, a décidé de tenter sa chance à l'élection présidentielle. Sa conversation est aimable, elle a de l'humour, un peu d'autodérision, mais surtout une telle maîtrise de ses dossiers qu'on peut se passionner grâce à elle pour la question du vélo électrique ou des panneaux solaires entre Orly et le périphérique. À chaque fois que je quitte son bureau, ou la salle à manger de la région Ile-de-France, qu'elle a installé à Saint Ouen, je me dis qu'elle aurait fait une formidable secrétaire générale de l'Élysée à l'époque de Pompidou, ce temps où des gens lettrés capables de plancher sur une anthologie de la poésie française et dotés d'une vision politique déléguaient à des technos imparables le soin de gérer les affaires courantes. À propos de vision politique : un jour que l'équipe de *Valeurs* déjeunait avec Valérie, l'un d'entre nous (il me semble que c'était Tugdual Denis) lui demanda quels atouts elle pouvait avoir aux yeux d'un électeur de droite. Sa réponse fusa sans une demi-seconde d'hésitation : *« Je suis féministe, urbaine, et écologiste. »* Nous échangeâmes un regard qui disait : *« On parlait des électeurs de droite, Valérie... »*

J'aime beaucoup Laurent Wauquiez. Peu nombreux sont ceux qui le pensent, encore moins sont prêts à le dire, mais je trouve au président de la région Auvergne Rhône Alpes une vraie droiture, une constance dans les idées, une réelle sympathie en privé, beaucoup d'humour, une vraie simplicité. À ces qualités s'ajoute une humilité récemment acquise par la grâce de sa démission de la présidence des Républicains après la débâcle des européennes de 2019. Un jour de l'automne 2018, alors qu'il tente de faire exister son alternative dans le match Macron-Le Pen installé depuis 2017, je l'accompagne dans le Gard pour un déplacement auprès des pêcheurs du Grau-du-Roi. Je m'installe à ses côtés dans le TGV qui nous conduit à Nîmes, et remarque immédiatement qu'il a glissé dans le filet au-dessus de sa tablette le dernier opus d'Éric, *Destin Français*. On disserte des vertus du livre – c'est décapant, érudit, et l'auteur assume de rendre sa fierté au pays en narrant la grande histoire française –, de ses faiblesses – l'obsession pour Pétain, la critique, nouvelle, du Général, certaines provocations, inaudibles lorsqu'elles sont proférées par un politique. Et on parle du bonhomme : Laurent me raconte qu'il a vu Zemmour récemment et qu'il a été troublé par la discussion. Éric professe que la seule option susceptible de sauver les Républicains est de s'allier avec le Rassemblement national. Selon ses souhaits, Wauquiez doit tendre la main, établir un programme commun rassemblant les aspirations communes aux deux électorats – sur l'immigration, l'islam, les impôts, l'autorité, l'école... –, accepter le principe d'une candidature unique et espérer s'imposer face à Marine Le Pen, qui a échoué deux fois à l'élection présidentielle. Laurent, lui, est convaincu que son électorat ne pardonnerait pas une alliance avec le diable – à ma connaissance, il le croit toujours – et qu'il déserterait aussitôt. Le hasard fit que, quelques semaines plus tard, je retrouvai Zemmour au Jockey club pour un dîner avec Michel Houellebecq, organisé par leur ami commun Marin de Viry. Éric fait du Zemmour : à table, on n'entend que lui, il explique pourquoi Napoléon est le plus grand homme de l'histoire de France et Michel, anti-bonapartiste forcené, me jette des regards de chien battu en soufflant des « *non, ouais, mais non* », de guerre lasse. La soirée s'étire quelque peu et on se retrouve à fumer le cigare sur un balcon. J'interroge Éric à propos de Wauquiez. « *C'est simple, c'est la seule chose à faire. C'est ce que Mitterrand a fait avec les communistes après le congrès d'Épinay. Il s'allie avec eux quand ils sont les plus forts et parce qu'il est celui qui incarne la capacité à gouverner, il les bouffe.* »

Laurent n'a pas cru Éric et s'est fait laminer. Il a dû endosser la défaite des européennes, se retirer dans son fief lyonnais, travailler à sa réélection – brillante, d'ailleurs. Son idéal de droite retrouvant ses couleurs s'est fracassé sur l'inéluctable duel Macron-Le Pen imposé pour autant de bonnes que de mauvaises raisons. Les bonnes : le clivage progressistes-populistes semble avoir pris le pas pour toutes les élections nationales depuis 2017 ; il semble, pour l'heure, correspondre à l'état de l'opinion et aux rapports de force enclenchés. Dans ce clivage, nulle place pour les chaînons manquants ou pour ceux qui voudraient incarner une troisième voie. Les mauvaises : cet affrontement est désespérant, et il oblige à faire un choix sans panache, par défaut. Évidemment, les élections intermédiaires démontrent que des personnalités de gauche ou de droite enracinées et fortes d'un bilan peuvent écraser cette concurrence, mais il faut aller au bout de la logique : depuis l'élection de Macron et l'avènement du nouveau monde, deux démocraties se superposent, sur fond d'abstention. La locale oppose des personnalités identifiées sur leurs terres, la nationale oppose des idéologies radicalement adverses, et plus aucune porosité ne s'observe entre les deux. Wauquiez a semble-t-il la carrure, les idées, le coffre, pour incarner ce que Zemmour réveille aujourd'hui, mais il doit composer avec un dernier boulet : son image. Jamais un électeur de droite acquis à ses idées ne m'a parlé de Laurent sans me dire que, quand même, *« il manque de sincérité... »* L'intéressé le sait, connaît cette injustice, sait qu'elle est à la fois le fruit d'une réputation épouvantable souvent créée par des médias hostiles et d'une maladresse maladive qui nous fait penser, lorsqu'il dit à la télévision qu'il fera beau demain, à nous munir d'un parapluie...

Ce panorama déprimant a créé d'innombrables orphelins politiques. Ils sont inscrits sur les listes électorales, engagés dans un militantisme invisible, ou bien membres de partis – LREM, LR, DLF, RN –, tenus à une forme de devoir de réserve mais prêts à s'engager pour celui qui viendrait renouveler l'offre politique.

Zemmour n'arrive qu'à cet instant dans l'équation. S'il est déterminé, organisé, et convaincant, il peut rafler cette mise. S'il lui manque ne serait-ce qu'une seule de ces qualités, il passera inaperçu.

Un peu avant qu'il ne lance la fusée Cnews, j'ai accompagné Éric dans ses premiers pas d'écrivain débattant avec des personnalités politiques. Entendons-nous : sur les plateaux de télévision, il a toujours ferraillé avec des élus ou des ministres, mais le format spécial l'opposant seul à un personnage en responsabilité n'était pas monnaie courante avant ces dernières années. L'idée est venue de Gérald Darmanin lui-même. J'avais rendez-vous avec celui qui était alors ministre du Budget. Il venait de faire passer au forceps sa réforme de la fiscalité visant à installer l'impôt à la source, contre l'avis de Macron, qui ne voyait dans cet ajustement que de potentiels ennuis. Dans son bureau surplombant la Seine, Darmanin semblait respirer. Nous parlions politique, Europe, plus précisément, parce que j'ai toujours eu du mal à comprendre comment un disciple de Philippe Séguin pouvait se trouver aussi à son aise dans le gouvernement de Macron, apôtre de la souveraineté européenne et, en son for intérieur, des États-Unis d'Europe. Darmanin argumentait, habilement, comme à son habitude, et glissa tout à coup : « *Je pourrais faire un débat dans* Valeurs *avec Zemmour. Il sort bientôt un livre, j'ai déjeuné avec lui récemment, ça pourrait être intéressant pour vos lecteurs.* » Quelques mois plus tard, nous organisions à la Une ce « grand débat » sur l'Europe et l'islam entre le ministre et son contradicteur. Darmanin vint à *Valeurs* flanqué seulement de trois collaborateurs, Zemmour d'une attachée de presse, et nous arbitrâmes cette joute, somme toute très cordiale.

Quelques semaines plus tard, *Valeurs* organisait sa première édition du cirque d'hiver, une succession de débats autour de personnalités éminentes et souvent antagonistes. Bellamy s'opposait à Attali, Houellebecq dissertait avec Benoît Duteurtre, et Zemmour affrontait Bruno Le Maire. Le ministre de l'Économie venait de publier un essai et avait accepté, à quelques jours des élections européennes, ce duel en terrain miné. Leur échange, de très bonne facture, fut interrompu par l'irruption d'une dizaine de militantes féministes hystériques, grimées d'une barbe, venues dénoncer notre plateau exclusivement masculin. En coulisses, Éric semblait à son aise. Nous avions aménagé une petite loge derrière la scène où Michel Houellebecq faisait salon en descendant des coupes de champagne. Les invités s'y croisaient, échangeant quelques mots, toujours courtois, avant d'entrer en scène. Houellebecq clôturait cette soirée par un dialogue *« nord-coréen »*, c'était son souhait, avec son ami Duteurtre, eurosceptique comme lui. Je pris place en tribune entre Zemmour et Philippe de Villiers pour assister au spectacle. Nous rîmes de bon cœur, Michel enchaînait les formules définitives (Chirac ?

« *Un gros con* »), au sommet de son art. Je me penchai vers Éric et lui glissai : *« J'aimerais continuer à t'organiser des débats avec des politiques, c'est à chaque fois passionnant. Que dirais-tu d'Édouard Philippe ? »* Il opina du chef, et j'eus à cet instant une autre idée : *« Mon rêve, ce serait Macron. Si tu es partant, j'essaie de l'organiser. »* Il releva la tête et acquiesça franchement : *« Je suis d'accord. C'est le seul avec qui le débat aurait vraiment un intérêt. »*

Je n'ai jamais, ce n'est pas faute d'avoir proposé, réussi à planifier cette confrontation. J'ai soumis l'idée à Bruno Roger-Petit, conseiller mémoire d'Emmanuel Macron, qui n'a jamais donné suite. Pourtant, Bruno, certain que la métapolitique a pris le pas sur les débats à l'ancienne, conseillait déjà à Hollande, à la fin de son mandat, de mettre en scène son opposition à des éditorialistes (à l'époque, Natacha Polony était citée) pour mieux se relancer en vue de la présidentielle. Éric, lui, s'est depuis rompu, sur Cnews, à la confrontation régulière. Il a passé en revue tout ce que la classe politique compte de nuances, et n'a pourtant jamais eu son duel avec Macron. Lorsqu'il n'était que candidat, celui-ci s'était pourtant vanté d'aimer échanger avec Éric, échanges imaginaires niés par l'intéressé. Zemmour aurait confié à des amis avoir rêvé du duel d'entre deux tours avec Macron. Il s'y prépare. Il me l'a confirmé depuis : je crois que son rêve est de ne pas commettre la même erreur que Marine Le Pen en 2017, d'imposer ses thèmes, et de renvoyer le président sortant dans les cordes.

J'ai toujours su que la discussion sur ses prétendues ambitions politiques emmerdait Éric. Aussi ai-je évité de l'entamer, sauf par quelques allusions sibyllines qui le faisaient à peine sourire. En juillet 2019, pourtant, nous allions évoquer le sujet sérieusement pour la première fois depuis la parution de mon livre. Les européennes avaient été l'occasion d'une déroute pour les Républicains, emmenés par mon ami François-Xavier Bellamy, ainsi que de la réinstallation du duel Macron-Le Pen et d'une percée des écologistes. Difficile de lire, à l'époque, des leçons claires dans ce scrutin. Et pourtant, le marasme à droite, l'échec de Dupont-Aignan à incarner une troisième voie, et le retour annoncé du chiraquien Christian Jacob pour diriger les Républicains, commandaient un sursaut. Brillante plume, Saïd Mahrane, parmi les plus fins connaisseurs de la droite, dégaina dans *Le Point* un article remettant Zemmour en selle. Il y révélait que Marine Le Pen l'avait approché pour la troisième place de sa liste, quelques mois plus tôt, et que Dupont-Aignan avait également sondé la bête. J'avais machinalement tenté ma chance par SMS et je me retrouvais, un matin de juillet, quelques jours avant son départ en vacances, face à Éric, dans un café du IXe arrondissement, pour évoquer à nouveau « mon » sujet. Notre conversation fut entrecoupée d'appels téléphoniques. Au bout du fil, un mystérieux ami industriel, intermédiaire entre Vincent Bolloré et mon camarade. Ensemble, ils évoquaient la perspective d'une émission à la rentrée, et Éric devait choisir, à ce moment-là, entre les propositions de BFM, LCI et Cnews. Dans les deux premiers cas, les chaînes – même si leurs dirigeants l'ont parfois nié – lui proposaient un rendez-vous régulier d'une heure face à des interlocuteurs de son niveau, pour balayer les grands enjeux de l'époque, selon le modèle qui avait fait sa renommée. Dans le dernier cas, une quotidienne d'une heure, accompagné de plusieurs chroniqueurs, pour décrypter chaque jour l'actualité. « *Pure folie* », dis-je en pensant qu'il allait évidemment choisir BFM, qui détient la plus forte audience, ou LCI, qui lui avait fait deux fois l'honneur d'une soirée spéciale, face à Cohn Bendit, puis Maurice Szafran. Lui semblait séduit par la proposition de Cnews, le petit poucet des chaînes d'info. Je sortais pour ma part d'une année éprouvante ou j'avais assuré chaque jour aux aurores l'éditorial politique de la matinale de LCI, et ne comprenais pas qu'il s'engage sur une quotidienne chronophage et peu exposée. Il avança ses arguments : la proposition de Bolloré, qui venait le chercher et misait sur lui, l'allêchait ; il se sentait en confiance avec le groupe. La perspective d'un retour sur la chaîne qui l'avait débarqué honteusement, en 2014, le renforçait dans ses convictions. « *Et imagine, si ça marche et que je remonte l'audience...* », conclut-il. C'était il y a deux ans, il est désormais en tête des audiences chaque soir et la petite Cnews, moquée, conspuée, vertement critiquée, est en passe de devenir la première chaîne d'info française.

Zemmour était en forme, comme toujours, et se moquait de moi, comme souvent. « *Tu as peur de te faire piquer ton sujet, c'est ça la vérité* », rit-il quand j'évoquai les ambitions politiques qu'on lui prêtait. À nouveau, il éluda : « *La tête de liste m'aurait fait hésiter mais Marine Le Pen ne m'a proposé que la troisième place.* » La présidentielle ? « *Le fait qu'on parle de moi ne veut dire qu'une seule chose : il n'y a personne. Mon nom revient parce que c'est le vide autour.* » J'évoquai le désarroi des électeurs de droite, l'impasse de ceux du RN, et il fit la moue. Tout cela était vrai, mais... Il y avait cette fonction tribunicienne, qui lui seyait tant. Son prochain livre – ces livres sont ses seuls testaments. Ce défi à relever à la télévision. Je quittai ce café en ayant la certitude, une fois de plus, qu'Éric n'avait jamais été si loin de briguer les suffrages des Français.

Il est pourtant là, deux mois plus tard, voûté sur son pupitre. Éric n'a pas fermé l'œil, travaillé par un mal profond et une extinction de voix soudaine. Certains de ses amis diront que son corps l'a lâché au moment où il allait franchir ce pas. Sa voix peine. Lui le bretteur, si à l'aise en débats, est moins alerte lorsqu'il n'a plus d'opposition. La salle de La Palmeraie dans le XVe arrondissement de Paris, où se déroule la convention de la droite, sent le chlore, à cause de la piscine de l'étage inférieur. Éric prononce son discours, quasi apocalyptique, dans une ambiance de ténèbres. À la fin de cette journée, Marion Maréchal dira : « *Je n'ai rien à dire sur le fond, mais la forme était trop désespérée. Tu l'écoutes, tu as envie d'aller te pendre tout de suite.* » C'est son appel du 18 juin à lui. Il choque, réveille, secoue qui voudra bien tendre l'oreille. Le grand remplacement, l'islamisation, la guerre civile… C'est un discours politique dit par quelqu'un qui n'est encore qu'un intellectuel – ses ennemis disent un polémiste. Zemmour ne l'a jamais dit mais je suis convaincu que la polémique sur la diffusion de son discours par la chaîne LCI, puis la poursuite de ses propos par le parquet, et enfin sa condamnation à 10 000 euros d'amende, ont contribué à le faire basculer. Ils ne veulent plus m'écouter ? Ils vont y être obligés. Son arrivée sur Cnews, prévue quelques jours plus tard, est reportée, et chahutée. Il commence *Face à l'info* dans le scepticisme général.

J'ai toujours trouvé que le courage était une des principales qualités d'Éric. Courage intellectuel, d'abord, d'assumer ses opinions y compris quand il sait qu'elles vont lui coûter cher, en respectabilité, en amendes prononcées par des tribunaux, en licenciements d'entreprises qui, les unes après les autres, lui signifient son départ dans les moments de houle. Courage physique ensuite, parce qu'il continuait, avant d'être accompagné par des gardes du corps, de prendre le métro et de se montrer dans la rue. Il y a dix ans, alors que je marchais avec lui entre le pavillon Gabriel, où il enregistre *Zemmour et Naulleau*, et *Le Figaro*, où il allait travailler, je fus surpris par le spectacle de tous ces regards tournés vers lui, et par son impassibilité, lui qui marchait, tête baissée, sans y prêter attention, en me racontant le dernier pavé qu'il lisait. Durant le confinement du printemps 2020, la France découvrit qu'un cycliste l'avait insulté et frappé et une certaine émotion entoura cette nouvelle. Lui ne comprit pas cet emballement, parce que ces menaces et insultes sont son quotidien depuis dix ans. La veille de cette agression, un autre lui avait sauté dessus, mais cette fois personne n'était là pour filmer...

Mais j'ai surtout mesuré le courage d'Éric en me retrouvant confronté pour la première fois, en 2021, à un tribunal. Ce qu'on appelle « l'affaire Obono » (le tollé provoqué par la publication, dans *Valeurs actuelles*, d'une fiction accompagnée de dessins représentant Danièle Obono, la députée de la France insoumise, en esclave dans l'Afrique du XVIIIe siècle) m'a conduit avec mes camarades de *Valeurs* devant la XVIIe chambre du tribunal correctionnel de Paris. La polémique fut très violente et concerna, au lieu du seul texte incriminé, toute la ligne éditoriale et tous les écrits passés d'un journal qui, je le sais aujourd'hui, dérange. Avec Tugdual Denis, le directeur adjoint du journal, nous avons subi sur les plateaux de télévision deux semaines d'injures, d'accusations et de procès d'intention d'une violence que nous ne connaissions pas. De bonne foi, nous avions présenté des excuses à Danièle Obono en indiquant que rien n'avait été écrit pour la blesser, tout en maintenant, sur le fond, l'intégralité du texte qui visait à lui mettre sous le nez la réalité de la traite interafricaine, systématiquement occultée par les indigénistes dont elle est un fidèle soutien et un compagnon de route. Zemmour m'avait appelé amicalement, au moment de la tempête. Certains camarades – Pascal Praud, Nadine Morano, Marion Maréchal, Bernard de la Villardière, François-Xavier Bellamy – m'avaient témoigné leur soutien et leur amitié à cette occasion. Éric aussi, mais à sa manière. « *Tu déconnes, il ne faut jamais s'excuser. Qui s'excuse s'accuse* », m'avait-il sermonné. Comme d'habitude, c'était amical, paternel et empathique. Je compris toutefois ce jour-là qu'une part de lui avait vrillé. Contrairement à moi, qui croyait encore aux vertus du débat civilisé, de la controverse, et du désaccord organisé dans une société mature, il avait compris depuis ses premiers procès et premières controverse qu'une guerre se livrait, qu'aucun coup ne nous serait évité, et que nos adversaires – nos ennemis, en réalité – n'espéraient que notre chute. Je crois qu'il avait raison. Cinq semaines plus tard, je discutais avec lui quelques minutes, à l'issue de la messe d'hommage à Denis Tillinac, disparu entre temps. Il m'écouta raconter mon audition par la police au 36, me distilla ses conseils avisés. En y repensant, je crois qu'il a joué pour moi, à cet instant, le rôle d'un grand frère.

Lui a affronté le tribunal à de multiples reprises. Il a été condamné. Je suis intimement persuadé qu'il a essayé par tous les moyens d'éviter cette infamie, et que, lorsque la sanction est tombée, il a puisé en lui la force de ne pas se laisser abattre. N'importe quelle âme aurait été meurtrie, aurait tenté de reconstruire son image, aurait plaidé l'erreur et noyé son vin dans l'eau tiède. Éric s'est fait une raison, a théorisé le fait qu'il était condamné mais pas privé de parole, qu'il lui fallait ferrailler de plus belle pour faire triompher ses idées. Il a continué, rebondi ailleurs, prouvé par son travail et son talent qu'il méritait mieux que les concertos d'indignés.

Neuf mois après l'affaire, le procès. Le nouveau palais de justice est une bâtisse impressionnante, trois cubes de verre asymétriques posés les uns sur les autres qui surplombent, depuis la porte de Clichy, le périphérique et le nord-ouest parisiens. Un petit attroupement de militants de la France insoumise nous attendait avec pancartes et slogans. Nous traversions la dalle avant d'entrer dans cette enceinte inhospitalière. Rien de ce qui constitue le quotidien de la justice n'est naturel ou spontané. On attend des heures, on doit se laisser accuser ou insulter par des parties civiles dont le militantisme le dispute à la bêtise. Durant les douze heures du procès Obono, j'ai eu le temps de penser à Éric qui a régulièrement rendez-vous devant cette chambre avec ses censeurs. Le tribunal fait du droit, mais les parties civiles ne font que de la politique. Je l'imagine subir des heures durant les pires injures, encaisser les caricatures, devoir se taire alors que, si on lui livrait ces avocats déchaînés en pâture sur un ring classique (disons, un plateau de télévision), à armes égales (c'est-à-dire avec la possibilité de leur répondre), et devant un jury impartial (mettons l'opinion publique), il les réduirait en miettes en quelques instants... On dit même qu'il a assuré lui-même la plaidoirie de fin de son premier procès. L'un des avocats que nous eûmes à affronter dans l'affaire Obono était plus malhonnête, ou plus abruti, que les autres. Il s'agit de celui qui défendait SOS Racisme. Tous tentèrent de m'interroger sur les idées défendues par le journal pour démontrer que nous étions, sous nos airs jeunes et sympathiques, une horde de militants néofascistes (oui, ils l'ont dit) assoiffés de violence. Cet avocat brandit à un moment de son argumentaire ce qui devait constituer la pièce maîtresse de son accusation : la couverture du fameux numéro « Zemmour, homme de l'année », publiée dix mois plus tôt. Comment oser afficher ainsi à la Une un homme multi-condamné ?, s'indigna-t-il en substance. Au terme d'un peu plus d'une heure d'interrogatoire, je commençais à m'habituer à l'imbécilité de leurs questions, mais celle-là m'amusa particulièrement. Aux yeux du tribunal médiatique, et des petits censeurs de l'époque, associations, leaders d'opinion et responsables politiques en déroute, le simple fait de ne pas penser comme eux constitue, en soi, une infraction...

Zemmour est nostalgique, réactionnaire, révolté, pessimiste, mais pas dépressif. Il prédit le plus sombre destin à la France mais se montre très jovial, courtois avec tous ses opposants – s'ils le sont également – drôle, en somme très sympathique. À relire les quinze dernières années de sa vie, je me dis toutefois qu'il a vécu une forme de traversée du désert. Résumons. 2006-2011, les années Ruquier. La notoriété, le succès, l'influence grandissante. 2011-2017, les premiers succès de librairie, *Le Suicide français* (qu'il porta, avec son éditrice et amie Lise Boëll, partie d'Albin Michel au moment où il fut viré, au-dessus des 500 000 exemplaires), son accession au statut d'intellectuel majeur dans le paysage littéraire français. 2019-2021, Cnews, l'audience colossale, l'impact quotidien et les prémices de ses ambitions politiques. La période 2018-2019 fut plus douloureuse. Éric a peaufiné des années durant son grand œuvre, *Destin français*, qu'il aurait pu nommer *L'Identité française*, une relecture exigeante de l'histoire de France où il se pose en héritier de Bainville. Il a perdu la plupart de ses tribunes : *Le Figaro* l'occupe à chroniquer les livres des autres (tâche dont il s'acquitte à merveille) ; il a été relégué sur le câble et n'a plus que *Zemmour et Naulleau*, sur Paris Première, pour discourir à la télévision ; RTL l'utilise six minutes par semaine pour débattre avec Alain Duhamel. Il n'a pas disparu des radars mais se fait plus discret. Lorsque paraît son livre, il rêve de placer la controverse sur le terrain historique, de lancer des débats mettant en scène Napoléon et de Gaulle, Saint Louis et Robespierre, Richelieu et Jeanne d'Arc. Au lieu de cela, il débat avec Hapsatou Sy à la télévision et, pour lui avoir dit que ses parents auraient mieux fait de l'appeler Corinne, déclenche trois semaines de débats hystériques dans lesquels il doit se défendre, à nouveau, d'être un monstre sanguinaire. Le livre n'est pas le succès espéré (110 000 exemplaires vendus, ce qui reste une performance), et Éric accuse le coup. Il a toujours suscité beaucoup d'oppositions, réveillé beaucoup d'ennemis, déclenché beaucoup de haines, mais celles observées à cette occasion sont plus violentes et en auraient fait renoncer plus d'un. À cette époque, Patrick Cohen – il officiait alors à France inter – assume de dire qu'Éric n'a pas sa place sur le service public. Laurent Ruquier lui refuse une invitation pourtant promise, sur France 2. Les médias se jettent sur ses propos pour le faire passer à la lessiveuse. Surtout, on ne prête aucun intérêt à ce qu'il écrit, c'est pourtant son cœur de métier et le seul endroit où il place son orgueil, pour se contenter de faire de lui une machine à polémiques. Rien ne lui est épargné, la chasse au Zemmour est ouverte. En tant que « zemmourologue », j'ai toujours été interrogé par les journalistes enquêtant sur Éric. Je me souviens avoir raconté une de nos conversations téléphoniques à une journaliste du *Point* pour lui dire que l'homme ne mangeait pas d'enfants au réveil et ne buvait le sang d'aucun animal. Je lui expliquai que Zemmour menait une vie normale, que je l'avais appelé un dimanche soir pour une urgence liée au travail et qu'il était en train de faire la queue à la pizzeria du coin pour remonter le dîner à ses enfants, et qu'une autre fois il m'avait accordé cinq minutes au téléphone pendant qu'il choisissait ses fruits chez un primeur de son quartier. « *Comment était-il ?* » me demanda la journaliste. « *Comme tous les bobos parisiens, il demandait la provenance des fruits au commerçant, il tâtait les melons, demandait si tel kiwi ou telle prune était mûr et bon pour la consommation ou s'il fallait attendre trois ou quatre jours...* » Cet échange banal se transforma ainsi dans le journal : « *Éric Zemmour n'aime pas les voyages, même pour les prunes.* » À un moment, il faut se demander chez qui se niche l'obsession...

L'hypothèse d'une candidature d'Éric a commencé à réellement apparaître peu avant Noël, en 2020. La première à m'en avoir parlé est Marion Maréchal. Elle figurait à l'époque parmi les rares initiés à avoir rencontré Zemmour et à avoir évoqué le sujet, sérieusement, avec lui. Marion ne sera pas candidate en 2022. Elle l'a dit à maintes reprises et rien ne pourra la faire changer d'avis : ce n'est pas son moment, elle aspire à construire sa famille, elle ne se sent pas prête et ne voudra jamais porter, aux yeux des électeurs de sa tante, la responsabilité d'une défaite. Ajoutons qu'elle préfèrera toujours subir les pires injustices plutôt que de passer pour celle qui se venge et trahit l'espoir de ses sympathisants. Mais elle n'a jamais arrêté de penser politique et se désespère chaque jour de plus en plus de l'état de délabrement du pays. Parfois, elle griffonne de rage une tribune sur un fait d'actualité, qu'elle laisse mourir sur le bureau de son ordinateur, plutôt que de la publier, de peur qu'on interprète sa parole comme une carte postale envoyée en vue d'un retour. À l'automne, Zemmour sonde de potentiels alliés au sujet de sa candidature. Il ne m'a rien raconté, je tiens l'essentiel de ces compte-rendus de leur bouche. Retailleau a trouvé l'idée délirante et a plutôt envisagé un ticket dans lequel il serait président. Marion aurait pu se laisser séduire si elle avait eu des garanties sur la crédibilité de son programme, de son équipe et de ses réseaux, parce qu'on ne gagne pas une élection présidentielle sur les plateaux de télé. Wauquiez est sorti hagard du rendez-vous, inquiet pour son ami, il a eu besoin d'enchaîner quelques pas, n'y croyant pas. Mais le sujet de conversation était devenu sérieux dans les cénacles parisiens.

Ceux qui cherchaient une alternative au duel Macron-RN n'avaient plus rien, ou presque, à se mettre sous la dent. Le général de Villiers avait fait un tour de piste, à l'automne 2020, avant de se retirer en Vendée. Cette mini cavalcade révéla quelques indications : le seul fait d'avoir dit merde à Macron, d'incarner l'autorité (merci l'uniforme), et de représenter dans l'inconscient collectif une continuité historique (merci le grand frère et son Puy du Fou) permettait de susciter un espoir et de créer une rumeur. Mais, même fort de ses 20 % de potentiel électoral, il faut en avoir envie pour que l'espace se libère. Pierre de Villiers est venu déjeuner à *Valeurs actuelles* après une interview au moment de la sortie de son dernier livre. Non seulement ses yeux se faisaient craintifs lorsque l'on évoquait l'hypothèse, mais il ajoutait à cette peur la crainte de se sentir mal aimé, condamné ou combattu, nous montrant, outré, les tweets de certains militants identitaires qui moquaient son engagement, relayé par *Paris Match*, auprès de jeunes de banlieue, ballon de foot au pied. Si l'on vacille au premier tweet, alors mieux vaut viser la compétition départementale de palet que l'élection présidentielle.

Son frère Philippe aurait pu caresser le même espoir, fort de ses succès de librairie et de l'audience colossale de ses passages à la télévision lorsqu'il remet les pieds à Paris, une fois l'an. Sur le papier, sa candidature aurait pu présenter de nombreux atouts : sa réussite locale, en tant que président de la Vendée et fondateur du Puy du fou, parle d'elle-même. Son expérience politique, ses deux candidatures à l'élection présidentielle et son réseau à droite le renforcent. Son talent de bretteur et ses effets de manche à la tribune sont intacts. Avec le temps, je dirais même que son style, sa voix et son titre de vicomte, jadis moqués par *Les Guignols de l'info*, lui donnent un air rassurant. Et puis *« les Guignols de l'info sont morts, et pas moi »*, dit-il. Il aurait pu se lancer dans une épopée à la Charette, fendre l'armure et crier sa peur de voir la France disparaître. Mais Villiers est un mélancolique qui force sa nature lorsqu'il dit sa confiance en l'avenir de la France éternelle. Il se croit trop vieux, ringard, oublié, n'a pas l'énergie d'imaginer quitter son Puy du fou, exposer à nouveau sa famille, courir les routes. Il a humé le potage et a décidé de ne pas souper.

Éric, à l'inverse, est arrivé après, avec ses petits sabots, et a laissé se répandre le bruit de sa candidature. Point commun avec Macron : il est, depuis les débuts, porté par les médias. Comme pour le jeune impétrant de 2017, les journaux augmentent leurs ventes de 15 à 30 % lorsqu'ils le mettent en couverture, qu'il s'agisse de l'assassiner ou de l'encenser, et les chaînes d'info augmentent mécaniquement leurs audiences. Des documentaires lui sont consacrés. Le Web, donnée relativement nouvelle, bruisse en permanence à son sujet. Rien de ce qu'il fait, dit ou suggère ne laisse indifférent. La rumeur parisienne a dit au début que ce n'était pas sérieux, que cela ne passerait pas l'hiver (j'écris ces lignes à l'été et le nombre de sollicitations médiatiques pour l'automne à venir indique déjà que l'affaire fonctionne). On a entendu également qu'Éric serait rattrapé par des affaires de mœurs épouvantables. L'intéressé a toujours nié en écarquillant les yeux, deux articles sont sortis, aucun n'a rencontré d'écho, les faits reprochés n'avaient rien de répréhensible ou que sais-je. On serait tenté de fermer le ban.

On a aussi dit qu'il était maraboutè par une petite cour et qu'il avait perdu la boule. La raison tenait peut-être à la présence et à l'influence de Sarah Knafo, jeune énarque de 27 ans, conseillère d'Éric et grande ordonnatrice de ce début de campagne. J'ai connu Sarah il y a cinq lorsque, étudiante à Sciences Po, elle organisait le cercle souverainiste *Critique de la raison européenne*. Certains la désignent comme une ambitieuse, intrigante, parfois séductrice. Disons, pour la portraiturer subjectivement, qu'elle est sympathique, organisée, bosseuse et cultivée. Quelques élus de droite m'avaient fait part de leur crainte de voir le Zemmour qu'ils connaissaient devenir dépendant d'un regard et leur échapper. En réalité, j'ai compris avec cette affaire que Zemmour venait de compléter sa panoplie de candidat : après avoir suscité les railleries, les jalousies et les oppositions, il déclenchait les fantasmes.

J'ai trouvé son début de campagne particulièrement laborieux. Je n'ai pas aimé voir le Mohammed Ali du débat singer un candidat à la présidentielle en portant une gerbe à la maison natale du général de Gaulle, ni le voir s'essayer au jeu de la communication sur les réseaux sociaux : ce n'était ni lui, ni de son niveau, ni convaincant. J'ai vu débouler en son nom des petits jeunes fort sympathiques et d'autres émissaires, et me suis dit que, malgré leurs qualités, Éric méritait d'être autrement plus accompagné s'il se lançait dans une telle campagne. J'ai cru qu'il se crispait. La première qualité d'Éric a été, durant les quinze années où je l'ai observé, d'avoir un détachement total par rapport à sa propre image. Les critiques glissaient sur son pelage, il haussait les épaules lorsqu'il était caricaturé ou gravement attaqué, et riait de bon cœur lorsqu'on le moquait. À certains moment, je l'ai vu se tendre pour un mot de côté ou une critique mal ajustée, et me suis dit qu'on était en train de perdre cet homme capable de dire, au moment où *Libération* publiait un dessin le caricaturant comme personne ne l'a fait d'un juif depuis les années 30 : « *Je m'en fous, c'est juste que ma fille m'a trouvé moche* ».

Il faut dire qu'Éric a changé, en quelques années. La première fois que je l'ai interrogé pour *Valeurs*, en 2013, il était encore l'éditorialiste puncheur dont peu de gens estimaient justement l'impact sur la société française. Poussé par mon admiration pour lui, j'avais proposé à mon patron de l'époque de lui consacrer la couverture du magazine, à l'occasion de la sortie d'un de ses recueils de chroniques. On m'avait pris un peu de haut et, faute de meilleure proposition, on avait fini par se dire que c'était une tentative comme une autre (inutile de dire qu'à l'époque, déjà, les ventes avaient bondi). Je consacrai une petite dizaine de pages à mon maître à penser, entre portrait, confidences, analyse de ses écrits et catalogue de ses meilleurs débats. Éric m'avait donné rendez-vous dans un café italien du boulevard Haussmann, et je m'étais pointé avec le photographe du journal, Marc Charuel. Dans la salle du restaurant, certains clients le reconnaissaient et semblaient s'étonner que le petit trublion du poste soit interrogé et ainsi photographié. Au téléphone, Zemmour m'avait demandé : *« Pour la photo, tu veux que je mette une cravate ? »* Ce cliché allait figurer en couverture du journal, le photographe le souhaitait plutôt. Il avait sorti le morceau de tissu de son cartable, s'était fagoté tant bien que mal. Cravaté, il ressemblait à une marionnette, le cou engoncé dans un col trop large et mal retenu par un nœud trop ample.

Lors de notre dîner au Jockey avec Michel Houellebecq, il dut se plier à nouveau, étiquette oblige, à cet exercice de travestissement. J'avais ce soir-là le bras en écharpe, victime d'une chute dans les escaliers de *Valeurs* qui m'avait gentiment fracassé l'épaule. *« Tu es ridicule »*, s'était-il moqué en arrivant dans le petit salon. *« Pas autant que toi avec cette cravate »*, avais-je répliqué, et il avait une fois de plus éclaté de rire. Les années ont passé, son statut a changé, il a mis une cravate à la convention de la droite, le jour où il a franchi le pas, puis chaque soir sur Cnews. Durant cinq ans, pour les grandes interviews dans *Valeurs* accompagnant la sortie de ses livres, il était presque impossible de le faire se plier à une séance photo. Il négociait qu'elle dure cinq minutes, expédiait le malheureux photographe, lâchant des sourires forcés. Aujourd'hui, conscient que son image va jouer dans cette affaire, il ne décline plus ce genre de propositions. Quand il se lance dans des déplacements de campagne, il est également tiré à quatre épingles. On ne le voit plus jamais avec ses polos de couleur ou ses pulls rouges trop larges, mais seulement dans des costumes de marque. Un jour, Léa Salamé l'a complimenté en le croisant dans un restaurant italien où nous avions nos habitudes : « *Mais t'es beau !* », dit-elle en caressant l'étoffe de sa veste, soulignant l'effort vestimentaire de son ancien compère d'iTélé. « *Paul Smith !* », dit fièrement celui qu'on ne peut accuser de coquetterie…

Zemmour ne s'est pas seulement présidentialisé en apparence. Durant les quinze dernières années de sa vie, il répondit à tous ceux qui le sommaient d'avancer des solutions aux maux qu'il décrivait que ce n'était ni son métier, ni sa responsabilité. Que les politiques n'avaient qu'à faire leur boulot. Qu'il était un augure, ou au pire un cassandre, et que son rôle se bornait à cela. Et puis il a changé d'avis. À la convention de la droite, il a esquissé un programme, ou à tout le moins des mesures susceptibles d'apporter un début de solution aux périls qu'il combat depuis toujours. En juillet 2020, la rédaction de *Valeurs* l'avait désigné « homme de l'année » et, à ce titre, lui proposait un grand entretien. On se retrouvait au Bonaparte, un café de Saint-Germain-des-Prés, pour deux heures de discussion à bâtons rompus dont nous allions tirer le meilleur. Notre entrevue fut interrompue par un rendez-vous avec un mystérieux haut fonctionnaire qui devait lui transmettre des informations sur un sujet technique. Je compris ce jour-là qu'Éric était ouvert à toutes les sources de renseignement, et qu'il puisait çà et là sa science des sujets épineux auprès d'experts rendus muets par leur droit de réserve. De retour devant son orange pressée, il déclina son programme, précis, pour lutter contre l'immigration.

Lutetia, 14 juillet 2021, 13 h 25. Nous avions fini par nous frayer un chemin dans les rues de la capitale et entrions au petit trot dans la brasserie, casques à la main, pour nous attabler avec Éric. Il avalait de grands verres d'Evian, nous commandions des cafés allongés. Il excusa notre retard en riant : *« J'aurais pu prendre un bain après mon tennis mais à cause de vous, je me suis contenté d'une douche. »* Il était affable, affuté, s'embarqua dans une dissertation sur les Américains qui, eux, se pensent toujours en Empire, contrairement aux occidentaux qui, à son exception, se pensent en petit pays. Nous savions tous les trois que nous étions venus parler de sa campagne, mais nous fîmes durer le plaisir de la conversation. Il dit quelques mots de la faiblesse de la vie intellectuelle française. Dans ce genre de circonstances où il faut parler politique et stratégie électorale, Charlotte d'Ornellas, qui joue dans notre binôme le rôle de la tête pensante, est à la fois timide et souffre d'un complexe d'illégitimité. C'était à moi de lancer la conversation. Je ne me souviens pas des mots utilisés, mais il répondit sans la moindre gêne. Nous n'avions eu aucune discussion à ce sujet depuis deux ans, je croyais crever un abcès, et il déroula. « *Mon seul objectif*, attaqua-t-il, *vous avez compris, c'est de faire de l'immigration le sujet de la campagne.* » Je crus un instant comprendre ce qui le poussait. Longtemps, Zemmour avait cité Gramsci et sa théorie du combat culturel pour justifier son engagement médiatique et sa volonté de changer les mentalités. Nous étions d'ailleurs quelques-uns, dans la nouvelle génération, à avoir adopté ce précepte et à nous glisser dans ses pas pour les mêmes objectifs. Après tout, me dis-je, une candidature de témoignage à la présidentielle, avec le temps de parole qu'elle octroie, l'exposition médiatique qu'elle génère, et la possibilité de débattre avec les huiles du pays, pouvait à ses yeux constituer, dans cette optique, un formidable tremplin. « *Tu n'y vas pas pour gagner* », interrogeai-je ? « *Si bien sûr*, répondit-il. *Mais dans la Ve République, celui qui gagne, c'est celui qui pose la question à laquelle il peut apporter une réponse.* » Il cita Mitterrand et le coup de génie de sa lettre aux Français en 1988, qui lui avait permis de rempiler à l'Élysée, alors que son premier mandat et le tournant de la rigueur avaient brisé la « magie » du 10 mai 1981. La solution de Zemmour serait simple : proposer dès le début de sa campagne de soumettre pour la première fois la question de l'immigration à un referendum. Rendre le pouvoir aux Français sur un point qui, décidé sous Pompidou pour raisons économiques, encouragé sous Giscard avec le regroupement familial, glorifié sous Mitterrand avec le droit à la différence, « la marche des beurs » et le Touche pas à mon pote, oublié sous Chirac, maquillé sous Sarkozy avec les naturalisations, subi sous Hollande avec les vagues migratoires et le détournement du droit d'asile, avait changé le visage de la France sans qu'elle l'ait jamais décidé. *« J'ai déjà mes questions »*, ajouta-t-il en mimant le questionnaire à choix multiples qu'il ferait remplir aux Français.

J'avais suffisamment entendu ses réticences pour m'étonner, ce jour-là, qu'Éric ait décidé si fermement de se lancer en politique. *« Toi le rationnel, le cérébral, as-tu fondu un plomb, abandonné quelque chose en toi pour soudainement te mettre à croire en ton étoile ? »*, demandai-je. *« Tu crois que je suis devenu fou ? »*, s'amusa-t-il. Je ne le croyais pas, mais le calcul bénéfice-risque et ses chances de succès comparées à l'idée qu'il perde ses tribunes, le *Figaro*, Cnews, les livres, indiquaient qu'il prenait un risque déraisonnable. *« C'est rationnel, je suis rationnel »*, répondit-il. Selon lui, l'espace existe entre un candidat de la droite classique (disons Xavier Bertrand) trop proche des idées d'Emmanuel Macron et incapable des transgressions nécessaires pour se faire entendre de l'électorat populaire, et un

Rassemblement national aseptisé, jusque-là incapable de gagner une élection. À l'époque où Marine Le Pen pointait à 48 % dans les sondages pour le second tour de la présidentielle, tout le monde lui riait au nez. Ses amis le conjuraient de renoncer. Philippe de Villiers lui a dit en tête-à-tête que c'était du délire. Patrick Buisson lui a dit que, selon ses sources, il plafonnerait à 3 ou 4 % et serait le Marie-France Garraud du XXIe siècle. Au mieux, il aurait été humilié ; au pire, il serait le Taubira, ou le Chevènement, de la fille de Le Pen. Lui n'a jamais cru qu'elle tutoyait les sommets. Il a même prédit qu'elle ne remporterait aucune région à l'été 2021, alors que tous lui en annonçaient une, deux ou trois dans la gibecière. Lorsque sa prophétie s'est accomplie, il n'a pas ménagé ses coups contre la machine à perdre et a fait la sourde oreille quand elle lui rendait les amabilités.

Zemmour a eu la bonne idée, auparavant, de tenter de parler en priorité à l'électorat d'une droite plus classique. Depuis le Trocadéro, celui-ci est orphelin et l'éditorialiste est venu ramasser le drapeau. Dans le sondage publié par *Le Point* qui le crédite de 5,5 % des voix au premier tour, on voit que la structuration du vote Zemmour est d'abord faite d'un électorat urbain et aisé, plus acquis à la droite classique qu'au vote contestataire. C'est une double chance : d'abord, s'il grignote à droite, personne ne pourra l'accuser de priver Marine Le Pen d'une hypothétique victoire. Ensuite, étant connue la radicalité de ses idées, il y a fort à parier que s'il appointe autour des 10 % dans les enquêtes d'opinion au début de l'année 2022, l'électorat bien accroché à Marine Le Pen pourra commencer à le regarder avec les yeux de Chimène : on appelle cela une réserve de voix. Colossale.

Sans trahir de secret, voici peu ou prou les étapes indispensables à la construction d'un succès. Première étape : la droite se déchire. Bertrand est désigné, avec ou sans primaire, sans parvenir à incarner aux yeux de l'opinion une rupture radicale avec le macronisme, ni avec quarante ans de déliquescence de l'autorité de l'État et d'inefficacité de l'action publique. Deuxième étape : Zemmour engrange le soutien, actif ou par omission, des mis au ban des Républicains (Wauquiez, Retailleau, Guéant, Guaino, etc.). Troisième étape : il rassemble les brebis égarées de la chapelle souverainiste (Philippot, Poisson, etc.) éparpillées en autant de candidatures de témoignage. Quatrième étape : il signe un pacte de gouvernement avec Marion Maréchal et marginalise sa tante aux yeux de son propre électorat. Cinquième étape : il mise sur le rejet de Macron pour, d'un ultime effort, le devancer au second tour de la présidentielle.

Le proverbe n'a pas tort de dire qu'avec des « si », on mettrait Paris en bouteille. Pourtant, ces « si », même s'ils sont sujets à caution, qu'ils apparaissent, pour certains, irréalisables aujourd'hui, ne sont pas hors de portée. François-Xavier Bellamy objecta un jour à Marion Maréchal, alors qu'ils évoquaient cette hypothèse : « *Tu te vois, toi, coller une affiche de Zemmour ?* » Pour une fois, le philosophe visait juste sans faire mouliner son intelligence mais seulement en laissant parler son instinct. La carrure présidentielle, la prestance, l'incarnation, appelez cela comme vous voulez, voilà qui fait encore défaut à Éric. Il le sait. « *Quand le vieux Le Pen le dit, il n'a pas tort...* » a-t-il dit un jour, lucide. Sa candidature, pourtant, soulève assez peu de quolibets. *Paris Match* lui a consacré une longue enquête à l'été 2021, et la seule conclusion qu'on pouvait en tirer, c'est que l'hebdomadaire à grand tirage qui lance les destins présidentiels prenait l'affaire au sérieux, tout en la crédibilisant – c'est l'histoire de l'œuf et de la poule.

Un homme peut se satisfaire de ce début de récit : Emmanuel Macron. L'équation politique est simple pour lui : face à Marine Le Pen au second tour, il se sait élu. Face à un autre, c'est moins certain. Son seul objectif consiste donc à éviter qu'un candidat vienne perturber ce duel qu'il a contribué à installer et dont il se délecte. Zemmour mordant les mollets de Xavier Bertrand ou d'un autre candidat de la droite, de son point de vue, c'est Noël avant l'heure. Son entourage se répand en commentaires venimeux visant à encourager cette candidature et à la faire passer pour une vraie menace. Je suis pourtant convaincu qu'Emmanuel Macron est l'un des rares hommes politiques à avoir toujours pris au sérieux Éric Zemmour. Sa façon de considérer quelqu'un en fonction de ce qu'il incarne plutôt qu'à travers le regard que le système mainstream pose sur lui l'a conduit à en dire du bien, plusieurs fois. La première lui avait valu quelques toussotements à gauche, à l'heure où il était encore un candidat de substitution du PS. Macron avait déclaré, dans *l'Obs*, qu'il aimait débattre avec Zemmour. On peut juger insupportable cette manière de toujours vouloir embrasser les contestations, comme s'il n'y avait aucun différend qui ne puisse être résorbé par son propre génie, mais cette phrase traduisait à tout le moins une forme de respect pour l'intellectuel de combat. Le second épisode n'est pas connu. En novembre 2019, *Valeurs actuelles* eut le privilège de publier un entretien exclusif du président de la République, à propos de l'immigration et de l'islam. Mon camarade Louis de Raguenel, à l'époque rédacteur en chef au journal, aujourd'hui chef du service politique d'Europe 1, voyagea à bord de l'Airbus A330 présidentiel, de retour de Mayotte, et put s'asseoir à la table d'Emmanuel Macron. Il raconta que Macron buvait un jus de tomate en sweat à capuche et enregistra les quarante-six minutes de l'entretien. La conversation fût âpre. Louis est un excellent spécialiste de l'immigration, il connaît par cœur chiffres et procédures et ne se laissa jamais coincer. Face à lui, Macron baguenaudait parfois, et il lâcha à un moment, au détour d'une digression, à propos de l'islam : « *Le discours de Zemmour ne sert à rien là-dessus. Enfin, il a sa clientèle, il a son truc, je respecte. Et c'est un type que j'aime bien à titre personnel, il est intelligent et tout, mais politiquement, c'est mortifère.* » C'est la seule phrase qu'il nous fut demandé de retirer de cet entretien, au moment de la relecture par l'Élysée. Allez savoir pourquoi...

Lorsqu'Éric fut agressé à Paris, Emmanuel Macron lui passa un coup de téléphone. Ce qu'on a moins raconté à l'époque, une fois l'information sortie et devenue virale, c'est qu'un émissaire du président me demanda, le jour-même, le numéro de téléphone de Zemmour. Sur le coup, je ne réalisai pas que quelque chose se tramait et, dès que le président eût passé son coup de fil, je fus informé de ce soutien symbolique adressé à l'éditorialiste de la rive d'en face. Éric a attendu son dernier livre pour révéler qu'ils avaient parlé immigration et que Macron lui avait demandé une note, ce que l'Élysée ne s'est pas risqué à démentir... *Valeurs* révéla l'information, et nous devînmes, sans l'avoir imaginé, les premiers otages de la stratégie présidentielle visant à passer un coup de fil de soutien cordial puis à le faire savoir pour s'assurer « en même temps » de la bienveillance, provisoire, du fan club de la personnalité visée. Il y eut aussi Raoult, Bigard... Je ne l'ai compris que quelques mois plus tard, quand Macron décrocha son téléphone pour soutenir Danièle Obono, faisant de la fiction publiée par nos soins une affaire d'État qui exigerait que des têtes – dont la mienne – tombent...

Nous sommes toujours à l'eau et au café, mais le pire est évité : avec vingt minutes de retard pour un rendez-vous qui devait durer trois quarts d'heure avant qu'Éric ne rejoigne, en salle, un autre rendez-vous pour le déjeuner, je craignais qu'on en reste à quelques banalités d'usage. C'est l'inverse qui se produit : le désormais candidat nous sonde à propos de quelques sujets épineux de sa campagne à venir. Il quitte Paris trois jours plus tard, prévoit de relire les épreuves de son livre à paraître durant la première semaine de septembre, puis d'ingurgiter, de digérer et d'assimiler son programme durant la suite de ses vacances. Éric se sait prisonnier de certaines déclarations passées qui firent son succès de polémiste et l'entravent au moment de devenir un politique. Exemple : sa popularité chute spécifiquement chez les femmes, monnaie de la pièce de son *Premier sexe* paru quinze ans plus tôt... Il cherche des solutions pour, sans se renier, traduire en politique publiques autant qu'en arguments de campagne efficaces ce qu'il porte en lui. Charlotte disserte de la question de l'IVG. C'est une chose de s'opposer sur le principe à la suppression d'un fœtus si l'on pense qu'il est un être humain vivant, ou qu'il s'agit d'une catastrophe démographique, c'en est une autre d'essayer de convaincre 67 millions de Français à l'intelligence vitrifiée par cinquante ans de propagande du planning familial. Elle qui a produit, à l'époque où elle travaillait à *Boulevard Voltaire*, un reportage vidéo éloquent sur le calvaire des femmes laissées seules avec leur souffrance après un avortement, plaide pour une politique publique d'aide aux femmes désirant garder leur enfant. Manière de limiter ce que tout le monde décrit comme un drame sans jamais chercher à l'éviter, tout en accompagnant celles qui souhaitent vivre leur maternité vers une solution pragmatique. Et si Zemmour se transformait en candidat féministe...

Ce que je ne comprends toujours pas, ce sont les étapes qui l'ont conduit à se lancer aujourd'hui. Je lui pose, naïvement, la question. Il plisse les yeux et, sans hésiter, répond : « *Mon fils, Cnews, Martel.* » Quelques mois plus tôt, son fils aîné a remarqué que plusieurs livres sur l'assimilation occupaient les devantures des librairies. Précisément : en quelques jours, paraissent *Éloge de l'assimilation*, du philosophe Vincent Coussedière, *Claire, le prénom de la honte*, de la journaliste Claire Koc, qui raconte son parcours du combattant pour devenir française, elle qui a vécu dans une famille d'origine turque, et *Assimilation, en finir avec un tabou français*, de Lydia Guirous. Tout le monde l'a un peu oublié mais Zemmour a été le premier à réhabiliter ce mot. C'était en 2009 et il débattait, chez Ruquier, avec Tariq Ramadan, bien avant que le prédicateur musulman ne chute pour ses déboires sexuels. J'étais à nouveau dans le public et la tension, sur le plateau, était palpable. Ramadan était venu accompagné de supporters jeunes et bruyants, que la production, non prévenue, avait installé de chaque côté des marches de l'émission. Ils applaudissaient chacune de ses prises de parole, et l'échange avait duré plus d'une heure. S'affrontaient ce soir-là sur le plateau deux conceptions de la vie en société. Celle, multiculturaliste, de Ramadan, visant à faire appel à la tolérance et à l'humanisme de l'occident pour accepter l'islam. On sait aujourd'hui qu'elle visait aussi à le laisser prospérer pour qu'il puisse asseoir sa domination. Face à lui, Éric ne céda pas un pouce en rappelant l'incroyable génie français capable de faire d'étrangers des Français pour peu qu'ils aiment leur pays d'adoption et qu'ils abandonnent leurs mœurs pour épouser sa culture. À la fin du débat, je m'étais jeté à nouveau sur Éric qui, cette fois, accusait le coup. Il semblait vidé, ramassait en une liasse les feuilles où il avait griffonné ses notes. *« J'ai beaucoup, beaucoup bossé »*, m'avait-il dit dans un soupir, alors que je le félicitais. Quinze ans plus tard, son fils a dit à Éric que ses concepts désormais installés dans le débat public, il était peut-être temps de passer à l'action…

Sa réussite sur Cnews fut aussi un déclencheur. Pas nécessairement le plus significatif, mais quand on rassemble 800 000 personnes chaque soir, on peut finir par penser que cette prouesse peut en appeler d'autres. Je me souviens avoir eu une discussion de cet ordre avec Sarkozy, en 2016. Il venait de publier un livre et le dédicaçait dans toutes les grandes surfaces ou librairies qui le lui proposaient. Nous étions à Lyon, et il avait signé durant plusieurs heures. Des centaines de curieux étaient venus le toucher, prendre une photo, ramener la dédicace à la maison. Je m'installai à ses côtés dans le carré du TGV, en gare de Lyon Part-Dieu, et entamai la conversation au sujet de la primaire. « *Comment faites-vous pour continuer à y croire quand tous les sondages donnent Juppé gagnant, dans n'importe quel cas de figure ?* », demandai-je. Sarkozy ne croyait pas aux sondages, encore moins pour la primaire. Il haussa les épaules et désigna, à travers la vitre du train encore immobile, une jeune femme sur le quai. Elle lui lançait des signes, téléphone à la main, en l'immortalisant. Il lui répondit d'un geste et me dit, pour clore l'échange : « *Ce qui compte c'est le lien, le lien que vous avez avec les gens. Je ne sais pas si elle votera pour moi, mais elle a un lien avec moi. Je fais partie de sa vie. Ce lien, il peut se distendre,* dit-il en mimant un fil qui se relâche. *Mais il est toujours possible de le retendre. Ceux qui n'ont pas de lien ne peuvent rien faire.* » Durant toute la campagne des primaires, Sarkozy a vu du lien là où il n'y avait, c'est plus facile à dire aujourd'hui, qu'un phénomène de starisation. De la même manière, il remplissait les salles, boostait les audiences à la télévision, galvanisait le public. Dans cet enthousiasme, il croyait déceler les signaux d'une victoire qui stupéfierait le système entier. Mais cette chaleur, cette électricité, circulaient en vase clos, dans un public déjà acquis à sa cause. Après sa défaite, un de ses conseillers m'a dit : « *On a toujours su qu'on ferait 800 000 voix. Avec deux millions de votants, on gagnait largement. Avec quatre millions, c'était impossible.* » Éric commet peut-être l'erreur de croire que ses téléspectateurs lui sont tous favorables, ou bien que succès d'audience veut dire potentiel électoral. L'avenir dira, comme pour Sarkozy, s'il s'est leurré ou s'il a vu ce que personne ne voyait. Reste que sa résurrection cathodique de ces dernières années lui a donné un nouvel élan.

Philippe Martel était un personnage profondément attachant, et devenu rare dans la classe politique actuelle. Enarque, haut fonctionnaire, érudit, amoureux de rock, il était surtout, à ma connaissance, le meilleur ami de Zemmour. Il avait dirigé le cabinet de Juppé à la présidence du RPR en 1999, servi Chirac amoureusement à la mairie de Paris, grenouillé à Bercy entre deux postes en politique, pour finir par franchir le Rubicon et devenir le directeur de cabinet de Marine Le Pen, en 2013. Je fis sa connaissance en février 2015. À l'époque, le Rassemblement national venait – déjà – d'échouer à remporter deux régions, les Hauts de France et la PACA, où il était bien placé, et Marine Le Pen avait convoqué ses cadres en séminaire dans l'Essonne pour analyser cette défaite. C'était l'époque des affrontements entre Florian Philippot et Marion Maréchal, décrits par la presse comme les deux influences, gauche et droite, de la présidente du Front national. J'avais pour ma part une autre thèse : Marine Le Pen exécrait tout ce qui s'approchait de la droite – les cathos, les identitaires, les souverainistes à la mode Villiers – et avait tranché depuis longtemps ce conflit stratégique, faisant porter le chapeau de sa gauchisation au seul Philippot. Plusieurs voix s'élevèrent durant ce séminaire pour critiquer, à mots couverts, la nouvelle stratégie du parti, mais comme dans toute collectivité stalinienne, les divergences, les combats d'idées ou les questionnements doivent être tus avant d'être bannis. Marine Le Pen purgeait à l'époque de manière plus parcimonieuse qu'elle ne le fait aujourd'hui, et c'est sous l'anonymat le plus total que certains participants m'avaient révélé le contenu des échanges de ce séminaire. J'avais pondu un article pour *Valeurs*, qui m'avait valu, une fois de plus, les réprimandes du fan club de la présidente, et continuai mon petit bonhomme de chemin quand Philippe Martel, que je ne connaissais ni d'Ève ni d'Adam, me proposa par SMS que l'on se rencontre. J'arrivai au café Marly, sous les arcades du palais du Louvre, pour un premier rendez-vous délicieux. Il m'expliqua en deux trois mots combien mon article disait cruellement une vérité indicible, et parla d'*Une élection ordinaire*. « *C'est de la pure connerie, d'imaginer Zemmour se lancer en politique, mais vous vous êtes bien servi du personnage pour dire une réalité* », m'encouragea-t-il. Il était intimement persuadé que le FN était dans l'impasse, que la droite avait déserté, et se trouvait, orphelin comme moi, sur le bord de la route. Nous nous vîmes plusieurs fois chaque année à partir de cette rencontre et eûmes toujours les mêmes discussions. Il quitta discrètement le Rassemblement national sans jamais dire ce qu'il pensait de Marine Le Pen – comble de l'élégance. Il erra dans les sentiers de la « droite hors les murs », fricota avec Renaud Camus, organisa des dîners (il l'avait toujours fait), recruta des hauts fonctionnaires pour le cercle Les Horaces, censé abreuver Marine Le Pen en notes et éléments programmatiques solides. Il s'installa à Budapest et mourut, emporté par le cancer, en 2020. Je pensai à Éric à ce moment-là. Je ne les avais jamais vus ensemble mais imaginai sa peine et lui adressai un SMS de condoléances. *« Je suis inconsolable »*, répondit-il.

Les deux hommes avaient l'habitude de refaire le monde avec Paul-Marie Couteaux, un autre haut fonctionnaire que Martel avait connu à l'ENA. Personnage haut en couleurs, Couteaux a également roulé sa bosse au RPR, avec Séguin, puis s'est fait élire député européen avec Pasqua et Villiers, a mené la campagne du non à Maastricht et fait la promotion de la francophonie à l'ONU. Revenu en France, il a rejoint un temps le Front national pour l'ouvrir à des déçus de la droite puis quitté, amer, ce parti. Couteaux déteste que je parle de lui car il dit que je le décris comme une *« mouche du coche »*. Il y a pourtant de cela dans son humour invariable, dans ses enthousiasmes et dans son entrain pour les nouvelles aventures, qu'elles soient éditoriales ou politiques. La perspective de voir Éric se lancer constitue à ses yeux une aubaine invraisemblable et il a toujours été un chaud partisan de cette option.

Martel, lui, n'y a jamais cru, considérant qu'il s'agirait pour Zemmour d'un suicide pur et simple. Il avait été formé à l'arithmétique des professionnels de la politique qui, dans les arrières cuisines du RPR, façonnaient des députés et des présidents. Il était rompu à la cuisson basse température du gibier politique façon Chirac, mâtiné de la froideur canadienne de Juppé : rien, dans cette hypothèse, ne trouvait grâce à ses yeux. C'est pourtant lui qui, quelques mois avant sa mort, légua la certitude de son destin à Éric. Il décrocha un jour son téléphone pour lui dire, en substance, que plus rien n'était comme avant, que la politique avait radicalement changé, qu'il avait désormais ses chances. Le dernier verrou avait sauté.

On me dit parfois que cette affaire de candidature ne donnera rien de bon, qu'elle est une idée catastrophique et qu'elle condamne Éric à la damnation. Imaginons qu'il gagne : il aurait devant lui le chantier du siècle et, s'il ne se montrait pas à la hauteur de la tâche, serait jugé cruellement par l'histoire. Je le crois suffisamment imprégné par les destins de nos grandeurs passées pour qu'il mette, au moins, toute son énergie et son talent à éviter une telle déroute. Imaginons qu'il échoue : j'espère pour lui qu'il a assuré ses arrières, qu'il retrouvera son temps de parole dans la presse et à la télévision. J'espère surtout qu'un tel renouvellement de l'offre politique conduira enfin à une recomposition majeure et nous permette de sortir du cul-de-sac dans lequel s'est enfermée, avec l'aide de Mitterrand, Chirac et tous les autres, la droite française. Si la droite est à terre, si le Rassemblement national éclate, peut-être la France pourrait-elle enfin prétendre à construire une force d'opposition conservatrice digne de ce nom, comme l'ont fait avant nous la Hongrie, le Royaume-Uni, l'Italie, l'Espagne, la Pologne, l'Autriche...

Sarah Knafo nous a rejoints, elle boit un café en intervenant discrètement dans la conversation. Il est 14 h 25, nous avons débordé de quarante minutes, c'était inespéré. On a presque fait le tour et je me permets de faire remarquer à Éric, ultime boutade, qu'un an avant son élection, dans mon livre, je faisais remporter le championnat d'Europe des nations à l'Italie, contre tous les pronostics. Il est mordu de foot et une ombre obscurcit son regard. Nous tentons d'être des êtres rationnels, mais l'Italie championne d'Europe, quand même... Je ramasse les casques, Éric demande l'addition, il n'y aura pas d'embrassades avant ces adieux provisoires, on se quitte dans la précipitation. Éric a simplement le dernier mot, dans un sourire : *« C'est toi le vrai coupable, c'est toi le premier qui m'a mis cette idée folle dans la tête... »*

UNE ÉLECTION ORDINAIRE

Prologue

JOUR DE L'ÉLECTION

Il tourna les talons et laissa derrière lui cette foule exaltée. Il se concentrait pour ne pas vaciller ; descendit quelques marches jusqu'au vestibule jouxtant la scène. Les néons projetaient des reflets jaunâtres sur les visages. Il en reconnut quelques-uns. Certains se contentaient de sourire, les yeux humides. D'autres parlaient fort et crièrent en l'apercevant. Le champagne moussait dans les coupes et il refusa celle qu'on lui tendait. Quelqu'un lui attrapa l'épaule, il eut un geste pour se dégager, il tremblait. Dans l'embrasure de la porte, il aperçut un photographe qui faisait crépiter son flash. On se pressait autour de lui, il respirait mal. Il lançait aveuglément des « *merci* » ou des « *formidable* ». Sa vue se troubla. Hagard, il ne distinguait plus cette porte par laquelle il voulait s'échapper. Le bruit l'assommait. Une main ferme lui empoigna le bras et l'arracha à la centaine de convives.

Il fut poussé vers la sortie, puis précipité dans un long corridor mal éclairé. On lui indiqua un escalier, qui descendait au parking. Deux types l'escortaient. L'un d'eux était chauve et portait un bouc démodé, l'autre ressemblait à un steward. Ils arboraient tous les deux un insigne à la boutonnière. Il ne les avait jamais vus.

Le plus grand lui ouvrit la porte arrière de la berline pendant que l'autre s'installait au volant. Les vitres de la voiture étaient fumées. Un fil de plastique noir s'échappait de l'oreille du conducteur ; l'autre portait un revolver à la ceinture. Le barbu se retourna vers lui et lui tendit un téléphone qu'il avait sorti d'une mallette. « *Il est crypté* », lui dit-il. Le portable vibrait ; il le regarda sans décrocher. L'homme annonça qu'il avait manqué deux appels de la chancelière allemande. Il s'enfonça dans le cuir de la banquette, ôta sa cravate et regarda à travers la vitre. Quatre motards de la police entouraient son véhicule, sirènes hurlantes. Drapeaux tricolores à la main, des grappes de militants saluaient en reconnaissant la voiture. Son escorte doublait allègrement, grillait les feux rouges. Ils devaient rouler à quatre-vingts kilomètres à l'heure. Cela lui semblait trop rapide.

Les images défilèrent. Il se souvint de cette soirée électorale, quinze jours plus tôt, lorsque ses proches avaient crié victoire. Lui s'était assis et avait réprimé un haut-le-cœur. Puis il avait décidé d'aller au bout et de surmonter son angoisse. L'élection, croyait-il, était hors de portée. Il avait traversé ces dernières journées comme une ombre, s'était laissé guider, parlait mécaniquement. Tout s'était accéléré, jusqu'à ce soir. Le sort avait basculé, il y avait eu les appels, les rumeurs, la perspective de l'emporter. La peur. Le « crypté » sonnait de nouveau. Il se ressaisit et décrocha. La traduction simultanée allait à une telle vitesse qu'il pouvait converser normalement. L'interlocuteur promettait de venir à Paris durant l'été. Ils avaient un axe à constituer. Ils avaient des intérêts communs. Il n'écoutait pas.

La solitude l'envahissait. Cette soirée, il le sentait, était sa petite mort. Depuis ses quatorze ans, il se rêvait en Rubempré. Il avait pratiqué ce mélange si français de journalisme, de politique, et de littérature ; il avait frayé avec les puissants, leur avait porté la contradiction, puis les avait combattus. Cette première vie s'achevait ici, dans cette voiture. La berline venait de quitter le boulevard Haussmann et sinuait dans les artères de son arrondissement. Il reconnut les lieux et demanda où il allait. Il n'avait parlé à personne. Il avait cru pouvoir y échapper, jusqu'à cet appel, en milieu d'après-midi. « *Tu vas souffrir en découvrant l'ampleur de la tâche* », l'avait averti son adversaire, reconnaissant sa défaite. Il aurait voulu le retenir, prolonger la discussion, retarder le moment où cela deviendrait réel. L'autre avait raccroché. Il était vingt-deux heures passées, et les policiers désormais chargés de sa sécurité le ramenaient chez lui. La rue était vide et un cordon de CRS en bouchait l'accès. Ils passèrent les barrières métalliques et s'arrêtèrent devant son domicile. Sa portière s'ouvrit, il descendit en oubliant le téléphone. Les deux hommes l'encadraient, l'un poussa la porte en bois pendant que l'autre se tenait dans son dos. Le steward parlait à voix basse dans son oreillette. Ils l'obligèrent à emprunter l'escalier. En arrivant sur son palier, l'un d'eux sortit une clé et fit jouer le mécanisme de la porte blindée. Il se tourna vers eux pour les remercier.

– Nous allons rester ici et les policiers surveilleront la rue, l'interrompit le barbu. Bonne nuit, monsieur le Président.

Il parlait en croquant des pastilles à la menthe. Je suffoquais dans la chaleur de son bureau ; lui restait impeccable, sanglé dans son costume anglais, avec sa fine cravate et ses boutons de manchette pour seuls détails colorés. Quelques clichés warholiens décoraient la pièce, où des piles de livres s'amoncelaient contre les murs. Il n'y avait pas d'affect dans sa voix, seulement la froide détermination de celui qui doit régler son problème et s'y emploie méthodiquement.

– Avec ce qui s'est passé, je me retrouve avec deux livres mort-nés sur les bras, expliqua-t-il.

Il m'avait reçu dans son bureau du VIe arrondissement. Je connaissais la réputation de cet homme, ses intuitions géniales, son réseau démesuré. Au téléphone, j'avais feint l'indifférence, avant de bousculer mon agenda pour accepter la première date de rendez-vous. Il éditait des ministres, des députés, et les grandes plumes du métier. Il dégageait une assurance naturelle et inhibait ses interlocuteurs.

Il devait publier dans un mois le récit de cette élection, et n'avait personne pour l'écrire. Un de ses amis avait soufflé mon nom pour écrire ce livre dont il avait besoin. Il avait feuilleté mes articles, les avait trouvés « *redoutablement renseignés* ». Je remplissais les critères pour cette mission particulière, et nous étions peu nombreux, sur la place parisienne, à avoir couvert la campagne du vainqueur surprise. Je n'étais qu'un petit journaliste avec une modeste expérience, le coup du sort qui me précipitait dans son bureau pouvait changer ma carrière.

Ce qui importait, disait-il, était de fournir un produit qui trouverait sa place sur le marché. Il parlait d'un « quick-book », un de ces livres écrits à la hâte dans la fièvre post-électorale. Il fallait aller vite, insistait-il, l'essentiel était de tirer le premier. Le livre serait un succès, le public l'attendait, la presse en parlerait. Les à-valoir considérables qu'il promettait d'aligner emportèrent ma décision.

J'avais pourtant décidé de tirer un trait sur cette année 2017. La présidentielle avait été éprouvante, et j'envisageais de quitter le service politique de mon hebdomadaire. De cette campagne, je gardais surtout en mémoire les images, obsédantes, du second tour. L'atmosphère épaisse qui régnait dans cette salle, l'incertitude dans laquelle nous étions restés jusqu'à vingt heures, le visage du vainqueur sur l'écran géant, les hurlements. Je revoyais ces militants survoltés, leurs airs de cathos tradis, leurs drapeaux de La Manif Pour Tous, leurs slogans. Personne n'avait rien vu venir. Quelque chose s'était passé sous nos yeux et nous l'avions ignoré. Je me retrouvais devant les pièces d'un puzzle, éparses, incohérentes, et n'arrivais pas à les assembler. J'avais été doublé par la réalité.

364 JOURS
AVANT L'ÉLECTION

– La solution, c'est toi qui l'a entre les mains, Éric. Il faut que tu ailles à la présidentielle.

Patrick Buisson avait prononcé sa sentence d'un ton définitif. Il venait d'enfoncer le clou, quelques minutes après que son ami Philippe de Villiers eut évoqué, mi-goguenard, mi-sérieux, l'idée d'une candidature à l'élection présidentielle. Le politologue replongea aussitôt les mains dans son assiette d'huîtres, et disséqua un mollusque avec la précision d'un chirurgien. Les fruits de mer de la Rotonde le revigoraient, et il s'était même laissé tenter, pour une fois, par un verre de Meursault. Face à lui, Éric Zemmour était sonné. Le polémiste résistait bien aux chocs, mais là, ça le concernait directement. Il était arrivé de bonne humeur à ce déjeuner, animé par l'idée de revoir deux vieux amis, passionnés comme lui d'histoire et de politique, imprégnés du souvenir des heures glorieuses de la France. Ils allaient passer un bon moment.

Ils avaient pris l'habitude de ces déjeuners à trois depuis plus d'un an. Ils y discutaient sociologie électorale, mouvements d'opinion, dislocation de la droite, rivalisant de formules pour l'assassiner. Philippe de Villiers insista.

– Tu es le dernier homme politique français, Éric. Je suis fini politiquement, Patrick est condamné au bûcher médiatique. Mais toi, tu as la plus belle circonscription électorale de France, asséna-t-il au journaliste.

L'audience de Zemmour outrepassait de loin celle qu'il n'avait jamais eue. Il s'était rendu à l'évidence, leurs idées étaient mieux représentées aujourd'hui par un polémiste que par des politiques. Zemmour devait reprendre son flambeau. « *Ta mission te dépasse* », lui dit-il.

Leur relation orageuse s'était apaisée récemment, et Villiers faisait désormais front commun avec Buisson. Quand il l'avait quitté pour Sarkozy, le Vendéen avait reproché au politologue de « *quitter le preux chevalier pour la carriole d'un romanichel* ». Abrité derrière le velours pourpre des tentures, Zemmour contemplait sa sole en méditant. Il considérait avoir toujours fait de la politique. À sa manière, il avait fait progresser ses idées, enfoncé des portes, combattu les idoles de son temps. Mais le scrutin, jamais, il s'y était toujours refusé. Même quand il préparait l'ENA et qu'il envisageait l'action publique, il se rêvait plus en Marie-France Garraud qu'en Jacques Chirac. Quand Nicolas Dupont-Aignan l'avait supplié de prononcer un discours devant les adhérents de Debout la République, il avait hésité avant de renoncer, échaudé par son expérience devant les cadres de l'UMP, en 2011. De même, il avait décliné la proposition d'investiture en tête de liste pour la région Île-de-France, à l'occasion des européennes de 2014. Même le Front national l'avait sollicité cette année-là, essuyant un refus lui aussi. Il aurait pu aller à Bruxelles, toucher le confortable salaire des députés européens, mais n'était-il pas plus utile à sa place, sur les plateaux de télévision, avec sa liberté d'éditorialiste ?

– Je mène un combat depuis des années, objecta-t-il. Je prends des risques politiques.

Il avait toujours assumé la dimension gramscienne de son travail, mais considérait que son rôle n'était pas de faire des propositions. « *Si je me présente à une élection, je ne sers plus à rien* », répétait-il. Buisson épousseta de la main les miettes de pain disséminées sur la table. Lui n'était pas du genre à renoncer. Il avait eu affaire à de plus coriaces, Sarkozy le premier. Quand il avait une idée, personne ne pouvait le faire dévier.

– Le peuple de droite est orphelin, et il n'y a pas de candidat pour représenter nos idées, martela-t-il. Marine Le Pen est de gauche, Sarkozy est un traître, Hollande est mort. Il y a un espace pour toi, Éric. Tu dois y aller.

Au moins, ils s'accordaient sur un diagnostic.

– Ils sont tellement nuls que même Le Maire a une chance..., soupira Buisson.

Dupont-Aignan était trop faible, Wauquiez trop jeune, Guaino trop fou... Le sujet Le Pen vint rapidement sur la table. Buisson reprochait au Front national son incapacité à prendre le pouvoir, mais le règne de Marine était venu greffer une critique politique à ce constat. Pour lui, la présidente du Front national faisait du gauchisme sociétal. Elle était complètement maraboutée par Philippot, défendait les gays et en oubliait d'aller à La Manif Pour Tous. Elle avait perdu gros dans cette affaire. Il insista : elle avait laissé un vide, désespéré des électeurs. Il fallait incarner l'offre politique attendue par l'électorat « petit blanc », le déclassé du périurbain, abandonné de tous. Faire la synthèse entre la demande de frontières, la protection vis-à-vis de l'immigration qui était devenue invasion, le retour des valeurs traditionnelles, la justice sociale, l'État protecteur. Personne ne l'incarnait. Buisson parlait vite en assénant son analyse. Il conclut :

– Il y a un angle mort aujourd'hui, et il est pour toi. Personne ne l'avait interrompu.

« Déconnez pas ! », supplia Zemmour à trois reprises. Il voyait les deux compères saliver en évoquant sa candidature, et n'avait aucune envie de céder à leur caprice. Il avait toujours rêvé d'imiter Victor Hugo, débattre dans l'hémicycle après avoir écrit *Notre-Dame de Paris.* Mais cette époque ne le permettait

plus. L'écriture et la politique, jadis, étaient mêlées ; on était journaliste, romancier et sénateur à la fois. Aujourd'hui, certains de ses confrères refusaient de serrer la main à un député de peur de se compromettre. La France avait adopté les codes anglo-saxons. On enquêtait, on révélait, mais on ne décryptait plus. La presse mettait en scène son indépendance pour mieux cacher sa soumission à l'air du temps. Sa dernière utilité était de recouvrir d'une chape de plomb les angoisses des gens. Les lecteurs s'évaporaient, mais ce petit monde s'auto-congratulait. Il vomissait son temps. Pourquoi se lancerait-il dans cette galère ? Les gens achetaient ses livres, regardaient les émissions où il débattait, se ruaient à ses conférences. En politique, il n'avait rien à gagner.

Ils opposèrent une fin de non-recevoir au serveur qui leur proposait des desserts.

Villiers tenta de donner le coup de grâce, en raillant l'insignifiance de la classe politique, la vanité des hommes, la vacuité des élites médiatiques.

– Mais je mentirais aussi si je disais que je suis heureux au Puy du Fou à regarder mon pays crever, avoua-t-il. Quand tu parles de la France, tu as les larmes aux yeux. Tu es à la fois un hôte et un Gaulois, les gens t'aiment pour ça.

Zemmour grignota deux mignardises qui entouraient son café et promit de réfléchir. Hugo avait écrit *Les Misérables* au crépuscule de sa carrière politique. En sortant sa carte de crédit, Patrick Buisson voulut détendre l'atmosphère :

– Ce ne serait pas la première fois qu'on serait sauvé par un juif, Éric. On sait comment ça commence : on va agiter des rameaux et toi tu arriveras sur un âne. Par contre, l'histoire finit moins bien...

Je n'avais jamais ouvert aucun de ses ouvrages, seulement parcouru les passages polémiques de son *Suicide français*. Les quatorze livres écrits par Zemmour étaient arrivés chez moi en quelques jours, grâce à la rapidité d'Amazon. Sa bibliographie me renseignait un peu. Son premier livre était consacré à Balladur. Nous étions en 1995 et le nouveau président de la République était alors chef du service politique à *InfoMatin*. Je ne me sentais pas la force d'avaler *Immobile à grands pas*, mais en le feuilletant, je percevais un peu mieux son évolution. Zemmour avait été un journaliste comme les autres. Son livre dressait un portrait en clair-obscur du Premier ministre de l'époque, réformateur audacieux autant que velléitaire patenté. Il avait mené l'enquête auprès des cadres de la droite de l'époque, et on retrouvait aussi bien Sarkozy que Bayrou, Fillon ou Pasqua. Avant de les combattre politiquement, le journaliste avait pris le temps de les épier, de les apprivoiser, de disséquer leurs failles. C'était un livre classique, une enquête plus qu'un essai. Les convictions de l'auteur n'y étaient avancées qu'entre les lignes. À l'époque, Éric n'était pas encore Zemmour.

Comment raconter cette campagne hors normes ? C'était la troisième élection présidentielle que je couvrais, et j'avais cette fois le sentiment que ce qui s'était passé échappait aux règles du genre. En 2007 et 2012, affecté à la campagne de François Bayrou, j'avais suivi scrupuleusement les déplacements du Béarnais, assisté à ses conférences de presse, recueilli ses confidences dans des séquences « off » soigneusement organisées par ses équipes, et déjeuné avec sa garde rapprochée. La direction avait profité d'un plan de départs volontaires – le journal perdait autant d'argent que de lecteurs – pour me réaffecter, en 2013, au suivi de l'extrême droite. J'avais mal accepté cette réorganisation des équipes. Avec le FN, j'avais tout un carnet d'adresse à reconstituer, et un monde à découvrir. Le poste était stratégique ; Marine Le Pen abordait la présidentielle en position de force, avec la quasi-certitude d'arriver en tête au premier tour. Tout l'enjeu résiderait dans le nom de son adversaire. Elle pouvait réaliser un score prodigieux si Hollande se qualifiait, et devrait batailler ferme pour aller chercher des points si un candidat de droite se trouvait face à elle. Les ténors frontistes que j'interrogeais me faisaient peu ou prou la même réponse : il fallait assécher la droite pour la priver du second tour. Le lendemain de l'élection serait tellement difficile que des bataillons d'élus Républicains les rejoindraient pour former une vaste coalition des droites face à la gauche, dans la perspective de 2022. En attendant, ils préparaient 2017.

Je plongeai dans mes calepins et traquais mes souvenirs. Personne n'avait vu venir l'explosion du Front national, et rien ne laissait deviner que ce parti se fracasserait sur ses oppositions internes. À un an de l'élection, aucun cadre n'osait remettre en cause la parole du chef, sans doute un héritage de leur culture autoritariste, et le parti ne semblait traversé par aucun débat de ligne, aucune opposition idéologique, aucune tentation putschiste. Je cherchais le point de départ de cette bataille intestine.

346 JOURS
AVANT L'ÉLECTION

– Marine, tu ne peux pas faire ça.

Marion Maréchal-Le Pen avait givré l'atmosphère. Autour du rectangle formé par les tables, chacun baissait les yeux en évitant le regard de la présidente. Le bureau politique du Front national s'était habitué aux petites polémiques, pas aux attaques contre l'autorité de « Marine ». La présidente sentit la colère monter. Que lui voulait encore cette pimbêche ? Elle n'en finirait donc jamais de lui voler dans les plumes ? Depuis deux ans, sa nièce lui pourrissait littéralement la vie. La presse avait saisi au bond son envol pour créer une opposition factice dans la lignée des Le Pen. Les journaux bavaient à longueur de colonnes, décrivant cette rivale plus jeune, plus belle, et plus brillante qu'elle. La preuve, elle avait été élue députée à vingt-deux ans. Depuis deux ans, la petite s'amusait à faire entendre sa différence, dans les médias, répétant qu'elle était plus libérale que Philippot, plus conservatrice que certains au Front, et Marine l'avait compris : derrière ce petit jeu, elle était visée. Cent fois, elle l'avait prévenue : « *Tu fais le jeu de Sarkozy. Nos ennemis se servent de toi pour semer la division au FN. Tu ne représentes que toi. Tu mets en péril l'unité de ta famille...* » Cent fois, la petite avait recommencé, prenant seulement soin de clamer sa loyauté à la présidente pour mieux s'autoriser des écarts. Que cherchait-elle ? Marine en avait sérieusement marre. Il fallait lui couper le sifflet, une fois pour toutes. Le Congrès de Lyon n'avait pas suffi. Marion y avait été interdite de parole. Elle était arrivée en tête du vote des militants pour le comité central et pourtant, Marine ne lui avait rien accordé : ni proches au bureau politique, ni vice-présidence, ni félicitations publiques. Pire : elle avait encensé Philippot pendant deux jours, histoire de bien marquer sa préférence et de clouer la gamine. Et l'autre n'avait toujours pas compris, et voulait provoquer l'affrontement... Cette fois, elle allait non seulement la recadrer, mais en plus l'humilier. Ça devrait lui servir de leçon.

– On t'écoute, Marion, répondit Marine Le Pen, accompagnant sa réplique d'un sourire carnassier. On a tous très envie de savoir ce qui te gêne dans cette décision.

La petite objecta que son opposition n'avait rien de personnel. Il y a deux ans, elle avait déjà dit tout le mal qu'elle pensait de l'arrivée au Rassemblement Bleu Marine de Sébastien Chenu, le fondateur de Gaylib. Elle se faisait la porte-parole des militants et des cadres locaux. Le fait qu'il soit homosexuel n'avait rien à voir, c'était son militantisme communautaire qui posait problème. Elle fit monter la pression dans la salle en assurant que depuis deux ans, son comportement lui avait donné raison. Elle prenait appui sur les retombées du terrain pour affirmer que, cette fois, les militants ne se tairaient pas.

– Beaucoup seront d'accord avec moi pour dire que Frédéric Mitterrand n'a rien à faire au Front national.

Florian Philippot avait disséqué chaque syllabe du monologue de sa rivale, guettant le moindre faux-pas. Malheureusement, comme souvent, Marion était restée dans les clous. Habile, la petite. Marine l'attendait au tournant sur ce coup, il devait se charger de la cogner. Marion était mal à l'aise, il le voyait à ses joues qui avaient rougi. Il allait finir le boulot.

– Tu es la plus jeune ici, mais tu es celle qui raisonne le plus à l'ancienne, attaqua-t-il.

Les membres du bureau politique sursautèrent. Ils s'étaient habitués à quelques passes d'armes à fleurets mouchetés, mais jamais les deux pôles du FN ne s'étaient écharpés directement. Il expliqua que la question n'était pas de juger le bilan de Frédéric Mitterrand en tant que ministre de la Culture. On parlait ici de l'avenir du FN et de celui de la France. D'ailleurs, Mitterrand ne rejoignait pas le Front, mais le Rassemblement Bleu Marine, justement créé pour accueillir des personnalités en accord sur l'essentiel mais à des années-lumière d'une adhésion au FN. Marion ne supportait pas que le parti s'ouvre. Mais les électeurs, eux, n'avaient rien à faire de ses réticences, et se félicitaient de l'attractivité du FN. Une arrivée comme celle de Mitterrand ne faisait plus d'eux des pestiférés. Ça marchait d'ailleurs dans les urnes, et le Front n'avait cessé de progresser depuis 2012. Il conclut :

– Tes états d'âme, s'il te plaît Marion, garde-les pour toi.

Elle l'avait bien cherché. Philippot n'en pouvait plus des caprices de cette jeunette qui ne comprenait rien à la stratégie, qui donnait des leçons du haut de ses vingt-six ans, et se permettait de le toiser au nom du fait qu'elle s'appelait Le Pen. Depuis 2011, c'est lui, et lui seul, qui avait, aux côtés de Marine, conduit le FN aux portes du pouvoir. Sébastien Chenu au RBM, c'était lui. Les vieux aigris d'extrême droite avaient bien gueulé mais il connaissait les sondages, les disséquait tous, et savait mieux que tous ces cons qu'une prise de guerre comme celle-là était bénéfique. Sur le terrain, personne ne s'en rendait compte, les gens ne lisaient plus la presse et se fichaient pas mal qu'untel ou untel soit homosexuel. Seules trois cents personnes à Paris savaient ce qu'était Gaylib. Les médias adoraient, ça montrait l'ouverture du FN et ça normalisait encore le parti. C'est lui qui avait été à l'initiative de l'opération Frédéric Mitterrand. Il en avait eu l'idée deux ans plus tôt en voyant, sur Canal+, l'ancien ministre de la Culture dire que si les homosexuels rejoignaient le FN, c'était en raison du côté « Madone à pédés » de Marine. Il avait aimé l'espièglerie, et s'était dit que cette déclaration lui permettrait de frapper un grand coup. Quand Philippot lui avait proposé un déjeuner avec la présidente, Mitterrand avait accepté. Après tout, cette Marine-là l'intriguait, l'excitait presque. Au Bidou, le restaurant fétiche de Marine Le Pen, proche des Champs-Élysées, il l'avait même trouvée délicieuse. Très vite, ils avaient évacué la polémique qui les liait. En 2009, la présidente du Front national avait profité d'une heure de grande écoute pour lire à la télévision les extraits d'un de ses livres, *La Mauvaise vie,* où il confessait à demi-mots des relations sexuelles avec des prostitués mineurs. À peine nommé ministre, il avait dû faire amende honorable au 20 heures de TF1, et avait frôlé l'éviction du gouvernement. « *Humainement, je regrette cette attaque parce qu'elle était extrêmement violente,* lui avoua Marine Le Pen.

Mais politiquement, je dois vous avouer qu'elle a changé ma vie. Pour la première fois de son histoire, le FN était au cœur d'une polémique sans en être l'objet. Je crois que la vraie normalisation du FN a commencé ce jour-là. »

C'était de l'histoire ancienne. Mitterrand lui avoua avoir pardonné l'offense, d'autant qu'elle ne lui avait rien coûté. « *J'ai su immédiatement que vous étiez un homme sensible, que vous aviez de l'esprit, quand vous m'avez dédicacé votre livre* », le gratifia Marine Le Pen. Frédéric Mitterrand, beau joueur et sans rancune, avait adressé, quelques années plus tard, son livre *Le Désir et la chance* en lui souhaitant de l'apprécier « *davantage que le précédent.* » Marine Le Pen lui avait adressé en retour son *Pour que vive la France* agrémenté d'une dédicace affectueuse : « *On sait ce que c'est, tous les deux, de porter un nom célèbre* ». Leur conversation roula sur l'état de la France, le délabrement de sa création culturelle, la baisse dramatique du niveau des élèves en français. Ces deux-là avaient des choses à se dire, s'accordaient sur les émissions de télé des années 80, sur la variété française, sur la folie enivrante de Dalida. Mitterrand tombait littéralement sous le charme de « *Marine* », l'appela d'ailleurs par son prénom à peine les entrées déposées sur la table. Il confia son désarroi devant la perte de repères, qui remettait en cause sa philosophie de la transgression. Il avoua être gagné par un sentiment d'« *insécurité culturelle* ». Les politiques traditionnels et les partis classiques n'apportaient aucune solution à cette crise d'une profondeur telle que personne ne l'analysait. « *Vous proposez de renverser la table et c'est ce dont notre civilisation a besoin* », flatta-t-il la présidente du FN. Marine Le Pen le remercia chaleureusement, enrobant ses mains des siennes, posant sur lui un regard bienveillant. Il fut convenu qu'ils ne parleraient à personne de cet entretien.

Philippot jubilait intérieurement. Ce coup d'éclat était son apothéose, il allait achever de faire rentrer le Front national dans le cercle fermé des partis de gouvernement. Grâce à lui, les énarques étaient arrivés, puis les conseillers ministériels, les hauts fonctionnaires, les élus locaux, les cadres d'autres partis, les militants, et des bataillons d'électeurs. Et Marion, qui flattait la droite identitaire et les plus fascistes de leurs sympathisants, se permettait de remettre en cause ses orientations ! Peu importe. De toute façon, il avait toujours gagné les arbitrages. Marine était avec lui.

– Tu vois un homme politique que tu n'estimes pas, mais nous voyons un ancien homme de gauche et ministre de droite qui nous rejoint, reprit Marine Le Pen.

Elle était trop jeune pour le réaliser, mais c'était une première pour le FN. Marion Maréchal-Le Pen allait exploser. Ils lui faisaient revivre l'enfer de décembre 2014. Rien n'avait changé : les murs beiges de cette salle lugubre étaient les mêmes, les affiches électorales et leur Marine souriante n'avaient pas bougé, et autour de la table, les mêmes petits prétentieux grâce auxquels Philippot avait colonisé le FN la toisaient. Comment Marine pouvait-elle avoir été lobotomisée, gouroutisée, hypnotisée à ce point ? Frédéric Mitterrand, c'était presque le pire qui pouvait se produire. L'incarnation du bourgeois libertaire, de l'enfant de Mai 68, sans valeurs, sans convictions, qu'un maigre talent de télévision et un vieil oncle influent avaient propulsé sur le devant de la scène. Elle ne le laisserait pas passer, mais elle ne pouvait rien faire ici, maintenant, sans prendre le risque d'être mise en minorité. Elle en voulait à tous ces lâches, tous ces pleutres, qui la félicitaient en douce de monter au créneau, mais qui se taisaient ! Son grand-père aurait pu réagir, mais il s'était fourvoyé dans la provocation et croupissait aujourd'hui entre les quatre murs de son bureau de Montretout. Quel gâchis... Gollnisch, lui, ne pensait qu'à ses investitures et à sa survie politique, et n'était plus capable que d'une chose : alimenter *Minute* en confidences ! Et Chauprade, qui était rentré dans le rang et avait séché le bureau politique, alors qu'il était le premier, hier, à dénoncer le « *lobby gay* » autour de Marine... Elle s'était retenue longtemps, mais cette fois, c'était décidé, elle allait frapper un grand coup. Pour la première fois, elle avait choisi entre sa carrière et ses convictions.

– Nous annoncerons l'arrivée de Frédéric mercredi prochain en conférence de presse, conclut

Marine Le Pen. Et je vous préviens, si ce qui s'est dit aujourd'hui sort dans la presse, des têtes vont tomber.

Je regrettai la présidence Sarkozy. Il fallait bien l'admettre, le quinquennat de l'agité avait été une période bénie pour les médias. Nous avions un punching-ball d'une résilience inouïe installé à l'Élysée. Chaque couverture consacrée au chef de l'État faisait un carton en kiosque. Les journalistes faisaient, en quelque sorte, partie de l'opposition. Nous étions autorisés à flinguer, dans nos articles, et dans nos interventions. La gauche était rassemblée derrière un objectif : le virer de l'Élysée. Tout le monde se tenait calme et la guerre de positions n'autorisait pas les coups d'éclat ; le premier qui bougeait était mort. Il y avait une sorte de discipline dans la parole publique. Il ne fallait surtout pas trébucher avant d'avoir rempli la mission. La droite, elle, se divisait en deux camps. Le Front national s'autorisait quelques bravades mais restait figé. Le souvenir de 2007 et les faibles scores lors des dernières élections lui faisaient craindre le pire. Le parti avait frôlé la banqueroute et la perspective de disparaître menaçait. La droite républicaine restait dans l'ombre de son chef, et ne s'autorisait aucune incartade. Voilà ce qui avait changé avec l'élection de Hollande. Le Front national avait été ragaillardi par son score de 2012 et la perspective d'être au second tour de 2017 l'enivrait. Ses cadres et ses militants étaient intenables, et s'autorisaient tous les excès de langage. La droite s'était retrouvée sans chef, et les ténors du parti avaient été doublés par une base qui se radicalisait.

Ce paysage délétère fut le cadre de l'élection présidentielle. La pondération qui régnait en 2012 avait déserté la classe politique. À droite comme à gauche, les haines s'affichaient au grand jour. La salle des Quatre Colonnes, au palais Bourbon, était devenue le théâtre de règlements de comptes sordides. On y murmurait à voix basse qu'un sénateur proche du président distribuait les fonds de sa réserve parlementaire à l'association de son beau-frère. Qu'un présidentiable de droite employait sa femme comme collaboratrice. Qu'un député s'adonnait à des jeux interdits dans son bureau avec une jeune assistante... Certaines informations sortaient, d'autres restaient secrètes. Les politiques étaient à cran. Pour la première fois, le jeu était totalement ouvert, et quiconque en tirait son épingle pouvait accéder à la magistrature suprême. L'échéance les affolait, ils perdaient leurs nerfs. Plus personne ne misait un kopeck sur Hollande. Certains socialistes préparaient déjà la suite, bétonnaient leur circonscription, prenaient date pour 2022. D'autres voulaient le remplacer dès cette année. C'était le cas de Montebourg. Dégagé sans ménagement du gouvernement en 2014, il avait tracé sa route en solitaire et revenait en force depuis quelques mois pour imposer une primaire. Si le Parti socialiste l'acceptait, Hollande pouvait retourner en Corrèze sans passer par la case élection. Un autre, dans l'ombre, guettait le trébuchement du président.

Manuel Valls endurait sa cohabitation avec Hollande comme un samouraï. Les journalistes savaient tous à quel point il honnissait le chef de l'État, mais jamais un mot ne fusait. Il avait la légitimité pour remplacer Hollande, pas les troupes. Il était ligoté à Matignon, enchaîné au destin du président. Hollande avait beaucoup de défauts, mais pas celui d'être idiot. Il avait réussi à conditionner à sa réélection l'avenir politique de suffisamment de caciques socialistes pour éviter une fronde contre sa candidature. Il y avait un fossé entre l'image publique qu'il renvoyait et la réalité de son personnage. Il y avait du Chirac en lui. Sa cruauté, sa capacité à tout sacrifier, amis, intimes, compagne, pour atteindre son objectif, était sans limite. Son ascension était jonchée de cadavres. Les gens voyaient en lui un benêt, nageant dans un costume trop grand, alors qu'il était sans doute le plus grand virtuose de son époque en matière de calcul politique. Les couteaux s'étaient tellement aiguisés dans son dos qu'il avait décidé de passer à l'attaque et de faire un exemple. Du sang coulerait sur les murs.

Dans ce climat de défiance généralisée, un phénomène resté inaperçu avait permis l'émergence de Zemmour dans le débat politique. L'extrême droite avait toujours pâti de ses divisions. Il s'était toujours trouvé un Bruno Mégret, un Alain Soral, une Ludovine de la Rochère, pour étouffer un mouvement qui menaçait de grossir. Mais cette fois, un pacte improbable s'était scellé dans le secret des alcôves. Des gens qui ne se parlaient plus s'étaient retrouvés. Des familles politiques qui se combattaient s'étaient réconciliées. La force de Zemmour fut de les fédérer.

319 JOURS
AVANT L'ÉLECTION

– Si tu ne viens pas à Lagardère, Lagardère viendra à toi, avait-il ricané dans le combiné, en laissant un message sur le répondeur. Tu peux me rappeler au 06... En fait je ne connais pas mon numéro, car je ne m'appelle jamais, mais toi tu le connais. Rappelle-moi.

Il avait bien connu Patrick Buisson. Aux débuts de l'épopée du Front national, le journaliste de *Minute* avait accompagné le « Menhir », et même contribué à forger sa légende. Leur connivence était telle que Jean-Marie Le Pen avait convié Buisson à assister à l'émission *L'Heure de vérité*, sur le plateau d'Antenne 2, son baptême médiatique, qui avait permis sa percée électorale. Il adorait leurs discussions, et Le Pen se souvenait avoir trouvé en lui, jadis, un allié solide. Le journaliste avait dirigé la rédaction d'un *Album Le Pen*, en 1984, parmi les meilleurs livres, pensait-il, écrits à son sujet. Après *L'Heure de vérité*, Buisson avait encensé sa prestation. Son article, intitulé « *L'Heure de vérité, 59 minutes de vérité... et une minute de silence* », l'avait réjoui. Buisson y prédisait l'essor du FN et saluait cette minute de silence observée en direct par Le Pen « *à la mémoire des dizaines de millions d'hommes qui sont tombés, victimes de la dictature communiste.* » Après le ralliement de Buisson à Sarkozy, Le Pen avait toujours conservé son affection à cet intellectuel hors du temps. Il lui avait souvent téléphoné, durant le quinquennat, et après. Buisson n'avait jamais répondu. Mais les choses avaient changé.

Ce jour-là, l'homme en noir avait rappelé. Dix ans qu'ils ne s'étaient pas revus, et pourtant, la conversation avait filé comme s'ils ne s'étaient jamais quittés. Le Pen avait ressenti une satisfaction profonde, en écoutant ce vieux renard discourir. Son esprit s'était réveillé, il se sentait presque revivre. Dans la conversation, Buisson avait averti Le Pen qu'un candidat mystère venu de la droite, hors système et totalement libre de parole, pourrait priver Marine du second tour de la présidentielle. À l'évocation de cette hypothèse, il n'avait pas ressenti de gêne. Plutôt un soulagement. Marine avait besoin d'être ramenée sur terre, de prendre cette claque qu'il regrettait tant de ne plus pouvoir lui donner. Buisson avait fini par lâcher le morceau. Éric Zemmour pourrait être celui-là. Aucune nouvelle ne pouvait mettre Le Pen plus en joie. Il avait, pour Zemmour, plus que de la considération : une véritable admiration. Il ne ratait pas une de ses émissions, pas une de ses chroniques, pas un de ses éditoriaux. Il avait aimé, dans les années 90, le journaliste atypique, qui convoquait l'histoire dans leurs discussions. Il sentait chez ce petit être une grande vivacité d'esprit, et surtout, une liberté de ton devenue trop rare. Ils avaient fait plus ample connaissance durant la campagne de 2002, que Zemmour avait suivie pour *Le Figaro,* et leur complicité n'en avait été que renforcée. Entre les deux tours de cette maudite élection, Le Pen n'avait embarqué que deux journalistes à bord de son avion : Serge Moati, et Zemmour. La proximité était née à ce moment-là. Le journaliste lui avait même dit, avant le 21 avril 2002, qu'il était certain de le voir accéder au second tour. Lui n'y croyait pas.

Ils avaient dîné ensemble plus d'une fois, et Le Pen lui avait même fait la confidence de la rencontre avec Jacques Chirac, dans l'entre-deux-tours de 1988, qui avait connu un véritable retentissement. Quand Chirac avait nié ce rendez-vous, le fondateur du FN s'était rué à la télévision pour traiter le président de la République de *« menteur »*, en plus d'être un *« voleur »*. Le Pen aimait les anticonformistes, et Zemmour était de ceux qui ne se coulent pas dans le moule de la pensée unique. Il le trouvait intelligent, courageux, cultivé, à contre-courant. Il aimait le voir réhabiliter, *via* la télévision, le patriotisme, et pourfendre le politiquement correct. Il croyait partager avec lui la solidarité des réprouvés, eux qui étaient régulièrement insultés, ostracisés. Tous deux se foutaient de la considération. Zemmour avait le même panache que lui, très français, de s'enorgueillir de choquer, le même « *plaisir aristocratique de déplaire* » que se réservait Baudelaire. « *Beaucoup d'ennemis, beaucoup d'honneur !* », disait Le Pen. Il se fit une réflexion singulière : lui qui jadis, face à Poujade, Tixier-Vignancourt, Mégret, Villiers, et surtout Marine, n'avait pas supporté qu'on lui vole un peu de lumière, éprouvait une certaine jouissance en voyant Zemmour gravir les monts de la notoriété. Il avait fait évoluer les mentalités ; il servait son pays.

– Voilà une vraie candidature nationale, souffla-t-il à Buisson. Crois-le, je m'en réjouis. Une preuve qu'elle peut fonctionner, c'est qu'elle nous enthousiasme chacun, alors que jusque ici nos chemins s'étaient régulièrement séparés.

Buisson demandait plus. Si cette équipée devait atteindre son but, elle tuerait Sarkozy, bien sûr, mais atteindrait aussi Marine Le Pen et le Front national. Il lui demanda de garder le silence.

– Marine doit s'affranchir de ses mauvais esprits, abonda Le Pen avant de rassurer Buisson. Je peux dire tout le bien que je pense d'Éric Zemmour. Ça, oui, je le peux.

Buisson insista. Si Zemmour devait réconcilier la droite avec le peuple, s'il devait faire l'alliance des électeurs frontistes avec les déçus du sarkozysme, il ne pouvait le faire qu'avec Le Pen. Il n'y aurait jamais d'accord entre la droite et le Front national, mais des personnalités des deux partis pouvaient le soutenir. Il voulait un engagement clair.

Le Pen se souleva péniblement de son profond fauteuil après avoir raccroché le combiné. Un sentiment d'euphorie l'envahissait. Il s'approcha d'un grand miroir aux coins salis par les années, et y jeta son regard. Il voyait un combattant fatigué, courbé, usé par les mauvais tours de la vie. Il se fit presque pitié. Avec ses grosses montures en écaille, sa veste à carreaux, cette pochette mauve, sa montre fine et ses mocassins à glands, il ressemblait à un parvenu, un commerçant installé, il s'était embourgeoisé. Avait-il perdu la flamme, cette flamme dont il avait fait l'emblème du Front ? Où étaient son légendaire panache, son culot, sa fougue ? Il se sentait vidé, fini. Ces dernières années l'avaient presque achevé. Il avait été progressivement évincé de l'appareil frontiste. Marine l'avait écrasé en jouant le jeu de la gauche et des médias. Philippot avait saisi n'importe quel prétexte pour le marginaliser, et avait joué au pousse-au-crime dans leur conflit familial. Son entreprise diabolique avait abouti. Il avait été suspendu de son statut d'adhérent du Front national, puis viré sans ménagement du parti qu'il avait lui-même fondé ! Malgré ses victoires devant la justice, sa fille l'avait banni. Leurs liens étaient rompus à jamais, mais il était d'avantage attristé par sa perte de statut. Hier, les militants l'adulaient, se pressaient pour le toucher, demandaient un autographe. Aujourd'hui, plus personne ne le respectait, il le savait. Dans son dos, on le surnommait « le Vieux », « Pan-Pan » ou « Neu-Nœil »... Il se tourna vers le portrait de lui en chef de guerre peint par un ami russe, sabre au clair, chevauchant un fier destrier, qui ornait un mur, et fut saisi par le contraste. Comment avait-il pu tomber si bas ? Il avait besoin de retrouver le souffle, de transgresser, de provoquer une nouvelle fois – fut-elle la dernière. Il décrocha son téléphone.

– Allo Gérald ? Faites venir Marie à Montretout, je voudrais enregistrer un journal de bord pour mon blog.

Il avait dédié son premier livre à sa femme, le second à sa mère. Celui-là préfigurait le Zemmour d'aujourd'hui. *Le Coup d'État des juges* était à mi-chemin entre l'enquête et l'analyse. Il y accusait les juges d'instruction, les *« héros de notre temps »*, de substituer leur légitimité institutionnelle à celle du suffrage universel. Personne ne s'intéressait encore à ce qu'il écrivait, mais Zemmour dérapait déjà en citant l'antisémite Maurras, son « pays légal » et son « pays réel ». Tout y passait. Pour lui, mieux valait avoir tort avec Alain Carignon et Loïk Le Floch-Prigent que raison avec Éric Halphen ou Renaud Van Ruymbeke. Déjà, une critique de la société de transparence. Il expliquait que les Français, *« vieux peuple latin »*, n'avaient que faire de l'exemplarité de leurs politiques et que celle-ci s'invitait dans le débat à mesure que leur pouvoir s'affaissait. Il passait Eva Joly à la sulfateuse. Son féminisme, son engagement à gauche et ses idées trotskistes de jeunesse étaient décortiqués et réduits en miettes. L'immigration le taraudait déjà : il commentait allègrement l'affaire du voile de Montfermeil et parlait du regroupement familial des *« africains polygames »* et de ses *« effets désastreux »*. Un chapitre attira mon attention. Si j'avais un point commun, un seul, avec Éric Zemmour, en dehors de notre métier de journaliste, c'était bien l'amour du football. Il consacrait un long chapitre à la dérive du foot-business et j'étais forcé d'être d'accord avec lui. À partir de l'arrêt Boesman, qui avait fait sauter le quota d'étrangers imposé aux clubs, il regrettait que les joueurs quittent leur pays pour évoluer dans d'autres championnats. Il s'élevait contre le pouvoir de l'argent-roi, et prophétisait non sans humour le jour où la prochaine finale de la Coupe d'Europe *« opposera le Racing-Fiat au Coca-Cola team »*. Ça me faisait mal de le reconnaître, mais sur ce point, il avait raison.

Il délirait en revanche sur l'identité française et l'immigration. Avec le recul, il avait sans doute remporté l'élection grâce à sa virulence sur ce terrain, mais à le lire, ce sujet confinait à l'obsession mortifère… Nous étions en 1997, un an avant que la France black-blanc-beur ne remporte la Coupe du Monde et réconcilie les Français, et Zemmour s'attaquait aux étrangers, ciblant directement les musulmans. Il affirmait sans détour que le Français était exogame, que des siècles de mariage entre personnes de villages différents s'opposaient à la tradition musulmane du mariage « entre cousins ». Je comprenais mieux ses positions : Zemmour n'avait pas occupé ce créneau par opportunisme, encore moins par électoralisme, il avait depuis longtemps théorisé l'affrontement entre les races. Il avait pour lui son sourire et cette manie de rire à tout bout de champ, mais sa bouille sympathique masquait mal un esprit belliqueux. Dans le débat politique français, personne n'allait aussi loin dans la stigmatisation des musulmans. Je ne fus pas surpris le jour où il en paya le prix.

299 JOURS
AVANT L'ÉLECTION

La vidéo démarrait par un écran noir où s'affichait en rouge et blanc un message en français, sous-titré en arabe. « *Message pour tous les musulmans de France : appel à faire taire l'islamophobe Éric Zemmour.* »

Défilait ensuite un texte écrit en arabe, qui lançait une fatwa contre l'écrivain. La séquence était presque douce, un chant guttural accompagnait l'appel au meurtre et des images de Zemmour défilaient. L'État islamique, qui revendiquait la vidéo, y avait intégré des sentences prononcées par le journaliste contre l'islam et justifiait ainsi sa condamnation.

La première pensée de Zemmour fut pour son père. « *Ils vont finir par te tuer, mon fils* », l'avait prévenu son paternel, quelques mois avant de mourir. *On y est*, songea-t-il. Le journaliste reposa sa nuque contre le dossier de son fauteuil et se perdit dans le plafond de son salon. Il pensa à Salman Rushdie et Robert Redeker, contraints à la clandestinité après avoir reçu la même menace qui le frappait aujourd'hui. La sonnerie de son téléphone l'arracha à ses pensées.

– Éric, c'est Manuel, j'ai vu la vidéo de l'État islamique...

Zemmour fut touché par l'appel du Premier ministre ; Valls aurait pu se passer de cette attention. Lorsqu'il ferraillait contre les vieilles lunes de la gauche, le jeune député socialiste se délectait des discussions avec le polémiste qui montait. Ils s'accordaient sur le football et l'amour du FC Barcelone, de sa philosophie et de son beau jeu. Quand Valls était arrivé à Matignon, ils s'étaient découvert un autre point commun, se croisant un soir dans une loge du Stade de France pour un concert événement des Rolling Stones. Valls en avait profité pour chambrer le journaliste. En le voyant chanter, danser et s'extasier comme un gosse pendant *Sympathy for the Devil*, le Premier ministre s'était amusé : « *Et maintenant, Zemmour va nous faire un grand papier sur l'ordre !* »

– Ne me remercie pas, je t'appelle pour que tu saches que ta sécurité est importante pour mon gouvernement, le rassura Valls.

Il lui annonça que sa protection policière serait renforcée, qu'il ne lui arriverait rien. Que le renseignement allait surveiller de très près ce qui se disait dans les milieux radicaux. « *Tu peux dormir tranquille.* » Zemmour le remercia chaleureusement. Il avait pris la nouvelle comme un coup de poing dans l'estomac, et avait envie de vomir. Un ami l'avait prévenu tard dans la nuit que cette vidéo circulait sur Internet, et que les réseaux sociaux la relayaient. Il avait cru, au début, à une blague, puis s'était rendu compte que l'affaire était grave. Depuis deux ans, il vivait avec la présence quotidienne à ses côtés de plusieurs policiers du service de protection des hautes personnalités. Les types étaient discrets et professionnels, mais cela pesait sur son moral. Il n'avait pas peur, mais sut pour la première fois qu'il avait dépassé son seuil de tolérance à l'adversité. Il n'avait jamais perdu son sang-froid, même au plus fort des polémiques, même lorsque les rédactions qui l'employaient avaient menacé de le virer – même lorsqu'elles l'avaient fait. Mais cette fois, c'était trop. Il jeta rapidement un œil à l'actualité sur Internet, et vit que le site du *Figaro* reprenait la nouvelle sur sa page d'accueil : « *Le journaliste Éric Zemmour menacé par une fatwa de l'État islamique.* »

Il pensa un instant annuler sa conférence. Il devait être ce soir à Limoges, et plus de mille personnes étaient annoncées. La sécurité serait-elle assurée ? Les contraintes trottaient dans son esprit et il avala d'un trait un grand verre d'eau pour chasser son spleen. Au téléphone, son officier de sécurité se fit rassurant.

– On va vous conduire en voiture, c'est plus sûr, et sur place on contrôlera les entrées.

Il endossa une chemise rouge, revêtit une veste noire, empoigna sa grosse mallette marron tannée par les ans, et rejoignit la berline qui devait le conduire à Limoges. Dans la voiture, il alternait lecture et coups de téléphone. Il feignit de ne pas être affecté en parlant à sa femme. Il se félicita d'avoir évité ses enfants, qu'il rassura par SMS. Aux amis qui prenaient des nouvelles, il se confondait en remerciements et faisait éclater son rire pour tromper l'angoisse. Le jeune responsable local des Républicains qui avait organisé la conférence lui passa un appel à la moitié du chemin. « *À cause de cette histoire, il va y avoir beaucoup plus de monde que prévu. Je pense qu'on sera entre mille cinq cents et deux mille, on n'a jamais fait ça, ici à Limoges.* » Ils attendaient aussi beaucoup de médias. Seule la presse locale était conviée, mais des voitures de BFM et d'iTélé commençaient à affluer. Le maire de Limoges viendrait l'accueillir. Et les organisateurs avaient commandé deux cents livres de plus.

Zemmour se détendait à mesure que sa voiture le rapprochait de la Haute-Vienne. Il dormit quelques minutes et fut réveillé par l'arrêt. La salle polyvalente, située en périphérie de Limoges, débordait de monde. Une file d'attente occupait le large escalier central, et des équipes de télévision tentaient de se frayer un chemin pour accéder à l'espace de conférence. Il fut happé par le jeune organisateur de l'événement.

– On va vous faire passer par le côté. Les gens sont debout, ils vous attendent, il y a une ambiance de malade !

Il fit son entrée par le côté de la scène et fut accueilli par une clameur. La salle était comble. Il leva la main pour saluer à la cantonade et remarqua qu'aucune table n'était disposée pour qu'il s'assoie. Il racla sa gorge et récita la conférence qu'il délivrait à tous ses auditoires depuis deux ans. La salle grondait, réagissait à chacun de ses effets, applaudissait ses bons mots. Il réalisa en distinguant les journalistes au fond de la salle qu'il n'avait toujours pas parlé de la fatwa. Pour entamer la séance de questions-réponses, un sexagénaire lui donna l'occasion de se rattraper.

– J'ai découvert ça ce matin comme vous, balaya-t-il. Je ne sais pas encore quoi en penser. Évidemment, c'est très violent, mais si la question que vous me posez, c'est « *Est-ce que vous allez continuer ?* », je vous réponds oui, je ne vais pas me laisser intimider.

Dans le grondement de satisfaction qui accueillit sa réponse, une femme se leva et demanda le micro qui circulait dans l'assemblée. Zemmour ne la vit pas. Elle semblait appartenir à son fan club, mais surprit en parlant cru et en lui reprochant de n'apporter aucune solution. Elle n'était pas la première à l'aborder comme cela, il comprit où elle voulait en venir. Il dégoupilla une réponse préparée. Il réfléchissait. Il n'avait pas tranché. Il sentit monter la tension et donna à son auditoire la phrase qu'il voulait entendre :

– Oui, je me pose la question. Oui, je me dis, la présidentielle, pourquoi pas. Ça vous va ?

Les caméras des chaînes d'information captèrent les images de deux mille personnes levées, frappant des mains à l'unisson. Quelques drapeaux sortis de nulle part, agités à bout de bras, coloraient la salle. L'organisateur de la soirée improvisa une Marseillaise. Concentré, Zemmour se tenait droit et chantait. En observant ces visages qui lui souriaient, dont certains trahissaient une attente, il comprit que cette soirée avait dévié, et qu'elle ressemblait à un meeting de campagne électorale. Il entendit fuser quelques « *Zemmour, pré-si-dent !* ».

299 JOURS
AVANT L'ÉLECTION

Manuel Valls jeta un œil à la foule massée dans la cour de l'hôtel Matignon. Les membres de son cabinet, au grand complet, étaient parqués sur sa gauche, repoussés vers les murs par l'armada de caméras et de micros. Deux ans auparavant, presque jour pour jour, il avait fait son entrée dans ces lieux en piétinant le corps encore chaud de Jean-Marc Ayrault. Il s'en souvenait comme si c'était hier : l'anéantissement de l'autorité de ce Premier ministre, les couacs à répétition, une politique sans cap menée en dépit du bon sens, un défaut d'incarnation criant au sommet du pouvoir. À bien y réfléchir, virer Ayrault n'avait pas été si difficile. L'homme était sans charisme, s'entêter avec lui aurait été, pour le président de la République, une faute majeure. Et Hollande ne commettait jamais d'erreur. Sur le plan stratégique du moins...

La Bérézina de la gauche aux municipales avait été son aubaine, mais il aurait fini par hériter du poste de Premier ministre tôt ou tard. Il avait la popularité, la visibilité, la jeunesse... Il était tellement sûr de lui que quand *Le Nouvel Observateur* l'avait intronisé *« vice-président »* sur sa couverture, il avait engueulé Laurent Joffrin au téléphone : *« C'est trop tôt ! »* Il se remémora ce moment inoubliable où, filant dans sa voiture de ministre de l'Intérieur de la place

Beauvau vers la rue de Varenne, il avait eu l'impression d'avaler les années. Il devenait Premier ministre, à cinquante et un ans, et serait l'homme fort de la gauche dans la prochaine décennie. Il imaginait même avoir fait le plus dur pour parvenir jusqu'à son but ultime.

Il avait remplacé Jean-Marc Ayrault, imposé cette marque autoritaire et énergique dont la gauche avait besoin, menant à bien les principales missions que lui avait confié Hollande, toujours en première ligne. Et voilà qu'il était récompensé par ce coup de téléphone au milieu de l'après-midi.

– Manuel ? C'est Jean-Pierre.

Il avait senti au ton du secrétaire général de l'Élysée que la suite serait fatale. La voix de Jouyet était blanche, et plusieurs secondes s'écoulèrent avant qu'il poursuive sa phrase.

– François a pris sa décision, il va changer de Premier ministre. Il faut montrer aux Français qu'il y a une accélération des réformes, dans la continuité de ce que tu as fait. Il t'appellera pour te parler, mais il m'a dit de te remercier.

Valls se souvint du licenciement d'Ayrault ; Hollande l'avait reçu dans son bureau durant plus d'une heure, ils avaient discuté de tout et de rien, revisité les deux premières années du mandat, et le Premier ministre avait quitté l'Élysée sans savoir s'il était limogé ou gardé. Il avait appris son départ, trois heures après, par communiqué de presse. Deux ans plus tard, Hollande lui refaisait le même coup, l'entrevue en moins ! Il avait serré les poings en se faisant cette réflexion. L'affront était volontaire.

Les dernières semaines l'avaient affaibli. Il savait que la raclée des élections régionales n'avait pas arrangé son cas. Hollande lui savait gré d'endosser l'impopularité liée aux réformes, mais entre eux, quelque chose n'allait pas, leur entente était émoussée. Depuis leur pacte, après le premier tour de la primaire, jusqu'à la campagne présidentielle, où il dirigeait sa communication, en passant par ses deux années au ministère de l'Intérieur puis celles passées à Matignon, Valls avait toujours considéré Hollande comme un marchepied de son ambition. En le servant, en lui collant à la peau, il jouait sa partition. Leurs dix années d'écart les prévenaient d'une concurrence trop accrue, et leurs destins étaient si intimement liés qu'aucun n'avait intérêt à dézinguer l'autre.

Jusqu'à ce terrible mois de mai. Les premiers résultats de leur politique s'étaient fait sentir et c'est Michel Rocard qui avait allumé la mèche, dans *Le Figaro*. L'ancien Premier ministre, mentor de Valls, avait lancé dans une interview un appel à Hollande : *« Laissez la place à Manuel Valls pour sauver la gauche et la France ! »* Sur le coup, Valls n'avait pu s'empêcher de sourire, sans comprendre ce qui se tramait. Dans l'entretien, Rocard se félicitait de l'avènement de la social-démocratie en France et en attribuait les mérites au seul Valls, *« Héroïque à deux titres : il en a saisi les bienfaits contre le sectarisme de son camp et a réussi à forcer la main à François Hollande, qui se contentait fort bien d'un petit socialisme à la papa.* » Ces propos avaient enflammé le débat ; la droite avait utilisé Rocard pour casser l'entente du couple exécutif, la gauche de la gauche avait hurlé au loup en entendant parler de social-démocratie, les godillots du PS avait vu d'un mauvais œil ce qui apparaissait comme une offensive coordonnée par l'équipe Valls. Il avait eu beau jurer ses grands dieux qu'il n'y était pour rien, le venin de la suspicion était inoculé. Hollande n'avait pas réagi tout de suite et avait même pris un soin tout particulier à ne jamais évoquer l'entretien. Il était un serpent ; il ne mordait que pour tuer.

Valls se laissa éblouir par les flashs et sut que son successeur franchissait la porte de l'hôtel Matignon en les voyant se détourner tout à coup. Emmanuel Macron s'échappa de la berline et vint à sa rencontre d'un pas aérien.

– Alors, on se quitte le matin, tu es mon ministre et on se retrouve l'après-midi, tu me pique ma place ?, l'accueillit-il, crispé, en forçant un sourire.

Le rire nasillard de Macron détendit l'atmosphère. Dans la matinée, il avait entendu ses collègues discuter de l'avenir de Valls à la sortie du Conseil des ministres mais n'avait pas prêté attention.

– François m'a dit de ne pas trop te chambrer, que tu n'aurais pas la tête à ça, je te propose qu'on fasse vite, répliqua le nouveau Premier ministre.

Hollande et ses petites blagues... Valls jura qu'on ne l'y reprendrait plus jamais. Ils mirent en scène une poignée de main d'une trentaine de secondes, pour rassasier les photographes. Valls avait l'œil noir, Macron présentait quant à lui un sourire radieux. Son costume bleu nuit, sa cravate italienne et ses chaussures vernies contrastaient avec le ton sur ton grisâtre arboré par son prédécesseur. En quittant le perron, Valls plaça son bras dans le dos du jeune loup, dans un geste mêlant paternalisme et fausse prévention. Ils montèrent jusqu'au premier étage, pour s'y remémorer les évènements de la journée. Valls n'avait qu'une peur, entendre son successeur critiquer son bilan. Il voulait que la transition soit propre. Macron le rassura. Il ne voulait pas s'immiscer dans sa rivalité avec Hollande. Il se savait utilisé comme un frein à la montée en puissance de Valls, mais ne voulait pas en payer le prix. Il jura que Hollande procédait à ce remaniement pour donner un dernier élan à son quinquennat dans la perspective de 2017. Ça n'avait rien à voir avec Valls, ça n'avait rien à voir avec lui. C'était de la politique.

Il avait tout imaginé, sauf une chute aussi peu glorieuse. Il partait en vaincu, par la petite porte. Il regrettait de n'avoir pas démissionné avec fracas, quand sa majorité frondeuse l'avait obligé à utiliser le 49-3 à l'Assemblée. Depuis plusieurs semaines, Hollande ne répondait plus à ses SMS, l'ignorait ou le toisait ouvertement en Conseil des ministres. Ce qu'il supportait le moins, c'était l'idée que les journalistes justifieraient son débarquement par cet appétit trop mal dissimulé. Il avait pourtant veillé à ne pas franchir la limite. Pas une critique sur Hollande ne lui avait été attribuée dans la presse depuis six mois. La surprise était brutale, l'injustice criante. Son avenir s'obscurcissait. Une longue route sans balises s'ouvrait. Qu'allait-il devenir ? La mairie d'Évry et son siège de député n'étaient plus à la mesure de son statut. En regardant celui qui le remplaçait, Valls eut le sentiment de se voir deux ans plus tôt.

– Tu vas te casser les dents comme moi. Hollande est tout sauf un réformateur, le prévint-il.

Il avait saisi la méthode Hollande. Le chef de l'État laissait à son Premier ministre le soin des annonces les plus impopulaires, le contraignait à promettre que tel projet de loi allait régler tel problème. Puis il intervenait, quand la polémique enflait, pour dépecer les textes et les vider de leur substance. À peu de frais, il se taillait un costume de père de la nation, radical-socialiste en diable, et laissait à ses troupes les oripeaux des vilains libéraux. Macron n'apprenait rien, il avait de la mémoire. Il avait subi Hollande à l'Élysée, du temps où il en était le secrétaire général adjoint. Parce qu'il ne supportait pas cette méthode d'un pas en avant et trois en arrière, il avait claqué la porte en 2014, avant d'être rattrapé *in extremis* et bombardé ministre de l'Économie. Mais il pensait pouvoir inverser la vapeur.

– Une seule chose compte avec lui, c'est le rapport de force, et ça se passe sur le terrain politique.

Il ne peut plus changer de Premier ministre avant la présidentielle, donc je mettrai ma démission dans la balance à chaque fois que ça en vaudra la peine. Il me prendra au sérieux.

Un silence gêné s'installa. Il n'avait jamais existé de rivalité entre eux, mais le fait que Macron soit son bourreau, ou le messager de son exécution, compliquait la donne. Valls eut envie de le congédier, de se lever en lui tendant la main, mais réalisa que c'était désormais à lui de quitter les lieux. Il resta figé sur sa chaise.

– Fais attention à toi, Emmanuel. Hollande est d'un cynisme et d'une méchanceté… Tu n'as pas idée. Il m'a broyé…, murmura Valls.

Hollande lui avait laissé croire qu'il serait son successeur légitime, qu'il n'avait qu'à se dévouer pour un jour rafler la mise, et s'était servi de lui. Il explosa. Ce type était une merde, un moins que rien. *« Je le buterai ! »*, répétait-il en fixant le portrait de Clémenceau, encore placardé dans le bureau. Il songea à ce jour où Hollande l'avait ridiculisé en le décorant. *« On peut réussir sa vie sans avoir été président »*, s'était-il amusé en le comparant au Tigre. Les gens avaient ri et lui s'était tu. Il avait eu la confirmation que derrière les informations balancées sur lui à la presse, se cachait la main de l'Élysée, quand ce n'était pas celle de Hollande en personne. Cette sombre polémique sur son voyage en avion à Berlin pour aller voir un match de foot avait été directement téléguidée par le Château, il le savait, et avait gardé le silence… Il regrettait. Il aurait dû se battre, enfermer le président dans sa tour d'ivoire et prendre le contrôle de l'État. Hollande était un chat qui jouait avec la souris qu'il allait dévorer, un être cruel, pervers, une ordure.

Il ne parlait plus, il hurlait. Macron avait disparu de son champ de vision. Il écrasait son poing sur le bureau en répétant qu'un jour, Hollande serait à ses pieds et le supplierait de l'épargner. Il allait lui prouver qu'on peut aussi rater sa vie en ayant été président.

– Laisse-moi te raccompagner, Manuel, l'interrompit Macron. Les journalistes doivent avoir quitté la cour.

Valls laissa retomber sa colère. Il était cramoisi et suait à grosses gouttes. Les journalistes étaient en réalité restés en nombre dans la cour de Matignon et purent saisir sa détresse lorsqu'il salua les membres de son personnel et de son cabinet. Ils expédièrent leurs discours de passation de pouvoir, se confondant en banalités d'usage. Leur poignée de main fut brève ; aucun n'avait envie de se perdre en simagrées.

Valls referma lui-même la porte de sa voiture et indiqua à son chauffeur qu'il rejoindrait, ce soir, son appartement parisien. La grille de Matignon s'éloignait ; Hollande ne l'avait toujours pas appelé. Il balaya distraitement l'écran de son smartphone. Des alertes l'informaient qu'Emmanuel Macron avait été *« officiellement nommé Premier ministre par François*

Hollande », qu'il venait « *d'achever sa passation de pouvoir avec Manuel Valls* » et qu'il allait former son gouvernement « *dans les prochaines heures* ». Une dernière notification attira son attention : « *Éric Zemmour pourrait être candidat à l'élection présidentielle de 2017.* »

J'avais cru au début à un canular, mais Zemmour ne semblait pas s'amuser. Nous avions attendu la conférence de rédaction pour discuter du sujet. Le journal consacrerait évidemment sa prochaine couverture à Macron, avec un bon titre : « *Peut-il encore sauver Hollande ?* » Nous avions aussi un long papier de confidences post-Matignon de Valls, mais il se contentait de défendre son bilan. Le tout-Paris racontait qu'il avait piqué une gueulante en apprenant son départ, mais comme d'habitude, la rumeur était invérifiable. Quant à moi, j'avais été chargé du papier sur la vraie-fausse annonce de candidature d'Éric Zemmour. Tout cela ressemblait à un bluff, et j'étais par avance lassé à l'idée de m'embarquer dans cette histoire. Hors de question de donner la parole à Zemmour pour expliquer sa démarche, je devais trouver un angle pour traiter le sujet. Un portrait psychologique du bonhomme m'intéressait, mais ne permettrait pas d'éclairer le public sur ses réelles motivations.

La nouvelle n'avait pas été reprise par les 20 heures, mais avait fait l'objet d'articles dans toute la presse. « *Dès qu'on met le nom Zemmour quelque part, pour dire du bien ou du mal, peu importe, ça buzze !* », se réjouissait mon rédacteur en chef. *Le Petit Journal* de Canal+ s'était rué sur le sujet pour en faire son miel. Tous les soirs, un sketch ridiculisait Zemmour et ses amis. Les comédiens se déguisaient en nazis, parodiaient le personnage d'Adolfo Ramirez incarné par Gérard Jugnot dans *Papy fait de la résistance*, empruntaient leurs voix à Radio-Paris et cognaient les femmes, les immigrés, les homosexuels… Cette candidature était devenue un sujet de plaisanterie, et c'est ce qui m'intriguait le plus. Zemmour était contesté, combattu, détesté, mais il gardait une certaine aura. Avec cette histoire, il prenait le risque de perdre en crédibilité, se voyait cantonné à un rôle de bouffon, d'amuseur public. Il était d'autant plus la risée des médias que ceux-ci avaient peu à se mettre sous la dent. La classe politique semblait absente, endormie, et la séquence médiatique était entièrement occupée par l'Euro 2016, organisé en France. Le beau parcours des Bleus envahissait les ondes, mais la compétition, qui devait être une fête populaire, avait été gâchée par l'extrême droite. Ma boîte mail regorgeait de communiqués de presse du FN s'insurgeant contre les violences commises par « *la racaille* » en marge des rencontres. À partir de quelques cas isolés, de moins d'une dizaine de voitures brûlées, les frontistes, vite rejoints par la frange la plus pyromane de la droite, sortaient le grand jeu et demandaient un surcroît de fermeté au gouvernement. On nageait en plein délire : chaque micro-événement était déformé, exagéré, instrumentalisé par la droite dure. Karim Benzema avait refusé de chanter la Marseillaise et ils demandaient son renvoi de l'équipe de France. Paul Pogba avait eu un geste d'humeur, un malheureux bras d'honneur au public lyonnais qui le sifflait, et ils en faisaient le nouvel ennemi public numéro un. Le vestiaire des Bleus se divisait à cause de rivalités importées depuis leurs clubs respectifs, et certains, Zemmour le premier, attribuaient ces tensions à des *« conflits interraciaux »* et *« interreligieux »*... En 1998, personne ne considérait les joueurs en fonction de leur couleur, l'équipe était soudée, le public communiait, le pouvoir politique ne s'en mêlait pas. Cet Euro 2016 m'avait laissé un goût amer. Bravant les pronostics, les Italiens avaient remporté le tournoi après avoir éliminé la France. Ils avaient pratiqué un jeu fermé, agressif, aux antipodes du football-champagne des Espagnols ou de celui, tout en arithmétique, de l'Allemagne. Ils avaient été portés par leur stratège Andrea Pirlo, venu relever un dernier défi après son exil dans un club de New York, et par la réussite insolente de leur fantasque attaquant Mario Balotelli. Rien ne semblait calculé dans leur jeu, mais le football était une affaire de circonstances et ils avaient été l'équipe la plus vernie du tournoi. Personne ne les avait vus venir.

L'annonce de Zemmour n'était pas préméditée. Une explication houleuse avait eu lieu avec Patrick Buisson, qui lui reprochait d'avoir précipité les choses et bâclé son lancement de campagne. Zemmour avait répondu que les médias avaient exagéré ses propos, transformant sa réponse en annonce de candidature. En connaisseur de la machinerie d'une campagne, Buisson avait organisé un plan pour sauver les apparences. Il avait activé quelques relais pour improviser une conférence de Zemmour chez lui, aux Sables d'Olonne, la semaine suivante. Il avait tout mis en branle pour organiser la claque et réparer l'erreur de communication. Il voulait un décor grandiose, présidentiel, et des images en boucle sur les télés. Le plan avait fonctionné : Zemmour avait fait la couverture des journaux avec cette formule : *« Je suis candidat pour éviter le suicide français. »* Avec quelques journalistes, nous avions été conviés dans les coulisses de son meeting. Il était sorti de scène souriant, presque euphorique, et riait à gorge déployée dès qu'un bon mot était lancé. En fredonnant *Résiste !*, de France Gall, il avait épongé devant nous sa chemise ruisselante et déambulait dans sa loge sans couvrir son torse velu. Je retrouvais l'effervescence des coulisses de meetings présidentiels. Zemmour ralentit le rythme de sa respiration, comme si l'adrénaline quittait son corps. Il parla doucement, pesant chaque mot. Nos stylos retranscrivaient ses formules. Il s'amusait d'être passé de l'autre côté du miroir. « *Je ne fais pas attention aux gens qui me détestent, c'est ma méthode* », justifiait-t-il naïvement sa résilience face aux attaques. Sa démarche tenait en quelques mots. Il était candidat pour porter ses idées dans le débat public et voulait que les millions de Français qui n'étaient plus représentés par la politique puissent enfin exprimer leur opinion dans les urnes. Zemmour était le premier candidat officiel à l'élection présidentielle.

Au lendemain du meeting en Vendée, RTL, qui l'employait depuis 2010, l'avait licencié. Le communiqué de la rue Bayard justifiait officiellement qu'un média ne pouvait garder en son sein un candidat à l'élection présidentielle. Peu importe, RTL aurait dû le dégager depuis longtemps : en plus de défendre l'indéfendable, il se servait de cette tribune pour repousser ses propres limites et versait dans la provocation. Le communiqué publié dans la foulée par la Société des journalistes de RTL avait au moins le mérite de la clarté : « *La SDJ de RTL se félicite du renvoi d'Éric Zemmour, dont les positions exprimées avec constance sur nos ondes ne sont pas et n'ont jamais été compatibles avec la ligne éditoriale de la station. En conséquence, la SDJ de RTL félicite et remercie sa direction d'avoir enfin accédé à une demande répétée des équipes de journalistes de la radio.* » Les patrons de la première radio de France n'avaient pas prévu, en revanche, que leur décision serait accueillie aussi sévèrement par le public. Quelques excités s'étaient rangés sous le mot d'ordre « Boycott RTL », une pétition avait recueilli trente mille signatures en quelques heures et des manifestants venaient camper sur le trottoir avec des t-shirts frappés du slogan « Je suis Zemmour ».

En quelques coups de téléphone, j'avais appris qu'une réunion secrète avait suivi le meeting de l'annonce de candidature, et j'entendais livrer les dessous peu glorieux de cette campagne improvisée. La liste des participants, pour la plupart des seconds couteaux revanchards, m'offrait un sujet en or. J'avais intitulé mon article *« Les bras cassés de la droite rance »* en maniant l'ironie. L'extrême droite française avait ceci de formidable pour les journalistes : tous ses membres crachaient à longueur de journée sur les médias vendus au « système », mais rien n'était plus simple que de les rencontrer. Ils ne demandaient même que ça. Nicolas Dupont-Aignan me raconta qu'il était venu à contre-cœur. Il avait appris devant sa télévision, furieux, que Zemmour songeait à se lancer. En rupture avec l'UMP depuis 2004, il avait consacré ses maigres forces à tracer un sillon dans la perspective de 2017. Sa candidature en 2012, échouée sous le seuil des 2 %, avait renforcé sa détermination. Il avait des airs de gentil illuminé, mais oscillait entre 3 et 4 % dans les enquêtes d'opinion, ce qui suffisait à son bonheur. Il avait téléphoné à Zemmour pour demander des comptes, et le polémiste l'avait convié à cette réunion. C'était un traquenard ; Patrick Buisson, qui le déconsidérait, avait anticipé et commandé deux sondages, l'un testant les scores à l'élection présidentielle avec Dupont-Aignan, l'autre avec Zemmour. Sans surprise, le polémiste pliait le match, et le surpassait en termes de notoriété. Ce fut l'argument définitif. Piégé, Dupont-Aignan avait demandé un délai de réflexion pour consulter ses troupes. Lors de notre rendez-vous, il m'avait paru abattu mais semblait avoir accepté son sort. Il attribuait une partie de son succès des dernières élections au discours médiatique incarné par Zemmour, et savait qu'il ne pourrait contrecarrer sa progression. *« C'est une belle vacherie qu'il m'a faite, mais je dois reconnaître qu'il n'y a pas de place pour nous deux »*, soufflait-il. Il encaissait difficilement le coup, et ne comprenait pas d'être ainsi doublé par un ami avec qui il avait poussé le vice jusqu'à partager des vacances familiales. Il se refusait encore à le soutenir officiellement, et se consolait en disant qu'il aurait un poste de choix dans le dispositif. À l'entendre, il était le seul à disposer de l'appareil militant et des fichiers pour recueillir les cinq cents signatures. Cela se paierait.

Ces revenants nourrissaient une sorte de complexe culturel, et savaient que les médias, qu'ils méprisaient, étaient pourtant leur seul moyen d'exister. J'avais ainsi recueilli les confidences de Paul-Marie Couteaux, un obscur intellectuel souverainiste qui avait eu son rond de serviette à chacune des tables de l'extrême droite française. Cet énarque, homosexuel, était un atypique, connu auprès des journalistes pour être une vraie pipelette, un formidable client. Il portait haut dans son costume noir, rehaussé par une pochette, dans la même teinte de jaune que ses chaussettes. Ses revirements successifs avaient valu à cet ancien collaborateur de Philippe Séguin et Boutros Boutros-Ghali un surnom peu flatteur, relayé par les cadres du Front national : *« Marie-Paule Fourchette »*. Personne ne lui pardonnait d'avoir quitté Marine Le Pen trois ans après l'avoir rejointe. Lui défendait tant bien que mal la cohérence de son parcours. En créant le SIEL, un micro parti souverainiste destiné à faire la passerelle entre la droite et le FN, il croyait servir ses idées plus que le rêve présidentiel de Marine Le Pen. Cette incompréhension les avait conduits dans le mur. La présidente du FN reprochait à Couteaux ses emportements et ses chantages ; lui ne voyait en elle qu'une *« bonne femme »* sans culture, sans références et finalement peu habitée par la grandeur de la France. Il lui avait patiemment concocté une liste d'ouvrages qu'elle devait parcourir pour combler ses lacunes littéraires, et la soupçonnait de n'y avoir jamais prêté attention. Leur première engueulade, homérique, était arrivée un beau jour de printemps. Le 1er mai 2012, Marine Le Pen venait d'appeler ses électeurs à s'abstenir dans le duel Hollande-Sarkozy, quand ce partisan de l'Union des droites avait défendu un report unanime en faveur du président sortant… Couteaux s'était ensuite désespéré devant les assauts répétés de Marine et de sa clique contre l'argent, et regrettait son désintérêt pour les thèmes sociétaux. Avec la présidente du Front national, ils avaient sauté de brouille en brouille, pour finalement s'entredéchirer par courrier. Il concluait cet épisode peu reluisant par une jolie formule : « *C'est le type qui est sur la passerelle qui prend toutes les balles.* » Il avait erré dans les sphères de la droite souverainiste en attendant qu'une opportunité se dessine, et avait sauté, à la première occasion, sur la candidature Zemmour. Il voulait se refaire.

Je n'avais pas réussi à mettre la main sur les fameux sondages réalisés par Buisson, mais je savais que Zemmour n'y excédait pas les 5 %. C'était très peu, ils en avaient tous conscience. Je sentais que cette campagne, si elle continuait, serait un joyeux bordel. Aucun des énergumènes qui composaient le premier cercle ne savaient se plier à la discipline de parti. Ils avaient ce point commun d'être des indépendants, et une alliance de loups solitaires n'avait jamais fait une meute. J'avais cherché en vain une raison à leur soudain enthousiasme pour l'aventure zemmourienne et ne voyais rien d'autre que le ressentiment et l'envie d'occuper à nouveau les premiers rôles. Ils recherchaient l'adrénaline de leurs premiers combats, et se rêvaient en nouveaux Pasqua et Séguin, flamboyants vaincus, lancés dans une campagne perdue d'avance.

Je trouvais une autre réponse dans le troisième ouvrage de Zemmour. *Le Livre noir de la droite* n'avait pas marqué son temps, lui-même reconnaissait qu'il était un succès d'estime. Zemmour y postulait que la droite mourait d'avoir « *assassiné* » le gaullisme. Il contait l'histoire d'une « *trahison* » et martelait qu'en gouvernant au centre et en s'alliant avec la gauche, la droite avait permis au Front national d'incarner seul la nation. Le Zemmour de l'époque était déjà tenaillé par les mêmes angoisses. La mort de l'État, le « *droit de l'immigration* » façonné par le conseil d'État pour « *nier la souveraineté nationale* », le tout sur fond de « *thématique morale* » imposée par la gauche... Dans l'histoire de ce déclin, de Gaulle était partout. Selon Zemmour, les élites de la droite l'avaient au mieux oublié, au pire sacrifié sur l'autel de la modernité. Lui écrivait que le gaullisme était cette synthèse bonapartiste qui conciliait « *les acquis démocratiques de la Révolution et le souci d'ordre et de légitimité de la monarchie.* » Près d'un an trop tard, je comprenais que ce petit esquif de naufragés s'était entendu sur une vision gaullienne de la France. À l'exception de Buisson, ils étaient tous des adorateurs du Général, récitaient du Peyrefitte, et leur entreprise devait servir à pointer les renoncements de la droite française. Nous les avions crus achetables, avions pensé qu'ils raisonnaient par intérêt, alors qu'ils étaient dans une véritable quête mystique, qu'ils voulaient rendre justice à leurs idées. Eux-mêmes ne le savaient peut-être pas.

283 JOURS
AVANT L'ÉLECTION

Il n'avait jamais vraiment aimé ces lieux. En franchissant la porte vitrée pour pénétrer dans le hall du siège des Républicains, Patrick Buisson ressentit un mal-être. Dieu que cet endroit était sinistre, ce halo jaunâtre de bloc opératoire projeté sur les murs lui donnait presque la nausée. Au bout du corridor, il vit une gigantesque affiche de la dernière campagne de Sarkozy : La France forte. *Quelle épopée...*, songea-t-il. C'était sa plus grande fierté.

La campagne de 2007 avait été une victoire idéologique, mais il la savait incomplète. Il avait poussé Sarkozy à *« liquider l'héritage de Mai 68 »*, à créer un ministère de l'Immigration et de l'Identité nationale, à traiter les problèmes liés à l'islam, à l'insécurité. Il avait gagné, et Sarkozy l'avait reconnu en des termes explicites, le désignant comme *« Celui à qui je dois plus qu'à tout autre »*, et le faisant, quelques mois plus tard, chevalier de la Légion d'honneur. 2007, c'était réussi. Mais 2012... Ils avaient perdu, mais comme l'avait dit NKM, il avait failli *« faire gagner Maurras »*. 2012, c'était l'aboutissement, la campagne sur les frontières, mentales et physiques, sur l'immigration certes, mais surtout sur la réconciliation entre la droite et le peuple, l'anéantissement des corps intermédiaires, le retour de cette « France des petits blancs » qu'il voulait défendre. 2012, c'était la dernière occasion de sauver la France. Sarkozy avait perdu, seul. Il avait refusé de l'écouter jusqu'au bout. Il avait nommé NKM porte-parole alors que son poulain Wauquiez s'imposait. Dix minutes avant le grand meeting du Trocadéro, le 1er mai, il avait renoncé à promettre trois grands référendums sur l'immigration, le travail et Schengen. Au même moment, Marine Le Pen refusait de donner sa consigne de vote à quelques centaines de mètres de là, place de l'Opéra. Buisson s'en était persuadé ce jour-là : tout était perdu.

Mais il était loin d'imaginer la suite. Sarkozy en exil rue de Miromesnil, qui se rêvait en prix Nobel de la paix, et se repaissait de sondages de popularité sans aucune valeur. Et surtout, la place grandissante de Carla dans sa vie, son influence croissante sur la politique. Sarkozy était devenu un libéral-libertaire, tout ce dont il l'avait toujours tenu éloigné. Il l'avait compris un peu tard, mais c'était sa nature profonde. Il voulait être aimé. Il adoptait le logiciel buissonnien en période de conquête seulement parce qu'il était opérant. Le reste du temps, il draguait le Bobo. Buisson désespérait de voir Sarkozy chouchouter Baroin et NKM, toujours elle. Il donnait des conférences grassement payées à l'étranger et discutait de cinéma avec les copines de sa femme à Paris. Sa créature lui avait échappé. Et puis il y eut l'affaire des écoutes. Une minable histoire de cornecul, un règlement de comptes qui l'avait carbonisé. Un journaliste médiocre, dont il avait façonné la carrière de ses mains, à qui il avait servi des scoops et son carnet d'adresses sur un plateau, avait orchestré sa mort sociale. Ses ennemis avaient soigneusement veillé à la destruction de son image. Ils avaient créé un personnage, un mythe, un fantasme. On disait maintenant de lui qu'il était sulfureux.

Enfin, la chute. De cette période, Buisson gardait un souvenir confus, seuls les sentiments étaient vivaces. La violence du choc. Le sentiment de viol, quand ceux à qui il faisait une confiance aveugle le précipitaient dans la fosse aux lions. Les amis qui se dérobaient. Quelques-uns qui restaient. Et puis, la bonne surprise de Jeannette Bougrab, qui ne l'abandonnait pas. Et bien sûr, Zemmour. Lui avait pris son mal en patience, certain que la roue finirait par tourner. Il suffisait d'attendre. Tenir sans mourir.

La standardiste avait les yeux vides et un air surpris en annonçant ce *« monsieur Buisson »* qu'elle croyait avoir déjà vu à la télé. Les souvenirs de Buisson s'entrechoquaient à mesure que les étages défilaient sous ses pieds, dans cette cage de verre qui servait d'ascenseur. *Il ne va quand même pas oser me faire attendre, cet enfoiré ?*, maugréait-il en patientant dans l'antichambre du bureau de Sarkozy. Tout à coup, l'ombre se faufila entre les portes, le pas pressé, la voix saccadée. Accompagné du directeur général de l'UMP, Frédéric Péchenard, Sarkozy fit son entrée.

Buisson n'en revenait pas. Il avait tellement attendu ces retrouvailles, depuis leur rupture au téléphone. Le nain le faisait venir au siège de l'UMP, se pointait avec plusieurs minutes de retard, ne lui tendait pas la main, lui imposait la présence d'un subordonné, et ne le faisait même pas entrer dans son bureau. Déjà, il avait pris des moyens détournés pour le convoquer. Il était passé par son avocat, Gilles-William Goldnadel, pour prendre rendez-vous. Il avait aussi sollicité Paul-Marie Couteaux pour augmenter ses chances. Un jour qu'il recevait l'énarque dans ses bureaux de la rue de Miromesnil, Sarkozy avait lâché cette phrase, sibylline : *« Dites à Buisson que s'il avait demandé pardon, j'aurais pardonné. »* Habitué à répéter ce qu'il entendait, Couteaux avait cette fois usé de mille précautions. Il s'était assuré auprès de Camille Pascal, ancienne plume de Sarkozy et instigateur de la rencontre, que la phrase devait être rapportée à Buisson. Puis il avait contacté le politologue, qui n'avait jamais donné suite. S'excuser ? Plutôt crever. Il avait été trahi. Ses enregistrements n'avaient pas vocation à être diffusés, et cette affaire était un règlement de comptes politique, il en était certain. Hors de question de s'excuser, après tout ce qu'il avait fait pour Nicolas. Il n'avait rien oublié ; les Bachelot, Baroin, Darcos, qui sollicitaient ses conseils pour s'acheter une assurance-vie auprès du président, et lui crachaient à la figure aujourd'hui. Les SMS de félicitations à chaque fois qu'il s'exprimait, comme celui de Bruno Le Maire, après une interview au

Monde, en 2012. Et Sarkozy qui le remerciait, le 6 mai 2012 au soir, de lui avoir évité la débâcle, osant dire, devant Juppé : *« Heureusement que je ne suis pas allé au centre... »* Il attendait plutôt un *mea culpa* de la part de l'ancien chef d'État, pour qui il avait été le seul à se battre en 2012. Au lieu de ça, Sarkozy le faisait venir comme un vulgaire garçon de café, au vu et au su de tout le monde, sans doute pour le mouiller publiquement. Il allait même certainement s'arranger pour que la rencontre fuite dans la presse. Pour le coincer. Il le connaissait par cœur.

Sarkozy l'arracha à sa rêverie.

– Je ne vais pas faire dans les sentiments, Patrick. On va faire ce qu'on sait faire de mieux toi et moi, on va mettre notre haine de côté. On est des animaux politiques. On va parler politique.

Quel culot. Sarkozy l'avait humilié, l'avait lâché publiquement, l'avait traîné dans la boue, et il osait l'appeler à l'aide. Il n'aimait pas être comparé à un animal. Sarkozy nuança, le flattant d'être une bête de stratégie. Et Buisson avait rebondi sur les métaphores animalières, en disant qu'un tigre devient rarement végétarien. Il avait anticipé cet échange de boxeurs et ne voulait pas perde l'avantage. Cogner, le premier.

– Tu m'as insulté publiquement, attaqua-t-il.

Sarkozy niait. Il avait dit le minimum. Il ne pouvait pas cautionner les enregistrements clandestins. Il était obligé. C'était la loi du genre.

– Tu as dit *« Dans ma vie, j'en ai connu des trahisons, mais comme celle-là rarement »*, insista Buisson.

Sarkozy avait prévu chaque attaque. Il riposta dans la seconde.

– À ton avis, pourquoi je n'ai jamais fait exécuter le jugement ? J'aurais pu te forcer à me payer dix mille euros. Je ne l'ai pas fait parce que je savais depuis le début qu'on se reverrait. Je ne l'ai même pas dit à ma femme, elle m'aurait engueulé.

Carla Bruni, elle, avait réclamé son fric à Buisson. *Comme si elle en avait besoin*, avait-il pensé. Sarkozy tenait à la laisser en dehors de leur discussion. Sa femme était restée marquée par cette affaire d'écoutes. Elle avait vécu douloureusement la diffusion de ces bandes sur Internet. Régulièrement, elle faisait promettre au président des Républicains qu'il maintiendrait Buisson à distance. Il lui mentait.

Quel minable, s'énerva Buisson. Il retrouvait en Sarkozy ce qu'il avait toujours détesté. La faconde, la séduction, l'envoûtement qui émanait de l'ancien président étaient le miroir de ses erreurs. En 2005, il avait cru pouvoir influencer la droite de l'intérieur. Il savait aujourd'hui que cette entreprise était vouée à l'échec. *La case idéologie de son cerveau est vide*, se lamentait-il à propos de cet ancien président si décevant. Les belles paroles, les arguments définitifs, les promesses qui fanent lui étaient devenus insupportables. Sarkozy lui demandait de travailler à nouveau pour lui, de repartir en campagne à ses côtés. Discrètement. 2017 puait. Depuis son retour en politique, il perdait des points chaque semaine. Toutes ses stratégies avaient échoué. La posture du rassembleur l'avait fait dégringoler. Ses faux airs calmes l'avaient enfoncé. Le marquage à la culotte de Juppé l'avait plombé. Ses compromis avec ces connards de centristes l'avaient anesthésié. Il avait même tenté de séduire Bayrou, cet enfoiré qui l'avait fait perdre en 2012. Il l'avait reçu rue de Vaugirard, lui avait servi un sourire et des viennoiseries, et n'en avait rien obtenu. Il jurait. Buisson, face à lui, souriait. Il avait observé, gourmand, la descente aux enfers de Sarkozy. Il s'était délecté de le voir tenter de faire du Buisson sans Buisson. Ses discours martiaux sur l'immigration, le communautarisme, l'islam, sonnaient comme de mauvais sketches. Le mécanisme s'était enrayé. Sarko ressemblait à un hamster dans sa roue, condamné à courir, de plus en plus vite, que la vitesse finirait par tuer. Son insincérité était devenue flagrante. Il était usé. Buisson prit son temps pour asséner le coup de grâce.

– Tu ne remonteras jamais la pente, Nicolas. Les gens ont arrêté de t'écouter. Tu as vendu un rêve en 2007, et tu leur as servi un cauchemar, avec Kouchner et Fadela Amara au gouvernement. Tu as promis de passer le Kärcher et tu as supprimé la double peine.

Sarkozy avait toujours cru que Buisson quémanderait une place à ses côtés. Il avait gardé cet atout dans sa manche, pour le dégainer au meilleur moment. La primaire ne lui faisait pas peur. Il ne ferait qu'une bouchée de Juppé, tellement vieux qu'il manquait *« d'y passer à chaque canicule »*. Fillon était mort, cramé, carbonisé. Le Maire était un pâle cousin de Juppé, le centrisme en bandoulière et le charisme d'un poulpe mort. Quant aux autres... Tous ces petits malins avaient cru lui tordre le bras en imposant une primaire, mais ce serait son élection. Il avait fait mine de se faire forcer la main, et croyait les avoir piégés. Il fallait deux millions d'électeurs pour franchir ce premier obstacle, dix pour aller au second tour de la présidentielle et vingt pour gagner. Il était le seul, à droite, à bénéficier de ce socle.

Il répétait ces phrases comme un mantra, pour se persuader autant que pour convaincre son auditoire. Sa nervosité trahissait, au contraire, une peur. Il commençait à craindre ce premier tour et la compétition avec Marine Le Pen. Lui aussi avait vu que le durcissement de son discours n'offrait plus les mêmes fruits qu'auparavant. Il soupçonna Buisson de refuser ses avances parce qu'il n'avait pas, lui non plus, de solution. La fameuse « ligne » défendue par son conseiller n'était plus efficace. Les sondages ne frémissaient plus. Il lui envoya cette réflexion dans les dents, mais Buisson ne releva pas. Il fit une proposition concrète.

Marine Le Pen allait faire 30 % au premier tour de la présidentielle. Il allait changer de stratégie. Abandonner le centre, et le laisser mourir avec Bayrou. Il irait la combattre sur son terrain.

– Je vais la dégonfler comme un ballon de baudruche, la grosse. Tu vois ? Je vais prendre ma petite aiguille et je vais la faire exploser en vol, *pschitt !* Je vais être au second tour face à Hollande et là tu peux en être sûr, toute la droite votera pour moi et on l'explosera, le gros.

Il s'était mis à crier. Buisson restait impassible, et Sarkozy pensait l'avoir ébranlé. Il se leva pour achever sa tirade :

– Personne ne m'arrive à la cheville. Je vais tous les exploser. Comme toujours, ils disent que je suis mort, mais comme toujours, je vais les ex-plo-ser. Je suis une machine de guerre.

L'échange s'était intensifié ; le silence appelait une riposte. Sarkozy n'impressionnait plus Buisson. L'ancien stratège vit défiler les images dans sa tête. Recommencer ? Il serait à nouveau déçu, plus encore qu'à l'époque de l'Élysée. Il avait discuté avec ses amis membres de la Sarkozie, et tous partageaient son pessimisme. Lorsque Éric Ciotti l'avait sollicité pour un dîner, il avait arrêté son jugement. Le député des Alpes-Maritimes était un type bien, fidèle, mais il ne croyait plus en Sarko. Lui aussi jugeait son sabre émoussé. Lui aussi craignait le pire. Buisson avait retrouvé la sérénité. Depuis plus de deux ans, il attendait ce moment. Voir Sarkozy le supplier apaisait sa blessure.

– Nous ne travaillerons plus ensemble, Nicolas, c'est fini, lui annonça-t-il. Tu ne peux plus gagner, et je ne te fais plus confiance. Tu as trahi, tu trahiras.

– Si tu acceptes, j'oublie tout. Je vais même plus loin : je pardonne. Sinon, tu le regretteras, menaça Sarkozy.

– Je te connais par cœur, Nicolas. Tu as beaucoup de défauts mais le pire d'entre eux, c'est que tu ne sais pas tuer. C'est ta plus grande faille.

Frédéric Péchenard avait assisté, silencieux, à la scène. Il n'avait jamais rencontré Buisson mais en avait entendu tout le mal de la terre, de la part de NKM notamment. Il ne savait plus quoi penser. Il n'avait pas l'air commode, il était froid, presque glacial, et n'inspirait aucune sympathie. Mais il n'était pas fou, contrairement à ce qu'on lui avait raconté. Il réfléchissait vite mais pesait ses mots, ce n'était pas la marque des hystériques.

– Je te prends à témoin, Frédéric, reprit Sarkozy, le souffle coupé par l'échange. Personne ne pourra dire que je n'ai pas tendu la main à Patrick. Et ne vas pas raconter que je t'ai supplié, tu te ridiculiserais, personne ne te croira.

Un silence caverneux s'installa, ils se fusillaient du regard. Buisson voulut l'achever.

– Peut-être que j'ai enregistré cette conversation...

Lui qui n'avait pas l'habitude de plaisanter avait lâché spontanément sa réplique. Devant la mine de Sarkozy, déconfit, il ne put cacher un rictus de satisfaction. C'était tout ce qu'il voulait, le voir regretter, paniquer, supplier, et puis s'effondrer. Il n'avait plus rien à faire ici. Il se leva, coiffa son chapeau sombre et tourna le dos aux deux hommes, médusés. Sans se retourner, il quitta la pièce. Il avait le sentiment de fuir un champ de bataille où il aurait semé la désolation.

Les affaires reprennent, se dit-il. *On va enfin pouvoir s'amuser.*

257 JOURS
AVANT L'ÉLECTION

Elle caressa d'une main ferme Sergent et Major, les deux molosses de son grand-père. Marion Maréchal-Le Pen avait gravi ces marches des milliers de fois, mais jamais n'avait ressenti une telle émotion. La demeure de Montretout avait abrité sa jeunesse, jusqu'à son entrée à l'Assemblée nationale. Son enfance, son adolescence, avaient passé entre les murs décrépits de la bâtisse. Elle adorait ces lieux, leur odeur, leur histoire. Elle s'amusait parfois à imaginer les hôtes que son grand-père y avait accueillis. La plupart venaient dans la clandestinité, craignaient d'être aperçus, vus ou enregistrés, franchissaient les lourdes portes du manoir, consumés par le remord d'entrer chez le diable. Combien de fois Le Pen lui avait-il conté, sans jamais donner les noms, ces visites d'intellectuels, journalistes, hauts fonctionnaires, politiques, venus prodiguer leurs conseils ou négocier des accords, dans la pénombre de Montretout ? La maison était celle de lointains souvenirs, un lieu chargé d'émotions, lourd de secrets. Cette visite, elle en avait la vague impression, pourrait être sa dernière. La perspective du ralliement de Frédéric Mitterrand la hantait. Elle avait imaginé pouvoir supporter cet affront, mais devant les mines réjouies de l'« Énarque », de sa tante et de leur cour, elle avait craqué.

Depuis deux ans, elle résistait aux pressions. Dans le Vaucluse, sa garde rapprochée la pressait d'assumer ses divergences, de lancer un courant interne au FN, d'incarner seule l'orthodoxie frontiste. Partout en France, elle recueillait les doléances de cadres locaux déboussolés par les virages maristes. À Paris, ses proches la sommaient de trancher.

– Tu dois faire un choix. Soit tu te laisses embarquer dans leurs délires, et tu disparaîtras avec eux, soit tu assumes ta ligne et tu sauveras ce qui peut être sauvé, la sermonnait souvent son ami Julien Rochedy.

Débarqué par les soins de Philippot, l'ancien patron du FNJ fusillait régulièrement son parti, *« colonisé par des gauchistes et des lopettes. » « On sera avec toi, Marion. On est nombreux. Tu es notre chef de file »*, lui répétait-il.

Longtemps, elle avait hésité. Elle refusait d'écouter ses amis, persuadée qu'une aventure en solitaire la mènerait au suicide politique. Elle ne voulait pas reproduire l'exemple de sa tante Marie-Caroline, partie avec armes, bagages et mari chez Bruno Mégret, exclue à vie du clan. Elle avait toujours esquivé dans ces rendez-vous informels où les uns et les autres l'assuraient de leur soutien, espérant secrètement qu'elle prendrait les risques et qu'eux engrangeraient les bénéfices.

– Ils sont bien gentils ces fiers-à-bras, mais quand il s'agit de monter au front, tout à coup, la seule qui ait des couilles est une femme, se lamentait-elle.

Cette fois pourtant, elle s'était jurée de ne pas en rester là. Quand Rochedy avait insisté pour qu'ils déjeunent ensemble *« de toute urgence »*, elle avait compris de quoi il s'agissait. Depuis que son ami avait claqué la porte du Front national, il la tannait pour qu'elle conteste publiquement les positions de sa tante. En arrivant dans le restaurant où ils avaient leurs habitudes, elle comprit immédiatement. L'eurodéputé Aymeric Chauprade, les sénateurs Stéphane Ravier et David Rachline, et son père, Samuel Maréchal, l'attendaient. *« La conjuration des damnés »*, leur lança-t-elle sur le ton de la boutade. Tous avaient déjà subi les foudres de Marine Le Pen. Chauprade pour avoir dénoncé dans une vidéo *« l'ennemi intérieur »* islamiste, Ravier pour avoir adoubé la formule *« Grand remplacement »* de l'écrivain Renaud Camus, Rachline pour avoir déposé une proposition de loi restée lettre morte au Sénat, suggérant de rétablir la peine de mort pour les violeurs récidivistes. Elle savait que leur présence était la promesse d'une séance de torture psychologique ; tous voulaient la voir prendre la tête d'une coalition anti-Marine au sein du FN. L'envie ne lui manquait pas, mais elle ne supportait pas l'idée de faire voler en éclats l'unité de sa famille.

– Vous n'êtes pas une famille, trancha son père. Dis-moi quelle est la dernière fois où vous avez fêté Noël ensemble, autour de la même table, après la messe de minuit ?

De tous les arguments énoncés, celui-là l'avait le plus marquée. Elle connaissait la rengaine des autres, leur détestation de Philippot, leur déception vis-à-vis de Marine, leur envie d'en découdre, leur admiration pour elle. Mais c'était son père, qui avait habité Montretout, qui avait servi loyalement Le Pen, qui avait aimé sa mère, Yann, qui l'autorisait à franchir le pas ! Elle avait écouté la suite d'une oreille distraite. Seul le patriarche pourrait la conseiller. C'est lui qui l'avait projetée dans l'arène politique en lui forçant la main en 2012. Il était venu la voir dans sa chambre, au troisième étage du manoir, et lui avait joué son numéro. Elle avait cédé. Elle était devenue députée.

En gravissant les marches de Montretout, elle ressassait ces pensées. Comment pouvait-elle, si jeune, prendre autant de décisions seules ? Pour une fois, elle écouterait son avis, et s'y rangerait. Leur relation s'était détériorée. Elle avait tenté de ménager son grand-père, au moment de la crise familiale de 2015, mais avait finalement dû le condamner publiquement. Lors de leur dernière rencontre, elle avait même insinué qu'il était « *vieux et sénile* », lui reprochant de tout faire pour saborder sa campagne pour les élections régionales en PACA. Il lui vouait une rage féroce, persuadé que la petite l'avait lâché pour assurer ses arrières. Il s'était senti trahi. Elle frôla le vieux papier peint du couloir en longeant les murs lézardés, et frappa à la porte du vaste bureau du premier étage. Le Pen l'y attendait, un journal entre les mains, affalé dans un profond fauteuil.

– Bonjour Daddy, osa-t-elle timidement.

– Embrasse-moi !, répliqua-t-il.

Le vieux grand-père ne changerait donc jamais. Il jouerait toujours son numéro de charmeur, usant d'une sensibilité feinte, de ces démonstrations sentimentales qui la précipitaient dans ses bras. Elle éprouvait du remord à revoir ici, chez lui, chez elle, le patriarche. Elle avait soigneusement établi une distance avec lui, se tenait à son écart, construisait son indépendance, matérielle et, surtout, politique. Elle avait donné naissance à Olympe, s'était mariée, avait bétonné son ancrage dans le sud. Mais aujourd'hui, elle avait besoin de lui, de son flair, de son assurance. Elle ne venait plus voir son grand-père, elle parlait à l'homme politique.

– J'ai décidé de ne pas soutenir Marine pour la présidentielle.

– Je m'en doutais, répondit Le Pen, après avoir longuement plissé les yeux. Tu veux boire un café, une eau gazeuse ?

– Je n'ai pas soif, Daddy. Je ne suis pas venue te faire une annonce, je veux juste tes conseils. Depuis deux ans, je ne supporte presque plus rien au Front. Je veux arrêter.

Elle fut soulagée d'avoir prononcé cette phrase. Marion Maréchal-Le Pen n'avait pas la passion brûlante de la politique. Depuis son élection, elle avait confié maintes fois, à qui voulait l'entendre, qu'elle ne rêvait que d'une chose : aller vendre des cacahuètes sur une plage ensoleillée. Personne ne la prenait au sérieux, mais c'était sincère ; elle avait souvent pensé à tout quitter. La pesanteur du microcosme politique, le poids harassant des médias, la nécessité permanente du compromis, tout ça l'épuisait. Elle avait réfléchi longuement, seule. Devenir la frondeuse du FN ? Tout l'y conduisait, mais elle ne s'en sentait pas la force. Ce n'est qu'en arrivant ici, devant Le Pen, que le fond de sa pensée lui apparaissait clairement. Elle aspirait au calme, à un petit boulot anonyme dans le privé.

– On n'arrête pas la politique, trancha Le Pen. C'est un sacerdoce, on reste politique toute sa vie. Si tu veux lâcher ton mandat, c'est ton droit, mais tu resteras une Le Pen, issue d'une longue lignée d'hommes debout.

Elle répliqua ne plus supporter l'obligation de se taire, de ménager sa tante. Elle n'en pouvait plus. Elle sanglotait. Le Pen bomba le torse. Il l'avait déçue, et elle voulait le lui dire. Elle lui reprocha ses provocations incessantes. Il avait abîmé ses idées, gâché son combat, au nom d'un orgueil déplacé. Il avait laissé le parti se faire phagocyter par Philippot et ses affidés. Il avait armé leur bras, leur avait donné raison, les avait confortés auprès de Marine.

– Tu es un égoïste, l'accusa-t-elle.

Il répliqua par un *« Paix mes brebis, paix mes agneaux »*, formule faussement modérée qu'il réservait aux emportements de son entourage.

– Je suis un vieux marin, ma cocotte. J'ai appris que quand la mer est grosse, on fait le dos rond et on attend que ça passe. À la fin, ceux qui gagnent sont ceux qui ont réussi à ne pas se noyer...

Il laissa passer quelques secondes avant de reprendre.

– Marine ne reviendra pas à la raison, j'en suis certain aujourd'hui. Elle a rompu définitivement avec ses racines, elle a commis le pire crime, celui de parricide.

Le Pen avait ralenti son débit en prononçant ces derniers mots. Il souffrait. Lui qui avait porté le Front national sur les fonts baptismaux, l'avait incarné trois décennies durant, l'avait hissé au second tour de la présidentielle, ne supportait pas non plus cette trahison. Il avait su mettre ses sentiments de côté mais éprouvait maintenant de la haine pour Philippot, ce petit connard à qui il reconnaissait des qualités mais qui avait osé moquer son âge, son instinct et insinuer qu'il avait un penchant pour la bouteille, avant de mener l'offensive pour l'assassiner. Lui aussi avait pensé à arrêter, avoua-t-il, mais il craignait que la mort vienne le faucher à l'instant où il raccrocherait les gants. Et il avait envie d'une dernière campagne.

Marion était restée prostrée sur le canapé, les yeux rougis. Après un long silence, Le Pen reprit. Le Front national était devenu un parti totalitaire et aucun espace de liberté n'était accordé à ses cadres. Il avait toujours su faire cohabiter les différentes chapelles de la droite nationale et reprochait à Marine sa gestion stalinienne. La ligne du parti virait dangereusement à gauche et il redoutait que Sarkozy ne s'engouffre dans cette brèche. Il comprenait le désarroi de sa petite-fille.

– Tout le monde va m'accuser de saborder le parti…, reprit-elle.

– Tu es libre.

– … de saborder ma famille.

– Tu dois d'abord ta fidélité à tes idéaux, ta famille vient après. Marine le comprendra dans quelques années. Peut-être après avoir perdu en 2017.

Elle était venue chercher des conseils et son grand-père la laissait avec ses doutes. Elle n'écoutait que distraitement lorsqu'il prononça le nom d'Éric Zemmour. Elle n'attrapa pas la perche qui lui était tendue. Marion Maréchal-Le Pen jeta un regard de détresse à son grand-père, ramassa son sac et s'apprêta à déserter la pièce, quand Le Pen adoucit sa voix :

– Viens dans mes bras, ma cocotte !

Marion quitta la pièce après l'étreinte, les yeux baignés de larmes. Elle referma la porte sans se retourner, et quitta précipitamment Montretout.

Le Pen s'enfonça dans son fauteuil – ses jambes lui faisaient de plus en plus mal – avec le sentiment du devoir accompli. Cette petite était sa plus belle réussite, songea-t-il. Une vraie Le Pen, un pur-sang, fière comme lui et têtue comme une Bretonne. Il avait pardonné ses offenses et songea que la jeunesse l'avait quelque peu égarée.

Il fut arraché à ses pensées par de soudaines courbatures. Ce maudit corps lui en faisait de plus en plus baver. Sa bouche était sèche, il suffoquait presque sous son col roulé, et voulait boire. Il se leva difficilement pour aller réclamer de l'eau fraiche à l'une de ses secrétaires. Au milieu de la pièce, il fut saisi à nouveau par une douleur au bras gauche, aussi violente qu'une décharge. Il tendit la main vers la poignée, pourtant située à plus de deux mètres de lui. Sa vue se brouilla, une atroce migraine déferla dans son crâne. Il maudit son âge, et fit un dernier effort pour atteindre la porte. Le Pen fit deux pas et s'effondra sur le sol.

257 JOURS
AVANT L'ÉLECTION

Elle avait décidé de retourner chez elle, dans le Vaucluse, pour faire de la moto. Elle revêtirait son vieux blouson, se camouflerait derrière son casque, et irait s'enivrer de vitesse sur sa vieille 125. En arrivant à Carpentras, elle se sentit presque rassurée, comme si le rétrécissement de son monde derrière les remparts de la vieille ville lui offrait enfin le calme. Elle embrassa le militant venu la chercher à la gare et lui jura qu'ils se retrouveraient le soir avec les autres, *Chez Vito*, pour s'envoyer une pizza. Elle retrouverait son suppléant, Hervé, et ses amis du coin. Avec eux, elle aimait pouvoir discuter en toute liberté, et surtout montrer son vrai visage, celui de la Marion qui cherche, qui hésite, et doute invariablement d'elle-même. Elle leur confierait son angoisse de voir le Front se réduire à ce quarteron de vieux militants et de jeunes ambitieux décérébrés. Elle leur avouerait son envie de tout arrêter. Elle quitterait le Vaucluse, abandonnerait sa fédération, lâcherait son siège de députée. Hervé devrait se préparer aux législatives, en première ligne cette fois. Ils devraient remonter leurs manches pour consolider la fédération. Surtout, ils devraient empêcher que le carré mette sous tutelle le fief de l'effrontée qui aurait eu l'imprudence de défier la patronne. Depuis longtemps, Marine Le Pen se méfiait des frontistes du Sud. Selon elle, ils incarnaient le vieux parti, plus RPR que chevènementiste, et son ancrage à droite, son obsession de l'immigration, de l'identité et de l'insécurité, passait à côté du cœur du programme du FN, le bras de fer avec la mondialisation et la lutte contre le marché roi. Elle leur annoncerait qu'elle avait décidé de ne pas se représenter en 2017, et que sa décision était irrévocable. Elle imaginait à l'avance leurs regards défaits, leurs mines déconstruites, et leurs suppliques pour essayer de la ramener à la raison. Elle tiendrait bon et leur expliquerait qu'elle n'était pas prête à consacrer sa vie à la politique. Qu'elle continuerait à venir les voir et à partager avec eux des moments de bravoure. Qu'elle pousserait peut-être même le vice jusqu'à venir les soutenir de temps à autre, durant les campagnes. Elle en était certaine, ils accepteraient sa décision. Et avec un peu de chance, *Chez Vito*, un limoncello offert par la maison viendrait égayer leur soirée.

Marion jeta son sac à main sur le canapé, posa ses clés sur la table basse et s'enfonça dans le moelleux des coussins. Comment en était-elle arrivée à ce point de désarroi ? Les choses n'avaient jamais été simples depuis son élection. Mais depuis un an, elle sentait son environnement se dégrader progressivement. Avec sa tante, la confiance était rompue. Après l'affaire Chenu, elles s'étaient ignorées plusieurs semaines. Marine l'évitait, même lorsqu'elles étaient au même endroit, au même moment. Mais le mal était plus profond. Tout avait commencé à Lyon, lors du congrès de 2014. Alors qu'elle était arrivée en tête du vote des militants, Marine lui avait confisqué tout poste d'influence, et minimisé son poids. Elle avait refusé que ses amis entrent au bureau politique, ne lui avait proposé qu'une vice-présidence, dénuée de sens, à la jeunesse. La moindre des choses était de refuser. Elle avait ri jaune lorsque Philippot était venu la trouver, sous l'œil des caméras, pour lui proposer d'éteindre une polémique naissante en se claquant une bise. Elle l'avait envoyé balader. « *Tu ne veux pas qu'on se fasse un câlin, aussi ?* » La tension était ensuite montée lorsque, se consolant dans les bras de sa mère dans les coulisses du meeting, Marion avait croisé Marine. Leur engueulade, sous l'œil de quelques techniciens pétrifiés, avait fait trembler les murs. Puis les rapports s'étaient encore dégradés. Elle ne supportait pas les convocations dans le bureau de Marine pour s'entendre reprocher d'avoir dévié de « la ligne ». Elle n'en pouvait plus d'avoir l'impression de déjeuner avec Marie-Georges Buffet quand elle partageait un repas avec sa tante. Elles n'avaient plus rien à se dire.

Tout cela était trop dur, trop ingrat, trop violent. Sa maxime favorite, « *Ma civilisation avant les autres, mon pays avant les autres, mes compatriotes avant les autres, ma famille avant les autres* », ne suffisait plus. Le moment était venu de préférer ses convictions à la paix chez les Le Pen. Elle aurait dû prendre sa décision plus tôt. Elle se sentait presque soulagée. Elle hésita à lancer une ballade mélancolique de Sardou ou Barbara sur son iPad, puis se ravisa. Elle voulut aussi couper son téléphone portable pour dormir tranquille, mais elle l'avait laissé dans son sac et n'avait déjà plus la force. Elle ferma les yeux et s'assoupit en quelques secondes.

Les vibrations la réveillèrent en sursaut. Les yeux alourdis, le cerveau cotonneux, elle décrocha son téléphone. Au bout de la ligne, sa mère avait la voix tremblante.

– C'est ton grand-père...

– Daddy ? Qu'est-ce qu'il s'est passé ? Il a fait une connerie ? Je suis passée le voir ce matin...

– C'est Gérald qui l'a retrouvé dans son bureau. Il a fait une crise cardiaque en début d'après-midi. Il est mort, Marion.

Il était jeune journaliste au *Figaro* et écrivait un livre par an. Je m'étais endormi, la veille, en feuilletant *Le Dandy rouge,* son récit de la vie de Ferdinand Lassalle, un révolutionnaire allemand d'inspiration hégélienne. Qu'avait donc trouvé Zemmour de si passionnant chez cet intellectuel juif, au point d'y consacrer un roman ? Lassalle était mort stupidement dans un duel, provoqué par une affaire de cœur. Le romantisme ? À moins que ce fut son œuvre pour fonder le premier parti socialiste d'Europe, ou sa passion brisée pour un père distant. J'avais délaissé cette lecture avec mes doutes, mais restais marqué par la plume de l'écrivain. Avant d'être un des visages du populisme français, Zemmour avait été un talentueux romancier, à l'écriture fine, aux formules ciselées. Il y avait du gâchis dans sa fin de carrière. Sa part sombre s'était révélée dans le combat médiatique, puis politique, et un Zemmour subtil s'était effacé pour laisser la place au politicien « rouge qui tâche » que nous connaissions.

J'avais poursuivi avec *Les Rats de garde*, un essai coécrit avec Patrick Poivre d'Arvor, aux airs de réquisitoire contre la classe médiatique. Nous étions à l'aube du nouveau millénaire et les deux procureurs instruisaient le procès du *« journalisme de trou de serrure »*. Ils semblaient condamner le sacre d'une ère de puritanisme dans la sphère publique. Je comprenais le cynisme absolu dont pouvait faire preuve Éric Zemmour. Il y avait chez lui un défaut cardinal : l'hypocrisie. Selon lui, la civilisation naissait de la dissimulation et la barbarie de la transparence. Nos deux pamphlétaires lâchaient leurs coups contre cette évolution. Selon eux, elle *« faisait naître un épais brouillard autour des vrais problèmes »* et *« détournait l'attention du citoyen ». « La désintégration du débat politique pousse les électeurs à ne plus rien attendre de leurs élus, si ce n'est la probité et la rigueur morale* », écrivaient-ils.

Les premiers pas d'Emmanuel Macron avaient été convaincants. Le Premier ministre savait que sa majorité ne lui ferait aucun cadeau. C'est sur ses propres textes que le gouvernement précédent s'était cassé les dents en usant de l'article 49-3 de la Constitution. La gauche de la gauche gueulait, les frondeurs beuglaient, mais leur carnaval n'imprimait plus dans l'opinion. Macron était porté par une bonne cote de popularité et ses réformes étaient majoritairement souhaitées par les Français. Le climat s'apaisait. François Hollande donnait toujours l'impression de résister aux évènements, et avait eu l'intelligence de faire passer ses réformes les plus clivantes dans la première partie du quinquennat. Faute de majorité des trois-cinquièmes au Sénat, il avait enterré le droit de vote des étrangers et promis de le mettre au programme de son second mandat. Nous misions tous sur une déclaration de candidature assez rapide, dans le courant de l'automne. La cristallisation des forces avait eu lieu. L'extrême gauche n'avait pas réussi à faire émerger un front commun contre le président sortant. Jean-Luc Mélenchon serait certainement candidat, mais il avait l'air las. Il avait perdu la plupart de ses paris électoraux et peinait à contenir les velléités d'indépendance des communistes. Arnaud Montebourg ne réussissait pas à imprimer l'idée d'une primaire à gauche et paraissait esseulé dans sa quête d'une « troisième gauche ».

La rumeur voulait que Valérie Trierweiler préparait un deuxième volume de règlements de comptes, mais rien ne venait l'accréditer.

La campagne n'avait pas encore basculé dans l'hystérie. La chaleur de l'été et les vacances bridaient sans doute les intentions de la classe politique. La presse échafaudait des hypothèses convenues. Sarkozy trouverait Juppé sur sa route et aurait beaucoup de mal à s'en débarrasser. Le maire de Bordeaux, porté par des sondages mirobolants, faisait presque penser au Strauss-Kahn de 2011, le Sofitel en moins. Quant à Marine Le Pen, elle creusait son sillon et capitalisait sur ses intentions de vote. Les gestes d'ouverture qu'elle offrait solidifiaient sa stature. Elle avait même obtenu l'onction suprême lors d'un débat à la télévision, quand le Premier secrétaire du PS, Jean-Christophe Cambadélis, avait affirmé la combattre mais reconnaissait qu'elle était « *républicaine* ».

249 JOURS
AVANT L'ÉLECTION

Marine Le Pen tapota la télécommande pour augmenter le son de BFM TV. Florian Philippot devait être en direct sur le plateau à midi, mais ce qui l'intéressait se passait avant. Elle prit soin de fermer la porte principale de son bureau, contourna la table de réunion pour aller jusqu'à la deuxième entrée, qui donnait sur le bureau de Catherine, sa secrétaire.

– Je ne veux être dérangée sous aucun prétexte. Je serai disponible à partir d'une heure, mais je déjeune avec Florian à 13 h 30.

Elle se glissa sur le canapé, déchaussa ses bottines, posa les pieds sur la table basse et fixa à nouveau le téléviseur. Elle voulait vivre ce moment seule. Elle s'était préparée, toute sa vie, à l'enterrement de son père. Profondément marquée par l'attentat de la Villa Poirier, enfant, elle s'imaginait vêtue de noir et pleurant l'assassinat du président du Front national. Adolescente, elle avait plusieurs fois pensé que cette cérémonie serait un adieu de combattant à la nation. Présidente du Front national, elle s'était surprise plus d'une fois à envisager comme un soulagement le départ de cet encombrant tribun. À chacune de ses prises de parole, elle retenait son souffle, et se levait chaque matin en pensant que les saillies de son géniteur pouvaient mettre à sac son entreprise de dédiabolisation. En évinçant Jean-Marie Le Pen, Marine savait qu'elle entérinait une rupture tragique, violente et irréversible. La dispute avait pris la proportion qu'elle méritait, mêlant l'orgueil de descendants de marins bretons et l'acharnement de fauves politiques.

Devant sa télévision, Marine Le Pen se laissait envahir par un mal-être. Elle décrocha son téléphone et laissa un message sur le répondeur de son compagnon. « *Louis, je suis au carré. Si tu as un moment, passe me voir, je regarde l'enterrement à la télé...* » Les chaînes d'information en continu avaient décidé de couvrir l'événement comme s'il s'agissait d'une rencontre entre chefs d'État. Marine vit le cercueil de son père, porté par quelques figures de l'extrême droite et ses plus fidèles collaborateurs, entrer dans l'église. Le chant en latin était retransmis sans pollution sonore par les télévisions. Elle se dit que seul Le Pen avait encore cette capacité à montrer une messe traditionnaliste en mondovision. Elle rit intérieurement.

Elle monta à nouveau le son quand le visage poupin de Florian Philippot apparut sur l'écran. Elle avait discuté, la veille, avec son second, de la riposte médiatique à orchestrer. Lui avait évidemment plaidé pour une prise de distance sans équivoque. Sur BFM TV, le vice-président du FN la gêna presque en lâchant ses coups contre Le Pen, « *Un vieil homme qui incarnait une certaine extrême droite* » loin des combats actuels du Front national, et qui « *avait cessé de partager depuis longtemps les valeurs et les convictions de Marine Le Pen* ». Philippot annonça que le FN « *changerait de nom aussi vite que possible* », à l'occasion de son prochain congrès. Il lâcha même que le mouvement pourrait se rebaptiser « *Les Patriotes* ». Devant son écran, la présidente du parti déglutit en visionnant la séquence. Elle pouvait difficilement le rappeler à l'ordre, il agissait en cohérence avec le discours martelé depuis la rupture avec Le Pen, et elle lui avait donné son feu vert... Elle-même avait prévu d'enfoncer le clou. La veille, elle avait préparé une interview avec *Le Monde* pour annoncer la poursuite de son combat après le décès de son père. Elle allait aussi loin que possible pour se désolidariser de « *Le Pen* ». Elle l'accusait notamment d'avoir des *« positions antirépublicaines »* et *« de semer le vent de la division et de la discorde »* chez ses compatriotes. Un trait devait être tiré.

La nef de Saint-Nicolas-du-Chardonnet était comble, près de dix mille personnes débordaient sur le croisement des rues Monge et Saint-Victor, mal contenues par un barrage de policiers. On ne comptait quasiment aucun visage connu dans l'église intégriste. La presse était déçue, et se focalisait sur Jean-Pierre Mouchard, meilleur ami de Jean-Marie Le Pen et père de Laurent Joffrin, le directeur de *Libération.* La cadette de la fratrie Le Pen, Yann, avait prévenu les importuns qui auraient été tentés de glisser leur tête :

– Tous les lâches, tous les traîtres, toutes les petites coucougnettes qui l'ont abandonné, ils peuvent bien aller se faire foutre. Je vais me mettre à l'entrée de l'église et ceux qui n'auront rien à faire là se feront casser la gueule par le service d'ordre. Les places seront chères.

Seule la députée Marion Maréchal-Le Pen avait été admise par sa mère.

Patrick Buisson, lui, ne put résister au plaisir de se rendre aux obsèques. Vêtu de noir, il s'était fondu discrètement au milieu d'une travée et avait fait profil bas. En quittant Saint-Nicolas-du-Chardonnet, où il n'avait pas que des amis, il s'échappa péniblement de la foule qui le piétinait. Un brouhaha insupportable déchirait l'air et des cordons de CRS enserraient la foule. Il ne vit pas le troupeau d'antifas venus provoquer les vieux frontistes, et ne put qu'entendre les cris des Femen qui s'étaient grimées en Hitler. Il s'échappa par la rue des Écoles et s'y remémora les coups de poings distribués durant ce qu'il continuait à appeler les « évènements » de Mai 68. Il attrapa un taxi à l'Odéon et indiqua au chauffeur l'adresse du QG de campagne de Zemmour, dont le parti de Nicolas Dupont-Aignan payait le loyer et où il passait la moitié de ses journées. Arrivé rue François 1er, il salua rapidement les permanents qui occupaient la pièce principale, et se lova dans son bureau, niché au fond d'un couloir du premier étage. Buisson se plongea dans la relecture d'un manuscrit qu'il devait publier durant l'automne, et fut interrompu par un bruit devant sa porte. Un militant de Debout La France n'osait entrer dans son bureau ; il l'invita à parler d'un geste sec de la main.

Une dame demandait à rencontrer Zemmour, et il répondit au jeune de lui divulguer la date de la prochaine conférence. Le jeune homme ne se démonta pas et affirma qu'elle avait des révélations à faire. Buisson l'autorisa à monter. Il reconnut immédiatement le visage bien portant de la jeune femme. Devant lui, se tenait Marie d'Herbais, la présentatrice du fameux « journal de bord » de Jean-Marie Le Pen. Historiquement proche du fondateur du FN, elle lui avait donné la réplique dans cette vidéo hebdomadaire diffusée sur le site du parti, et avait été à l'origine de son dérapage sur *« la fournée »* qui devait concerner Patrick Bruel. Buisson se souvint qu'au moment de la rupture entre les Le Pen, la jeune femme – il crut se rappeler qu'elle était aussi l'épouse de Frédéric Chatillon, bras droit de Marine pour les questions de financement du parti – s'était « auto-exclue » du FN. Cette amie d'enfance de Marine n'avait pas supporté la chasse au vieux organisée au sein du FN.

Buisson n'aimait pas être dérangé, et aimait encore moins les effets de surprise. Il se montra extrêmement désagréable avec la jeune femme. Que lui voulait-elle ? Elle était vêtue de noir et des larmes avaient dispersé son mascara. Sans doute le décès de son mentor la laissait orpheline. Elle avait sûrement un besoin de s'épancher, c'était humain, mais pourquoi venir l'emmerder, lui, aujourd'hui ? Elle exhiba de la poche de son manteau un petit objet métallique.

– C'est le dernier journal de bord de Jean-Marie Le Pen, larmoya-t-elle. Vous devriez le regarder, ça vous intéressera.

Buisson ne l'avait jamais avoué à personne, mais il suivait avec assiduité ces rendez-vous fixés par le Menhir à son public. Au pire, il s'y amusait ; au mieux, il y trouvait des idées à développer. Le dernier journal de bord de Le Pen ? Il l'avait vu, et ça n'avait pas un grand intérêt. Marie d'Herbais dut insister pour le convaincre de jeter un œil à cette vidéo. Le Pen avait enregistré une séquence quelques jours avant sa mort et y faisait une révélation, insista-t-elle. Cet épisode n'avait pas été diffusé. Buisson saisit sans mot dire la clé USB, l'introduisit dans son ordinateur et lança la vidéo.

249 JOURS
AVANT L'ÉLECTION

Depuis son bureau du *Figaro*, Éric Zemmour n'arrivait pas à se concentrer. Ses séances d'écriture étaient sans cesse perturbées. Par des collègues, heureux de discuter le bout de gras avec cet affable confrère, par ses emails, un véritable boulet qui l'arrachait à ses réflexions, et par son téléphone, qui sonnait en moyenne toutes les trois minutes. Quand il vit s'afficher le numéro de Buisson, il décrocha immédiatement. Il devait venir au QG. Il commençait à en avoir marre de ces *« conneries »*, et voyait de moins en moins où cette mascarade le mènerait. Il pensait régulièrement à tout envoyer balader. Il envisagea de rejoindre à pied la rue François Ier, mais héla finalement un taxi pour gagner du temps.

– Le vieux a encore fait des siennes, le prévint Buisson dès son arrivée, avant de lancer la vidéo sur son ordinateur.

Le Pen portait un costume clair, une cravate rose et une chemise bleu ciel à col blanc. Avachi dans son fauteuil, il ânonnait des banalités en répondant aux questions de Marie d'Herbais. Les deux protagonistes se déchainaient contre la présidente du Front national et leur cible favorite, Florian Philippot.

– Président, vous n'avez toujours rien dit au sujet de la prochaine élection présidentielle, le questionna-t-elle.

Le Pen inspira et fit mine de chercher ses mots.

– J'ai acquis une certitude, que mes longues années de combat politique ne pourront pas faire vaciller, attaqua-t-il. Marine Le Pen est devenue une candidate du système.

Il accusait sa fille d'avoir lâché trop de fondamentaux pour représenter un véritable espoir de survie du peuple français. Il ponctuait ses phrases de *« n'est-ce pas »* et semblait goûter l'ivresse de la vengeance. Le Pen prononçait ces mots comme s'il s'agissait d'un jeu. Dans son œil, on discernait la cruauté autant que le désir de revanche. Il n'était guère enthousiasmé par le panorama de la prochaine élection, et réservait son effet pour la fin :

– Il n'y a qu'une seule lumière à l'horizon, un phare dans la nuit, si j'ose dire, c'est la candidature d'Éric Zemmour, qui me paraît être le plus légitime pour incarner la continuité de mon combat.

Zemmour baissa les yeux et accusa le coup. L'incrédulité se dessinait sur son visage. Il interrogea Buisson du regard.

– Il dit qu'il aurait voté pour toi, se réjouit le politologue. Réfléchis, c'est une manière de briser l'élan de Marine Le Pen. Désormais, c'est toi qui es légitime pour assumer ses idées sur l'immigration.

Il voulait prendre en main cette campagne, et n'attendit pas que Zemmour retrouve ses esprits pour indiquer la marche à suivre. Il argua que cette vidéo secrète serait le testament politique de Le Pen. Il n'avait aucun doute sur l'attitude à adopter :

– On la diffuse.

230 JOURS
AVANT L'ÉLECTION

Assis à l'arrière du Renault Espace qui le conduisait rue de Solférino, Jean-Christophe « Camba » Cambadélis, contrairement à son habitude, dédaigna la liasse de journaux posée sur ses genoux. Les façades du boulevard Saint-Germain défilaient sous ses yeux mais ne divertissaient pas son esprit brumeux. Qu'arrivait-il à François ? Depuis plusieurs semaines, plusieurs mois, il sentait le président de la République fuyant. Hollande ne l'appelait plus, prenait à peine le temps de lui consacrer des apartés après leurs réunions à l'Élysée, le snobait presque... Il avait tenté de lui expliquer à maintes reprises que 2017 serait une partie serrée, que la France s'était tellement droitisée sous son quinquennat que même la lutte à mort entre Le Pen et Sarkozy ne l'assurait pas de figurer au second tour. Il avait peu d'estime pour Hollande. Il pensait même que le rondouillard corrézien était parvenu à l'Élysée parce qu'il était le moins bon des socialistes, le seul capable de mettre ses convictions – en avait-il ? – sous le boisseau pour négocier des synthèses improbables, et le plus capable de mentir avec aplomb à ses interlocuteurs. Il n'avait que faire du destin politique du chef de l'État, mais cette fois, ils étaient dans la même barque. Hollande réélu, « Camba » aurait enfin ce grand ministère qui lui avait échappé toute sa vie. Hollande battu, il perdrait son poste de patron du PS et resterait vingt ans député d'opposition.

Il posa sa semelle sur le pavé mouillé de la cour intérieure de Solférino, et se dirigea vers l'entrée du bâtiment. En poussant la porte en plexiglas, il pesta contre Hollande et sa certitude d'être protégé par une bonne étoile. Sous son mandat, la gauche avait perdu ses mairies, ses départements, ses régions, avec la casse sociale que cela impliquait et les milliers de postes supprimés. S'il continuait, la gauche finirait par sortir de l'histoire. Comme avait dit ce connard de Valls, elle pouvait mourir.

Cambadélis laissa dans son dos le logo géant du PS, poing blanc qui tenait une rose sur fond rouge. Il longea les boiseries du couloir et se dirigea vers les salles de réunion où l'attendait le petit groupe de cadres chargés de relayer sa stratégie dans les médias et au sein du parti. Les socialistes pianotaient sur leur téléphone portable en attendant le patron. Guillaume Bachelay, suppléant de Fabius en Normandie, Olivier Faure, l'eurasien au physique de sportif et la sémillante Juliette Méadel, ancienne patronne de Terra Nova, accompagnaient le médiatique François Kalfon, spécialiste des sondages et époux de la communicante Anne Hommel, et le jeune député franco-brésilien Eduardo Rihan-Cypel.

– Le parti va être l'élément fondamental de la campagne de 2017, glissa-t-il en préambule.

Il décrivit par le menu ses déboires avec le couple exécutif. Il n'arrivait plus à voir François. Il ne le dit pas mais l'influence grandissante de son ennemi Julien Dray dans les sphères du pouvoir l'agaçait. « Juju » avait de bonnes intuitions, mais il ne pouvait y avoir qu'un seul stratège et il se sentait menacé. La nomination de Macron avait été un camouflet pour lui. Il avait soufflé le nom de Bartolone mais Hollande l'avait ignoré. Il désespérait aujourd'hui de voir le gouvernement s'accrocher à la perspective de bons résultats économiques. La présidentielle ne se jouerait pas sur ce terrain, et de toute façon, sourit-il, si la politique de François donnait des résultats, « *cela se saurait* ». Il reprochait au président d'avoir oublié la période Jospin, la baisse du chômage, la promesse de lendemains qui chantent et le crash du 21 avril. Il avait convoqué ses troupes pour coordonner une offensive médiatique et sortir la gauche de l'ornière. Il voulait éviter le désastre.

François Kalfon renchérit.

– Si tu es en train de nous expliquer qu'ils ne comprennent rien à l'idéologie et à la tactique, on n'avait pas attendu 2016 pour s'en rendre compte, soupira le fervent défenseur d'une « gauche populaire » qui n'avait jamais vu le jour.

Il avait voulu égayer la réunion mais Camba ne riait pas.

– Le PS a neuf chances sur dix de finir aux oubliettes dans un an. Si c'est tout ce que ça t'inspire..., souffla-t-il en fixant un gobelet en plastique blanc posé devant lui.

Depuis le mur où il était placardé, Mitterrand, sur l'affiche de sa campagne de 1965, avec le slogan *Un président jeune pour une France moderne* les dominait. Cambadélis eut un rictus nerveux en croisant le regard de Tonton. Le vieux, pensa-t-il, c'était une autre époque. Le parti avait une autre gueule, des types pensaient. Depuis trois ans, sous ses yeux, la droite avait gagné le combat pour l'hégémonie culturelle. Il y avait eu La Manif Pour Tous, les entrepreneurs pigeons, les succès de Finkielkraut, de Zemmour, de Houellebecq... Claude Bartolone avait visé juste en disant que si on devait suivre les positions dominantes dans l'opinion, *« on rétablirait la peine de mort et on virerait tous les immigrés. »* N'importe quel lecteur de Gramsci pouvait le comprendre, mais ses amis du gouvernement ne lisaient plus. Le philosophe Marcel Gauchet lui avait délivré une terrible anecdote, lorsque Hollande l'avait convié à Solférino pour donner une conférence sur la laïcité. Il avait captivé son auditoire, à l'exception du maître des lieux, le nez plongé dans une pile de documents. Gauchet avait jeté un œil, par intérêt, à ces feuilles, en réalité des dépêches de l'AFP... La gauche avait perdu les intellos, les chômeurs, les profs, puis une par une toutes les catégories de sa majorité électorale de 2012. Cambadélis conclut qu'il ne servait à rien de lutter contre ce phénomène :

– On n'inverse pas un rapport de force comme celui-là...

– Je crois que le président en est conscient, l'interrompit Eduardo Rihan-Cypel.

Le jeune député raconta sa dernière entrevue avec Hollande à l'Élysée. Il était venu l'exhorter à se méfier de la prochaine élection présidentielle. Le plan hollandais consistait à se qualifier pour le second tour et à y battre Marine Le Pen. « *Vous ne rééditerez jamais le score de Chirac*, lui avait lancé Rihan-Cypel. *Elle fera au moins 45 % des voix...* » La petite blague avait fusé spontanément : *« Je sais, il y a même des sondages où elle me bat. »* Camba ne sut s'il avait envie de moucher ce blanc-bec où d'abonder dans son sens. Eduardo Rihan-Cypel était de ces jeunes députés prometteurs qui avaient tellement courtisés Hollande que celui-ci les laisserait sur le carreau. Son désir de ministère transpirait par tous les pores de sa peau. Il avait défendu Hollande, s'était rapproché de Valls, puis de Macron, et prônait un renouvellement de générations. C'était mal connaître Hollande, son cynisme et son absence totale d'empathie.

Juliette Méadel prit succinctement la parole pour expliquer que le coup de 2012 serait impossible à rejouer. À la tête de Terra Nova, le *think tank* du PS, qu'elle avait présidé après le décès du charismatique Olivier Ferrand, elle avait étudié de près la victoire de Hollande et le vote des différentes couches de la société. Elle expliqua qu'avec le mariage pour tous et la théorie du genre, certains musulmans avaient commencé à déserter dès les municipales. Les fonctionnaires et les profs avaient mal vécu les réformes successives de leur statut et se réfugiaient progressivement dans l'abstention. Les Bobos des centres urbains, très attachés à leur pouvoir d'achat, commençaient même à virer à droite et pourraient être tentés de voter pour Bayrou si celui-ci se lançait.

– Rien de neuf, la tança Cambadélis, qui frottait ses pieds sur le tapis noir à taches blanches. Il faut trouver le moyen de casser la dynamique à droite, pas de retrouver un élan populaire.

Il savait que brandir la menace du Front national ne suffirait pas. Valls s'y était brisé les reins et n'en avait rien obtenu, sinon un limogeage des plus humiliants. Il fallait être lucide. Si la gauche gagnait, elle gagnerait par défaut. Mais seul le résultat comptait.

Kalfon objecta que sans l'argument du cordon sanitaire, la gauche se retrouvait désarmée. Il ne restait que l'anti-sarkozysme, or la vigueur de l'anti-hollandisme annulait les forces. *Il faut tout faire soi-même*, réfléchit Cambadélis. Il avait réuni ces dirigeants du PS car ils étaient les mieux placés pour répercuter des messages dans les médias, mais la faiblesse de leur réflexion le sidérait. Il se souvint de son passé trotskiste. Même s'il avait renié ses idéaux révolutionnaires, il éprouvait la nostalgie de ces années de lutte avec les lambertistes de l'OCI. On lisait, on se formait, on travaillait sans cesse, et l'émulation intellectuelle de ces groupes d'illuminés avait engendré les meilleurs cerveaux de la République : Jospin, Mélenchon, Moscovici, Sapin… Aujourd'hui, les politiques sortaient de Sciences Po et avaient tous des profils de communicants. Ils n'apprenaient plus sur les bancs des universités mais dans l'atmosphère ouatée des plateaux télévisés. Seule comptait leur capacité de réaction, la rapidité avec laquelle ils pondaient leurs communiqués, la pertinence de leurs petites phrases. Hollande avait fait beaucoup de mal à la gauche en ne s'entourant que d'énarques insipides, dans son cabinet ou au gouvernement, et de petits symboles de la diversité. Plus personne ne savait faire de politique.

Il réclama l'attention de ses cadres et exposa sa stratégie.

– Il faut casser la droite, dit-il. Le PS s'est maintenu au pouvoir grâce à la division des voix de droite en deux blocs, FN et Républicains. Mais ça ne durera pas. Il faut d'urgence faire émerger une troisième force qui affaiblira les deux autres. Inventer un nouveau diable, le faire monter, pour briser leur élan. Même si le poids de la gauche reste faible, on peut encore rêver du second tour.

Il fut tenté de distribuer une claque à Rihan-Cypel, qui venait timidement de suggérer le nom de Nicolas Dupont-Aignan. Il fallait obliger Sarkozy et Le Pen à se concurrencer sur le terrain de la radicalité, et laisser filer les modérés vers la gauche, au moins au second tour. Méadel le coupa en objectant que le PS ne pouvait pas imposer des thèmes de campagne, mais Camba pensait l'inverse.

– On va volontairement placer la campagne sur le terrain identitaire, rabâcher le droit de vote des étrangers comme une mesure phare, détailla-t-il. Les électeurs de gauche y seront sensibles, la droite tombera dans le panneau. Elle se fracassera sur ce thème.

Cambadélis sonda dans le silence les mines de ses subordonnés. Chez certains, il eut le sentiment de reconnaître du désarroi, voire de l'inquiétude. Il dut préciser sa pensée.

– Certains socialistes s'amusent à ridiculiser Zemmour depuis son annonce de candidature, c'est une connerie, s'énerva-t-il.

La gauche tenait là une chance incroyable : le polémiste incarnait quelque chose qui pouvait mettre la droite à terre pour un bout de temps. Il était comme Coluche avec Mitterrand en 1980, un utopiste qui le doublait sans cesse, un aspirateur à déçus, et une véritable menace. Jacques Attali avait dû tout mettre en œuvre pour débrancher l'humoriste, et s'il était resté en course, la gauche n'aurait peut-être pas été au second tour, Mitterrand n'aurait peut-être pas été président. C'était l'équation de 2017. Zemmour, enchaîna-t-il, avait un public extrêmement nombreux, qui votait pour Le Pen ou Sarkozy sans se reconnaître totalement en eux.

– Il ne pèse que 3 % dans les sondages, mais s'il grimpe à 10, il coupera les jambes des deux autres, conclut Cambadélis. François pourrait même être en tête au premier tour. Et derrière, ça peut passer.

Restait à faire grimper cette candidature fantasque de 3 à 10 %. Le patron du PS avait son idée, et poussa ses porte-paroles à cibler encore et encore la zemmourisation de la société.

– On va l'attaquer en priorité. Expliquez qu'il est plus dangereux que Le Pen et Sarkozy, qu'il est plus à droite, plus radical. Ces critiques vont le légitimer. Il peut même rafler la mise de cette droite réactionnaire.

Camba acheva son exposé dans un souffle : *« Ciblez-le ! Parlez de lui tous les jours ! »*

Il ne sut si ses troupes avaient parfaitement saisi la subtilité du message, et réalisa qu'il devrait s'y coller le premier pour donner le ton. Il profiterait du *Grand Jury* de RTL le week-end suivant, attaquerait Zemmour avec virulence, et ses camarades lui emboîteraient le pas. Il se dirigea vers son bureau pour réfléchir à quelques formules. *Espérons que ces nuls vont suivre*, pensa-t-il. Il sourit en imaginant Zemmour. Jeune député de Paris, il avait bien connu le journaliste. Ils avaient passé des heures à discuter, et il fut longtemps servi par ces échanges, qui le stimulaient. Rares étaient les interlocuteurs, dans ce milieu, qui pouvaient encore analyser la pensée marxiste. Leur complicité intellectuelle était restée intacte. Le Premier secrétaire du PS figurait d'ailleurs parmi les quelques invités de gauche aux cinquante ans du polémiste, et y avait pris beaucoup de plaisir en retrouvant, notamment, Jean-Luc Mélenchon. En retour, il l'avait convié à un dîner chez lui en présence de Manuel Valls, et ils avaient refait le monde jusque tard dans la nuit. Ironie du sort, leurs destins se croisaient aujourd'hui. En aidant Zemmour, Cambadélis pouvait encore sauver sa peau.

Il pénétra dans son grand bureau et jeta ses journaux sur la table en verre transparent. Son regard glissa sur le portrait présidentiel de Hollande, passa sur les statuettes asiatiques exposées dans la bibliothèque. Cambadélis se figea devant un gant de boxe blanc qui surplombait une pile de livres, offert par le géant ukrainien Vitali Klitschko, champion poids lourd reconverti en opposant politique. Écrite au feutre noir sur le gant, une dédicace, « *Keep on punching* ». Oui, il allait cogner.

Zemmour avait profité, dans cette campagne, de plusieurs facteurs. Le rejet de la classe politique, d'abord, lui avait taillé un costume d'homme neuf guidé par l'intérêt supérieur du pays, quand tous ses adversaires avaient déjà été, au moins une fois, candidats à l'élection présidentielle. Il était ensuite arrivé dans un contexte de tension sociale. Les derniers mois de la campagne avaient été rythmés par des affaires que j'aurais, personnellement, classé dans la rubrique faits divers, mais qui avaient enflammé le pays et désarmé la classe politique. Enfin, il avait su gérer cette campagne en douceur, et avait orchestré sa montée en puissance. Contrairement aux favoris, qui voyaient leur score augmenter ou baisser de quelques points au gré des enquêtes d'opinion, lui avait connu une progression ininterrompue jusqu'au second tour. Mais son meilleur atout avait été sa personnalité. Zemmour avait toujours réussi à passer pour un type gentil. Ses idées nauséabondes avaient été occultées par son rire franc, son sourire ondulant et sa bonhommie méditerranéenne. Il avait réussi à remettre sur le devant de la scène intellectuelle, puis politique, des idées qui ne sortaient même plus des bistrots. Le couplet raciste de l'ouvrier alcoolique était devenu un programme politique, porté par un type reconnu par le système médiatique. Ce fut son avantage. Bon client, Zemmour était invité partout et jouissait, avant l'entrée en campagne officielle, d'un temps de parole démesuré. Il était devenu la coqueluche des médias qui, sous prétexte de combattre ses idées et de l'asticoter, lui donnaient du temps d'antenne et de la visibilité.

J'avais englouti ses deux livres sur Chirac. Le premier était une biographie prodigieusement fouillée, saisissante de lucidité. Il avait si bien connu le Corrézien qu'il lui avait aussi consacré un roman politique, *L'Autre*. Celui-là était plus croustillant. Au prétexte d'une intrigue un peu banale – un journaliste en fin de carrière consacrait une enquête au vitriol, truffée de révélations, à son ami d'enfance devenu président de la République –, Zemmour racontait les dessous de la vie politique française sous les deux quinquennats de Chirac. Sexe, valises de billets, méthodes de voyous et barbouzes, tout y passait sous une plume alerte, et on comprenait que le nouveau président de la République fréquentait l'Élysée depuis des années. On le devinait proche de Marie-France Garraud et de Charles Pasqua, deux personnages centraux de son roman, et on vivait au rythme d'un Chirac sans scrupules, séducteur, roublard, faraud.

On sentait chez lui une certaine admiration pour la bête. Certes, Zemmour tenait Chirac pour le fossoyeur de la droite et l'un des responsables du « suicide français », mais il s'inclinait devant son talent et semblait goûter les charmes de son sujet d'étude. Il éprouvait d'ailleurs de la nostalgie pour cette époque d'affrontements entre grands hommes, Chaban-Delmas, Giscard, Séguin, et s'était trahi durant la campagne des primaires de la droite et du centre, en avouant qu'il trouvait *« nulle »* la nouvelle génération. Il avait même profité d'un *Grand Jury*, un week-end, pour distribuer les bons et les mauvais points. J'avais, pour ma part, été profondément choqué par le mélange des genres : son journal, *Le Figaro*, et RTL, son ancienne radio, lui avaient octroyé plus d'une heure de direct à heure de grande écoute. La séquence avait tourné au carnage, Zemmour avait étrillé tous les concurrents. Sarkozy ? Un *« sous Bonaparte »* qui finissait sa carrière en *« sous Sarkozy » : « Il est dans un mauvais sketch, il joue Sarkozy mais on voit qu'il n'y croit plus. Il me fait penser à Gad Elmaleh. »* Juppé ? *« Il est multiculturaliste, Bobo, progressiste : il a sa place au PS, il y gagnerait la primaire haut la main »*. Fillon ? *« Il a choisi le libéralisme comme cheval de bataille, et le libéralisme, on l'a vu avec Madelin, ça fait 5 %. Mais quand je le regarde, je me dis que c'est étonnant qu'il fasse autant. »*

Les primaires avaient peu passionné les foules. Pour la première fois, pourtant, la droite se soumettait à un processus démocratique pour désigner son candidat. Le match était serré, et on avait vu s'affronter deux camps irréconciliables : les modernes et les rétrogrades. Pour les premiers, il y avait mon favori, Bruno Le Maire. Il incarnait à merveille cette droite Kennedy, il était jeune, souriant, sincère, et refusait de céder à l'hystérie qui régnait dans son propre camp. Il avait été l'un des premiers à assumer le mariage pour tous et l'histoire s'en souviendrait. Courageusement, à contre-courant, il tentait d'ouvrir la droite sur le XXIe siècle, et y parvenait habilement. Il refusait d'employer les mots qui fâchent, présentait toujours des solutions modérées. En lisant ses interviews, je le plaignais de s'être enfermé dans ce parti. Il avait l'étoffe d'un homme d'État et se battait contre des chiffonniers. Il parlait à l'intelligence des gens, quand les autres faisaient appel à leur bestialité. Il ne cédait jamais à la tentation de l'invective, ne ciblait jamais personnellement ses opposants. Le Maire, c'était la victoire de la raison sur la passion, de la pondération sur les vociférations.

Juppé, lui, aurait été un moindre mal. Il assumait un discours ouvert sur l'autre, et servait de garde-fou aux dérives de son camp. S'ils en avaient eu la possibilité, les ténors de la droite auraient sans doute passé des alliances avec le Front national depuis des années. Juppé était la conscience de ce parti, sa caution morale.

Avec lui, aucun débordement n'était tolérable. Il avait mené une campagne sublime, et tendait la main aux forces du pays qui se retrouvaient en son discours. Il aurait pu composer un gouvernement allant de Le Maire à Valls en passant par Macron et Bayrou, et ça aurait eu de l'allure. NKM, qui visait les 5 % dans cette primaire, aurait même pu en faire partie.

Les autres ne faisaient pas rêver. Depuis qu'il avait repris des couleurs dans les sondages, Fillon montrait son vrai visage. Faux modéré et vrai libéral, son programme aurait fait pâlir d'envie David Cameron, et il l'incarnait avec la raideur de Margareth Thatcher. Estrosi et Bertrand faisaient un peu pitié. Eux seuls semblaient savoir ce qu'ils faisaient là, et peinaient à afficher leur singularité. Sarkozy était égal à lui-même mais avait réussi à alterner les coups de boutoir xénophobes et les appels au rassemblement, au point que son double discours permanent nous empêchait de le ranger dans une catégorie. Il avait un peu décroché dans les sondages, mais semblait sûr de son fait. Durant l'un de ses déplacements de campagne j'avais pu voir l'homme de près. Dans le TGV qui nous ramenait de province, il avait assuré le spectacle. Il m'avait proposé de piocher dans son paquet de chips, m'avait offert un sandwich et quelques chocolats tirés de sa boîte personnelle. Il parlait sans s'interrompre et pouvait disserter des heures sur le PSG ou les séries du moment. Il avait adoré la saison 4 de *House of Cards* et ne jurait que par le couple Underwood, à ses yeux un modèle d'amour, malgré le fait qu'ils ne

« consommaient pas ». Il fallait trouver un interstice dans sa respiration pour le ramener à la politique. Il avait mimé une punaise qui courait sur la tablette du TGV pour m'expliquer comment il allait balayer Le Maire. En effet, le morceau de ferraille avait vibré et la bestiole imaginaire avait dû souffrir. Il imitait un vieillard grabataire pour évoquer Juppé, et martelait qu'il avait une *« putain de chance d'avoir un adversaire de soixante-douze ans »*. Il ne voulait même pas évoquer NKM, *« Une Bobo éthérée, complètement hors-sol »*, Bertrand, *« L'assureur de province qui voulait se faire aussi gros que le bœuf, comme s'il en avait besoin »*, Lagarde, *« Je n'ai pas de temps à perdre avec un type qui représente cinq mille personnes »* ou Estrosi : *« Je l'aime bien, Christian, c'est un ami, mais il va finir par se faire mal à vouloir jouer avec le feu. »* Il était glaçant de cynisme et je me demandais, avec le recul, comment le scénario de cette primaire avait été possible.

C'était le pauvre Fillon qui subissait d'avantage ses foudres. *« Le traître »* avait essayé, disait-il, de le tuer *« à la déloyale »*, en faisant pression sur la Justice *via* l'Élysée. L'affaire du déjeuner avec Jean-Pierre Jouyet, où il avait, selon deux journalistes, demandé au secrétaire général du palais de *« taper vite »* avait laissé une trace indélébile.

– Pardonner, je ne sais pas faire, s'amusait Sarkozy. Je sais seulement faire semblant.

200 JOURS
AVANT L'ÉLECTION

François Fillon crut un moment avoir mal entendu.

Il s'était préparé durement pour cette émission, comme on répète un combat. Le débat entre les candidats de la « primaire pour l'alternance », comme ils s'étaient tous entendus pour la nommer, devait être un moment décisif de cette campagne. Il avait passé la semaine à Paris, suspendant tous ses déplacements, et s'était entraîné à répondre à toutes les questions. L'ancien Premier ministre avait potassé ses chiffres comme un aspirant à l'ENA, soucieux de faire bonne impression devant le jury. Il avait relu patiemment tous les pans de son programme, concocté minutieusement depuis 2012, et se savait incollable sur l'emploi, la compétitivité, l'éducation, le logement, la politique étrangère. Il avait passé des heures à se mesurer à ses fidèles, jouant le rôle de ses adversaires. Patrick Stéphanini, qui connaissait Juppé par cœur pour avoir été un pilier de la chiraquie, jouait le maire de Bordeaux, sûr de lui, dominateur, à la limite de l'arrogance. Le député de Haute-Savoie Lionel Tardy, apôtre de la transparence, jouait très bien Bruno Le Maire, insistant jusqu'à l'excès sur sa promesse de « *renouvellement* » de la classe politique et sur son côté « J'ai les mains propres et je suis bien le seul ». Valérie Pécresse était même venue prêter main forte, un soir, oubliant quelques heures ses habits de présidente de la région Île-de-France, pour jouer Nathalie Kosciusko-Morizet.

Cet affrontement fictif n'avait pas été des plus fructueux, Pécresse se laissait envahir par sa jalousie envers NKM, lui faisant débiter des idioties ; le jeu était amusant mais ne l'avait pas aidé un instant à préparer son débat. Jérôme Chartier, qui haïssait Sarkozy par-dessus tout, singeait l'ancien président de la République, ses excès, ses mensonges, ses approximations compensées par des coups de menton. Fillon s'était étonné de voir son lieutenant se venger ainsi. Il éprouvait une tendresse gênée pour Chartier, sans doute parce qu'il s'en voulait de ne jamais lui avoir offert le ministère tant de fois promis. Après chaque remaniement, sous l'ère Sarkozy, il avait téléphoné au député du Val-d'Oise, et lui assénait toujours la même sentence, empreinte de fausse contrition : « *Je n'ai rien pu faire Jérôme, Nicolas ne voulait pas faire entrer mes proches au gouvernement. Je n'ai pu sauver que Roselyne...* » Plusieurs fois, il s'était demandé pourquoi diable Chartier lui avait conservé sa fidélité. Il n'avait jamais trouvé la réponse.

Fillon était prêt, et il se savait le meilleur dans cette campagne. Il était le plus tenace, le plus déterminé, et surtout le seul capable de remettre le pays sur pieds, fût-ce au prix de réformes radicales, de sang et de larmes. Il se rêvait en Churchill français, et finirait par obtenir les résultats de Schröder en Allemagne.

Les Français étaient prêts, et c'est pour ça qu'ils le choisiraient face à Juppé, trop vieux, trop mou, trop à gauche ; face à Sarkozy, trop menteur, trop voyou, trop inconstant ; face à Le Maire, trop jeune, trop lisse, trop sage, et face à NKM, trop folle, trop centriste, trop bobo. Quand à Xavier Bertrand, Christian Estrosi et Jean-Christophe Lagarde, leurs défauts importaient peu : Fillon ne les avait jamais considérés comme des adversaires potentiels.

Il était prêt, mais il n'avait pas prévu cette question de David Pujadas, que le journaliste avait posée avec un œil mutin, comme s'il s'amusait de la surprise des candidats :

– Le journaliste Éric Zemmour a annoncé qu'il serait candidat à l'élection présidentielle. Les téléspectateurs connaissent bien ses positions. Même s'il a refusé de se soumettre aux règles de la « primaire pour l'alternance », il reste un candidat que l'on peut situer à droite, qui rencontre un certain succès auprès de votre électorat, et qui a trouvé un large public avec son dernier livre. Je n'ai qu'une seule question à vous poser : si vous gagnez cette primaire et que vous remportez l'élection présidentielle, pourriez-vous lui proposer un poste dans votre gouvernement ?

Fillon était surpris, mais surtout énervé. Que venait faire cette question idiote dans le débat ? On était sur le service public, à une heure de grande écoute, cette émission était sans doute le point culminant de cette campagne. Il avait tout prévu, sauf ça. Ce qui l'énervait le plus, c'était que Pujadas pose cette question à la fin du débat. À coup sûr, les observateurs ne retiendraient que ça. Pourtant, il était certain d'avoir dominé de la tête et des épaules ses concurrents. Depuis plusieurs mois, il observait que le vent avait tourné. Après deux ans de solitude, durant lesquels tous avaient douté, les sondages étaient repartis à la hausse. La presse avait cessé de raconter la même histoire ressassée depuis 2012, celle qui le dépeignait en taiseux veule et fourbe, lâché par les militants puis par les électeurs, tombé dans les oubliettes de la droite, un Balladur des années 2010. Il était enfin pris au sérieux, les journaux lui consacraient des doubles-pages favorables et s'intéressaient enfin à son programme. Il avait pu se concentrer à nouveau sur sa campagne et commençait même à sentir que sa solidité dans l'épreuve payait. Ce soir, sur tous les sujets, il avait fait montre de sa grande maîtrise des enjeux, fruit de son travail acharné. Sa stature en était sortie renforcée, et il se persuadait que les Français n'avaient pas oublié les cinq années où il avait été un Premier ministre discret, loyal et efficace. Que l'heure venue de mettre leur bulletin dans l'urne, ils ne l'oublieraient pas.

Heureusement, les autres candidats, à qui il restait beaucoup de temps de parole, devaient répondre à la question avant lui. Il pourrait réfléchir un peu et se caler sur leurs positions pour pousser son avantage. Il fronça les sourcils en écoutant Sarkozy se lancer.

Haussant les épaules, il offrit un regard de cocker battu. *Il fait ça quand il ment*, enragea Fillon.

– Ma foi, je suis un peu surpris par cette question, si vous me le permettez, monsieur Pujadas.

Fillon connaissait Sarkozy et savait que ce type n'était jamais surpris, encore moins décontenancé. Il s'était lassé de le voir faire semblant, jouer un rôle. De toute sa vie politique, il ne se souvenait pas d'avoir vu Sarkozy une seule fois se montrer sincère. Pire : il n'en pouvait plus de subir ce spectacle sans jamais rien dire. Il avait tout enduré, avait été traité de collaborateur, avait été rabaissé à un rang inférieur à Guéant ou Guaino dans le processus de décision. Au soir du 6 mai, Sarkozy avait osé laisser Patrick Buisson s'assoir, dans le Salon Murat où se tenait habituellement le Conseil des ministres, dans son fauteuil de Premier ministre ! L'ancien président avait ensuite lâché ses chiens à ses trousses, traquant ses déplacements privés en hélicoptère ou en avion, distillant dans la presse des anecdotes toujours dégradantes à son égard, moquant son physique, ses vêtements ou sa famille ! Tant de fois, il aurait voulu lui couper la parole, l'assommer de mots, lui dire qu'il ne le croyait pas, qu'il abhorrait ses mimiques, son phrasé, ses tics nerveux et son langage. Qu'il le méprisait, au fond. Il l'écouta répondre à Pujadas sans réprimer un sourire de dédain. Vraiment, ce type était nul, il ne convaincrait jamais personne avec sa réponse mi-figue mi-raisin. Sarkozy louvoya en affirmant qu'il s'était fixé pour but de rassembler une majorité de Français autour d'un projet pour le pays. Ce n'était pas le cas, selon lui, de Zemmour, en qui il voyait davantage un prophète du déclin qu'une personne susceptible d'emporter l'adhésion chez ses compatriotes.

– Mais s'il décidait de rejoindre ce rassemblement, je ne vois pas au nom de quoi je pourrais le lui interdire, nuançait-il.

Fillon n'y croyait pas : ce type osait ne pas répondre à la question, son numéro sur le rassemblement lui avait permis d'écouler sa minute quarante de temps de parole et Pujadas ne pouvait plus le relancer.

Il fut moins déçu par Juppé, qui ne laissa aucune place à l'ambiguïté :

– Je n'ai rien en commun avec ce monsieur Zemmour. Je l'écoute et je le lis parfois, et rien dans la pensée de ce polémiste, car c'est comme cela qu'il faut l'appeler, ne me semble correspondre aux attentes des Français, ni aux solutions pour sortir notre pays de la crise.

– Vous ne lui trouvez aucune qualité ?, relança Pujadas.

– Il a sans doute de grandes qualités mais je ne partage rien avec lui, ni les valeurs, ni le projet, ni le constat. Monsieur Zemmour n'aurait rien à faire dans mon gouvernement, ni dans aucun autre. Ce n'est en tout cas pas ce que je souhaite à mon pays.

La réponse était claire et bien faite, et Fillon trouva le coup parfaitement joué. Quitte à incarner l'antisarkozysme et la ligne gaucho-compatible de l'UMP, autant y aller franchement. Juppé s'attirerait à coup sûr les foudres de la droite du parti, mais ces gens-là le méprisaient déjà. Il fut en revanche déçu par Bruno Le Maire, qui éluda la question en insistant, une fois de plus, sur le « *renouveau* ». Zemmour occupait les plateaux de télévision depuis une dizaine d'année et son visage, connu des Français, n'était pas conforme, selon Le Maire, à l'exigence de rajeunissement de la classe politique. *« Un peu court »*, murmura Fillon. Les autres ne se montrèrent guère plus convaincants. Estrosi écoula son temps de parole en expliquant qu'il croyait au pouvoir de l'action en politique et que, en tant que maire de la sixième ville de France, il voulait s'entourer de personnalités rompues aux responsabilités locales, ce qui était *« loin d'être le cas de Zemmour »*. Bertrand parla habilement de ses *« visions communes »* avec Zemmour, sur certains aspects de la critique de l'Europe, mais leurs points d'accords, disait-il, s'arrêtaient à la sortie de l'euro prônée par Zemmour, et c'était un point *« non négociable »* de son programme.

NKM et Lagarde enfilèrent quant à eux les poncifs comme des perles, pour finalement renvoyer le polémiste dans le camp des infréquentables.

François Fillon les avait écoutés parler attentivement, guettant le moindre trébuchement, comme un fauve scrute sa proie. Il était resté si concentré qu'il en avait oublié de préparer sa réponse. Que dire ? Il se souvenait vaguement d'un sondage réalisé deux ans auparavant, au moment de la sortie du *Suicide français*. Confusément, des chiffres lui revenaient en tête : il se rappelait qu'une majorité des Français étaient hostiles à Zemmour, mais qu'à droite, ses positions étaient assez largement plébiscitées. Tous ses concurrents venaient de fermer la porte à son entrée au gouvernement. N'y avait-il pas un coup à jouer, en se démarquant ?

Sa conviction profonde était que la politique est une chose sérieuse, qui devait être laissée aux professionnels. Zemmour ne l'était pas, il n'était tenu par aucune exigence de responsabilité. Il pouvait dire ce qu'il voulait, amuser la galerie sur les plateaux télévisés, et vendre ses livres. Mais il en avait vendu plus de quatre cent mille, et il fallait faire attention. Il se souvenait aussi qu'en décembre 2014, quand le journaliste avait été viré *manu militari* de la chaîne iTélé, il avait, entre les lignes, défendu sa liberté d'expression en disant préférer un bon débat avec lui que l'uniformité intellectuelle. Ce tweet avait été le plus partagé de l'année.

De toute façon, la question de faire de lui un ministre ne se poserait jamais. Pour bien connaître Zemmour, il n'avait strictement aucune envie d'exercer des fonctions politiques. Il avait plusieurs fois goûté avec lui des échanges passionnés, et Zemmour n'avait d'intérêt que pour le débat d'idées, pas pour le cambouis. Mais il fallait veiller à doser sa réponse, à ne pas aller trop loin. Le jour où il avait légitimé le vote Front national au nom du fait que certains de ses candidats étaient « *moins sectaires* » que des socialistes, il avait dévissé dans les sondages. Et Zemmour, c'était le Front national. Il fallait trouver une formule sympathique pour lui, tout en se démarquant de ses prises de position. Subtil équilibre...

Il jeta un œil au cadran indiquant les temps de parole. Il ne lui restait que huit secondes, Pujadas lui donna la parole. Il bafouilla :

– Je, euh, je reste convaincu que la politique n'est pas une affaire de mise en scène ou d'affichage. Je n'aime pas les castings. Je refuse de rentrer dans ces considérations au seul motif qu'elles feraient plaisir à un petit milieu parisien. Les Français sont très éloignés de ce genre de...

Un gong retentit.

François Fillon s'arrêta net de parler, comme un bon élève, refusant de transgresser les règles. Il aurait voulu reprendre, trouver ce petit mot qui lui aurait permis d'aller plus loin que ses concurrents. Pour une fois, lui le taiseux, était frustré de ne pas parler plus longtemps. Il eut un passage à vide, quelques secondes, son esprit s'évada du plateau. Sa gorge le piquait, comme si les mots qu'il n'avait pas prononcés restaient coincés entre son œsophage et son palais. Pujadas avait déjà repris la parole, et rendait l'antenne. Fillon avait le ventre noué.

Les yeux vides, il serra la main à Sarkozy et n'eut même pas l'idée de crisper sa mâchoire, comme il le faisait depuis dix ans. Il vit dans le regard de Juppé une pointe de compassion, comme si son vieux rival partageait son désarroi. Il salua de manière tout aussi fugitive les autres candidats, et oublia d'embrasser NKM, lui tendant seulement une main molle. Aussitôt le plateau libre, sa conseillère en communication, Caroline Morard, lui sauta dessus pour le féliciter d'avoir été « *parfait* ». *Elle ne m'a jamais trouvé aucun défaut, de toute façon*, pensa-t-il. Jérôme Chartier vint le trouver et lui asséna une claque dans le dos, comme on félicite un joueur de foot. *Ce type s'est toujours trompé sur tout, y compris sur moi*. Saisi par une sourde colère, il songea, en se dirigeant vers la sortie des studios, que sa plus grande erreur était sans doute d'avoir passé sa vie à s'entourer de petites mains éprises de sa personne et dont aucune, jamais, n'avait osé le sermonner. Ce soir, il en avait la conviction, quelque chose de grave venait de se passer. Il fit quelques pas sans entendre les élucubrations de ses deux amis qui refaisaient le match. La cruelle vérité lui apparut soudain, et il comprit que l'élection venait de lui échapper.

179 JOURS
AVANT L'ÉLECTION

« *Prise d'otage dans le Nord, un patron séquestre une inspectrice du travail* ». La journaliste avait relu. Elle se redressa légèrement de son fauteuil et observa l'immense *open space* ; la rédaction semblait endormie, les halos bleutés des écrans soulignaient par taches des visages ternes. Elle revint à son ordinateur et écarquilla les yeux devant la dépêche AFP ornée de la mention « urgent » qui venait de tomber.

« *Un chef d'entreprise séquestre une inspectrice du travail depuis la fin d'après-midi dans une zone industrielle de la banlieue d'Arras. Selon* La Voix du Nord, *qui a pu contacter l'entreprise, une inspection était en cours dans les locaux d'une entreprise spécialisée dans le rayonnage et le mobilier industriel, quand le directeur général a cessé de répondre aux questions de l'inspectrice et l'a retenue de force dans ses locaux. Des salariés ont confirmé ces informations. Le personnel, le directeur général et l'inspectrice du travail sont encore dans les locaux, barricadés depuis le milieu de l'après-midi, rapporte* La Voix du Nord. »

Elle bondit et alla trouver son rédacteur en chef. Elle n'aimait pas ce sale con imbu de sa personne, sauf que l'occasion était trop belle. Il était déjà tard, mais en un peu plus de deux heures, elle pourrait se trouver sur les lieux. Et peut-être, avec de la chance, elle ferait son premier duplex pour les journaux du matin. Le rédacteur en chef était déjà en discussion avec le responsable du site Internet de BFM TV. « *C'est sans doute énorme, faut envoyer quelqu'un* ». Elle parvint difficilement à faire entendre sa petite voix et se proposa.

– T'as ton permis de conduire ? Prends une voiture, si tu roules pas trop comme une vieille, tu dois pouvoir y être en une heure et demie. Appelle quand t'es là-bas, on verra à ce moment-là.

Elle courut à son bureau, enfourna son iPad, son portable et de quoi écrire dans son sac. Un caméraman se tenait prêt devant l'ascenseur ; ils descendirent au parking. La 206 démarra en trombe et se faufila vers le périphérique parisien.

Depuis l'entrebâillement de la porte, il regardait fixement la jeune femme prostrée à l'autre bout de la pièce. Son style bohême et ses cheveux détachés ne l'empêchaient pas de respirer la méchanceté. Les sillons noirs sur ses joues indiquaient que les larmes avaient coulé. Elle lui inspirait presque de la pitié, et il décida d'aller lui proposer un thé. En allant vers le distributeur de boissons, il se repassa le film des événements. Quelle heure était-il ? Vingt-deux heures ? Tout le monde devrait être au courant. Il n'arrivait toujours pas à mesurer l'ampleur de son geste. C'était grave, mais quoi qu'il arrivât désormais, il était sûr de n'éprouver aucun regret.

Elle s'était présentée vers dix-sept heures au siège de l'entreprise, située dans une zone industrielle proche d'Arras, et avait demandé à parler au patron. Sa secrétaire l'avait fait monter à l'étage, gravissant le plus lentement possible les marches de l'escalier en bois posé au centre de l'atrium ; elle lui avait servi un café puis était allée prévenir le directeur général dans son bureau. « *Vu comme elle a prononcé le mot "patron"... Ça ne m'inspire pas confiance.* » *Pas l'inspection du travail, pas encore*, avait-il pensé. Son nez fin et sa petite taille lui donnaient de faux airs d'Alain Minc, les cheveux gris en moins. Avec son costume gris clair, sa chemise bleue à petits carreaux et ses lunettes sans monture, il était le type même du patron de PME français sans histoires, qui ne demandait rien à personne. Comme tous, il pataugeait dans la comptabilité et tentait de tenir ses délais, subissait la fiscalité, se rongeait les sangs. Il n'avait pu étouffer un rire de découragement quand la jeune femme avait annoncé l'« *inspection du travail.* » Trois fois en un an. L'administration ne finirait jamais de le harceler. Ils s'étaient installés dans la grande salle de réunion et il avait fait porter des rafraîchissements. Il le savait, ils en auraient pour plusieurs heures.

Elle devait être jolie, pensait-il, mais sa mâchoire anguleuse cassait la douceur de ses traits. Quel âge pouvait-elle avoir ? Moins de trente ans, c'était certain. Peut-être même vingt-cinq. La confrontation s'était installée, et il s'emporta au bout de vingt minutes. « *J'ai l'impression d'être un accusé dans un tribunal !* » Elle devait avoir l'habitude de ce genre de remontrances, elle sourit et l'invita à poursuivre. Il était chef d'entreprise et insistait sur le fait qu'il donnait avant tout un emploi à cent trente personnes de la région. Il passait sa vie à combattre une inflation de normes devenue délirante, luttait contre la concurrence déloyale de certains de ses adversaires sur le marché qui, eux, ne respectaient absolument pas les règles de sécurité. Il se démenait face à d'autres entreprises largement plus compétitives que lui parce qu'elles faisaient appel à des travailleurs étrangers, dont les salaires étaient deux fois moins chargés que ceux de ses salariés du Nord. Elle le coupa pour lui rappeler qu'une inspectrice du travail était seulement chargée de vérifier que les entreprises respectaient la loi. Que s'il n'avait rien à se reprocher, il n'avait rien à craindre. Et qu'il était temps de reprendre.

– Vous n'avez déclaré qu'un seul accident du travail, l'année dernière ?

Il eut un étouffement passager. Que voulait insinuer cette bécasse ? Et alors ? Elle trouvait ce chiffre trop faible. Avec cent trente ouvriers parqués dans un hangar, au contact d'outils et de machines potentiellement dangereux, il était matériellement impossible qu'il n'y ait eu qu'un seul blessé au cours de l'année.

– Vous savez très bien de quoi je parle. Nous allons vérifier tout ça.

Il ravala un juron. L'accusait-elle ? Il avait la réputation, auprès de ses employés, d'être un optimiste pour qui un problème appelait toujours une solution, mais à cet instant, son caractère patient se fissurait. Il enchaînait les ennuis et avait embauché une secrétaire à temps plein pour s'assurer que les clients payaient les factures, il perdait un temps fou sur des cas administratifs sans intérêt, et maintenant il devait traiter avec cette chieuse !

Elle voulait voir l'usine, observer les conditions de travail des employés. Ils sortirent du bâtiment principal, contournèrent un premier hangar et firent quelques pas sous la bruine pour se planter devant l'entrée de l'ancienne caserne, où était installée la principale chaîne de production.

– Que font vos salariés là-dedans ?

– Mais ils bossent, madame ! Ils soudent, ils assemblent, ils peignent ! Notre boulot c'est de fabriquer des rayonnages en métal et en acier, pour des particuliers et pour des entreprises, et ici, les gars les fabriquent !

Elle n'aimait pas ce ton. La situation pourrait empirer s'il continuait. Il lui proposa de laisser les clés et lui suggéra d'éteindre les lumières en partant. Elle pouvait aussi fermer l'usine, il rentrait chez lui. Il voulait la planter là. Cette gamine revenue de tout le saturait de questions, assumait de traquer la moindre faille dans sa gestion d'entreprise, au seul motif qu'il était « un patron ». Il dévisagea la jeune femme et songea qu'elle n'avait sûrement jamais travaillé. Que sa vie était une compilation de ces intrusions dans les entreprises. Qu'au sortir de ses études, elle avait commencé à martyriser des petits patrons comme lui.

Une seconde plus tard, il l'empoignait par le col de son manteau et l'attirait de force dans l'atelier. Une digue avait cédé en lui. Elle se mit à hurler, en se débattant vigoureusement. Il tremblait ; elle faillit bien lui échapper mais il la rattrapa par les cheveux. Quelques ouvriers, incrédules, levèrent les yeux de leur poste de travail. L'un d'eux eut la présence d'esprit de fermer la porte du hangar, ce qui se passait ici ne devait pas être vu. Un petit groupe se forma. Il avait demandé au doyen des ouvriers de lui apporter une blouse, des gants et un masque « *pour Madame l'inspectrice !* ». Il allait lui montrer ce qu'était un vrai travail. Elle avait fondu en larmes. Il retrouvait son calme et lui expliqua qu'elle allait passer par chaque poste, pour bien comprendre les conditions de travail de ses salariés, et se frotter à « *la vraie vie des vraies gens* ». Entouré d'une escouade d'ouvriers, il conduisit l'inspectrice vers la première machine, qui tordait les plaques de tôle pour leur donner des angles droits. La jeune femme tendit la main pour pousser l'acier sous la machine. Elle multiplia les gestes sur l'ensemble de la chaîne de montage, et acheva son parcours, au bout d'une heure, sur l'atelier de soudure, qui projetait des étincelles sur sa blouse. Il rassembla ses équipes et ordonna à l'inspectrice de quitter son bleu de travail.

– Au moins, madame aura fait quelque chose de sa journée.

– Et maintenant, qu'est-ce qu'on fait patron ?

Il dévisagea ses employés. Il n'en savait rien. Il se voulait rassurant. « *On va se battre* », dit-il. Mais il savait qu'il venait de faire la connerie de sa vie. Il devait se rendre à la police. Son geste ne serait pas vain ; il allait prévenir la presse. Il sortit de l'usine en poussant l'inspectrice devant lui. De retour dans la salle de réunion, il lui indiqua un siège sans lui adresser la parole. Il descendit fermer les portes à clé et décrocha son téléphone pour prévenir *La Voix du Nord*. On lui raccrocha au nez une première fois – apparemment son histoire ne tenait pas debout – mais il retenta sa chance et obtint de parler à un journaliste. « *Donc vous séquestrez une personne, et vous nous prévenez ?* », s'étonna d'abord le localier. La journée prenait un tour surréaliste.

Le journaliste comprit rapidement que l'info était bonne et fût sur les lieux en moins d'une demi-heure. Il trouva la grille close, mais quelques ouvriers lui racontèrent en détail la scène de la chaîne d'assemblage.

– Si les gens ne nous laissent pas travailler, on perd notre boulot. Après, il ne faut pas venir pleurer sur le chômage dans la région.

Le journaliste appela sa rédaction et dicta un court article qui fut aussitôt mis en ligne. L'article fit l'objet d'une dépêche AFP, la police rappliqua et en quelques instants, l'entreprise prit des allures de forteresse assiégée. Les journalistes locaux attendaient que quelque chose se passe. Les ouvriers tentèrent de déminer le terrain avec les policiers, expliquant que le geste de leur patron était symbolique.

La journaliste aperçut l'enseigne de l'usine, bâtisse de tôle blanche à flanc de nationale, le nom de l'entreprise peint en lettres orange géantes. Elle se gara à proximité, chercha le bon angle avec son caméraman et se posta devant la grille fermée, prête pour le duplex. L'inspectrice du travail sortit seule du bâtiment principal, emmitouflée dans une épaisse couverture. Les policiers la récupérèrent. La journaliste s'approcha. L'inspectrice, décomposée, bafouillait les mots « *fou* », « *violent* », le reste de ses phrases se noyait dans les sanglots. La journaliste comprit que ces images, les seules filmées sur place, feraient une superbe ouverture pour les journaux de 23 heures. Il ne lui restait que quelques minutes pour monter son sujet quand le patron sortit à son tour des locaux.

Il avançait lentement, avec calme. Il resta silencieux quand les policiers le plaquèrent au sol, sans ménagement, le visage dans les graviers. Quelques ouvriers protestèrent. Il ne se débattit pas non plus lorsqu'il fut traîné jusqu'à la voiture de police, stationnée à quelques mètres. Mais en voyant le micro et son logo BFM, il cria :

– Ce pays marche sur la tête ! Maintenant il faut tout faire péter !

Sarkozy avait remporté une victoire plus facile que prévue dans la primaire. Avec près de 40 % des voix au soir du 6 novembre, il avait été impossible, pour Alain Juppé, de rattraper son retard. L'opération était un semi-fiasco : seuls 1,5 million de sympathisants de la droite et du centre s'étaient déplacés pour voter et les Républicains rataient leur premier test démocratique à grande échelle. Estrosi et Bertrand avaient fait figure de bonnes surprises, le premier obtenant 4 % des voix, le second 7 %, à égalité avec François Fillon, mais la déception était venue de Le Maire. Avec 11 % des suffrages obtenus, il échouait à la troisième place et la droite manquait une belle occasion de renouveler ses dirigeants. Alain Juppé reprenait le flambeau des modérés face à Sarkozy, mais les bulletins de NKM, avec son faible score de 1 %, et du centriste Jean-Christophe Lagarde, avec ses 2 %, ne pouvaient suffire à inverser la tendance. Même en additionnant les voix lemairistes et fillonistes, il n'avait presque aucune chance de transformer ses 28 % en victoire.

La mort dans l'âme, nous avions vu se profiler le match retour de la présidentielle de 2012. Propulsé par son score de dictateur, Sarkozy se voyait déjà à l'Élysée et jurait à qui voulait l'entendre qu'il allait écraser Hollande. Marine Le Pen n'avait surpris personne en déclarant sa candidature. J'avais dû faire le déplacement à Lille, où la présidente de la Région Nord voulait relancer sa campagne, qui peinait dans les sondages. Je m'étonnais que le Front national dépense encore de l'argent pour un meeting à l'intérêt si relatif, et pris le temps de discuter avec quelques cadres. La conversation roulait et Florian Philippot, le seul frontiste vraiment civilisé avec qui je pouvais passer de bons moments, me parla de Zemmour.

– La seule question, c'est pour qui appellera-t-il à voter ?

Il avait raison ; les 6 ou 7 % que lui accordaient les enquêtes d'opinion ne deviendraient réels que s'il obtenait le graal des cinq cent signatures. Lorsque Léa Salamé lui posa la question, dans la matinale de France Inter, Zemmour trancha :

– Je voterai pour celui qui sera le plus proche de moi. Pour l'instant, aucun ne l'est. Alors je voterai pour moi.

Sa campagne s'enlisait et je le voyais devenir fébrile. Il ferraillait de plus en plus durement contre les maux du pays. Quelque chose avait changé en lui. Le Zemmour journaliste décapait dans ses analyses mais se gardait bien de donner des solutions. Le Zemmour politique pointait dans ses meetings les mesures qu'il supprimerait en arrivant au pouvoir, et la liste faisait peur, de la loi Gayssot à la loi Taubira en passant par le regroupement familial des étrangers… Il avait sillonné toutes les sous-préfectures et jouait son numéro aux aficionados venus le soutenir. Immigration, féminisation, islamisation ; son disque rayé tournait en boucle. La seule nouveauté était qu'en tant que candidat, il s'autorisait à attaquer frontalement ses concurrents.

Mon journal songeait à lui consacrer une prochaine couverture, avec un titre choisi entre « *La haine* » et « *La France rance* », mais je souhaitais traiter le sujet par le mépris, donc le silence. Pour pallier à ma réticence, le journal faisait appel à des intellectuels pour canarder cette campagne balbutiante. Dominique Sopo nous avait livré un texte limpide, dans lequel il vilipendait *« Zemmour, le zélateur d'une France qui n'existe plus »*. Bernard Henri-Lévy s'indignait régulièrement, dans ses différentes tribunes, de l'indulgence médiatique réservée au trublion. Mais c'est le PS qui menait, et plutôt bien, ce combat. Au risque de placer Zemmour au centre du jeu, les ténors socialistes en faisaient leur cible, leur jouet, l'objet de toutes leurs critiques. Jean-Christophe Cambadélis avait frappé le plus fort. Zemmour était, selon lui, *« le symptôme d'une France malade »*, qui avait *« honte d'elle-même »*, et chaque voix glissée pour lui dans une urne était *« une entaille aux idéaux républicains. »* La mobilisation avait tardé, mais elle était là.

Personne ne croyait alors à sa candidature. Nous savions qu'il peinait à obtenir ses signatures. Des sondages le créditaient à peine de 3 % des intentions de vote. Ses soutiens se faisaient discrets. Il ne remplissait guère ses salles et ses meetings étaient en tous points identiques aux séances de dédicaces qu'il organisait au moment de la sortie du *Suicide français*. Outre le baiser empoisonné de Le Pen, une polémique avait entaché son début de campagne poussif.

Zemmour sillonnait la France au gré des invitations lancées par des particuliers, qui s'occupaient de la logistique et des salles devant lesquelles il venait faire son show. L'information était sortie dans *Le Canard Enchaîné,* l'une de ces réunions avait été organisée par des cadres locaux du FN dans le Vaucluse. On l'avait alors accusé de rouler pour Marine Le Pen, et il s'en était maladroitement défendu. Mon rédacteur en chef m'avait sommé de sortir un scoop, une affaire, qui mettrait Zemmour à terre. Un compte en Suisse, une affaire de mœurs, un intellectuel de son camp qui lui vomirait dessus… J'avais mollement cherché pour finalement me concentrer sur les dissensions au sein de son camp. Zemmour venait d'enregistrer le renfort de sa vieille copine Isabelle Balkany. L'épouse du sulfureux maire de Levallois-Perret avait profité d'un non-lieu requis dans une des nombreuses affaires qui collait au couple pour médiatiser son geste, et j'avais obtenu sans difficulté un rendez-vous dans son bureau. Elle tirait de courtes bouffées sur ses cigarettes, qu'elle écrasait ensuite machinalement dans un grand cendrier. Un exemplaire dédicacé du *Suicide français* trônait au dernier étage de sa bibliothèque. Elle appelait Zemmour *« Mon Zébulon »*, avait une *« infinie tendresse pour lui »* et se disait *« attendrie par son physique de moineau maigrichon. »* Elle assumait une *« fibre de mère juive »* et s'engageait à ses côtés, disait-elle, pour le protéger. Ses propos cités dans mon papier firent le bonheur des sites d'info politiques ; elle encourageait Zemmour à ne pas devenir sectaire, et assurait ne rien devoir à Sarkozy dans sa carrière politique. Elle se souvenait du temps où, encore journaliste, Zemmour tapait « *là où ça faisait mal* » sur la droite et regrettait sa très faible organisation de campagne :

– Des idées, ça, on en a, mais il n'y a aucun réseau, pas d'appui logistique, presque pas d'équipe… C'est une catastrophe.

Elle enfonçait le clou en doutant de la capacité de Zemmour, « *très pudique* », à serrer des mains et à mener une campagne de terrain. Mais il y avait mieux.

J'avais réussi, avec ce papier, à gauchiser Zemmour. C'était triste à dire, mais en cassant la paroi idéologique uniforme de son discours, je lui causais plus de tort qu'en allant chercher de l'argent caché dans un paradis fiscal… Son amitié avec Isabelle Balkany avait survécu à plusieurs décennies, et ils continuaient à s'envoyer des SMS à longueur de journée. Et pourtant, ils n'avaient rien en commun. Elle se définissait comme une « *vieille soixante-huitarde attardée complètement débile* », le décrivait comme un misogyne qui la rendrait presque féministe, beaucoup moins libéral qu'elle de surcroît. Elle était favorable au mariage homosexuel, venait d'une famille richissime, adulait Cohn-Bendit. J'avais trouvé la faille et intitulais mon article « *La Bobo de Zemmour* ». J'aurais pu taper beaucoup plus fort si j'avais lu *Le Premier sexe*. Je m'étais contenté d'insister sur le contraste entre ce discours et quelques verbatim de Zemmour piochés sur YouTube, mais ce pamphlet consacré à la « féminisation de la société » allait beaucoup plus loin.

Les hommes voulaient devenir « *des femmes comme les autres* », ils s'épilaient, mettaient des crèmes, portaient des bijoux. Zemmour pleurait la fin du patriarcat et le triomphe des valeurs féminines. Le temps béni où les femmes restaient à la cuisine et n'avaient pas de chéquier lui manquait. L'ivg, les lois sur le harcèlement sexuel, la libération des femmes n'étaient à ses yeux qu'une mise à mort du vieux monde masculin, orchestrée par le capitalisme.

Comme je m'y attendais, Isabelle Balkany m'avait sermonné après parution. Son SMS se voulait cassant : *« Moi aussi, j'ai été journaliste et je regrette de voir notre profession se complaire dans le lynchage, le ramassage de poubelles et la recherche du buzz. »* Elle n'avait pas aimé *« l'instrumentalisation »* de son amitié avec Sarkozy, et jurait que leur histoire était affective, pas politique. Elle concluait mystérieusement : *« Vous n'avez rien compris à leur rivalité. Vous êtes passé à côté de l'essentiel. »*

138 JOURS
AVANT L'ÉLECTION

Il sourit en voyant les tableaux de Carla Bruni accrochés sur chaque pan de mur. *Quel gosse,* songea Zemmour, qui avait toujours moqué Sarkozy et son romantisme d'adolescent. Il se souvenait du jeune maire de Neuilly suspendu aux lèvres de

Marie-Dominique, sa première épouse. Puis du virevoltant ministre de l'Intérieur, consumé par le regard que posait sur lui Cécilia. Et enfin du président de la République transformé par le charme transalpin de sa chanteuse de femme. En poussant la porte rouge du 77, rue de Miromesnil, Zemmour s'attendait à trouver l'antre d'un chef d'État en exil. Aussi se pinça-t-il les lèvres en jetant un œil à la décoration du couloir desservant le bureau de Sarkozy et ceux des membres de son cabinet : Carla seule, Nicolas seul. Carla avec Nicolas, se tenant la main dans les jardins de l'Élysée, dos à l'objectif, comme courant vers la grille du coq pour échapper à la pesanteur du pouvoir... Il avait toujours trouvé Sarkozy puéril et à la merci de ses sentiments. Il avait vu ce fauve politique dérailler complètement parce que sa colère, son exaltation ou son amour l'aveuglait. Il était à la fois le visage de la défaite du politique et l'incarnation tragi-comique du mot qu'on prêtait à Mitterrand, « *Après moi, il n'y aura plus de grands présidents.* » Contrairement à ce qui était ressassé par les commentateurs, Sarkozy était l'anti Bonaparte ; chez lui, la passion l'emportait sur la raison et le sentiment sur le devoir. Mais c'était, selon Zemmour, ce qui faisait son charme.

La convocation était passée par une secrétaire qui l'avait joint sur son téléphone portable. Ils ne s'étaient pas revus en tête-à-tête depuis 2011. Du temps de l'Élysée, Sarkozy s'emportait régulièrement contre le chroniqueur-star de Ruquier qui lui taillait des costards sur mesure, alors qu'il était censé défendre la droite. Entendre Zemmour, chaque samedi soir, expliquer que Sarkozy faisait du Chirac, qui lui-même faisait du Mitterrand, le mettait hors de lui. Ce connard aidait à coup sûr des centaines de milliers d'électeurs de droite à franchir le pas vers Marine Le Pen, et il n'en avait franchement pas besoin. Il en avait touché un mot à Buisson, qui avait gardé le silence, trop heureux d'avoir un ami, parmi les commentateurs en vue, susceptible de pousser Sarkozy vers la droite.

Quand *Le Figaro* avait envisagé de le virer après la polémique sur la délinquance des « *Noirs et des Arabes* », il n'avait pas bougé le petit doigt. Il partageait le constat mais, débarrassé de lui, il pourrait souffler un peu. Lorsque son amie Isabelle Balkany lui avait téléphoné pour demander la grâce de son vieux pote, il avait gueulé dans le combiné : « *Tu m'emmerdes à faire la mère Theresa pour ton ami ! Il n'arrête pas de dire du mal de moi !* » Dix jours plus tard, Sarkozy avait rappelé : « *Tu diras à ton connard de copain que tu lui as sauvé la peau au* Figaro. » Sarkozy avait ensuite invité Zemmour deux fois à l'Élysée en 2011 avec le Corrézien Denis Tillinac, l'insaisissable Yann Moix, à l'initiative de l'ancien maire de Grenoble Alain Carignon.

Pour Sarkozy, Zemmour était une sorte de mauvais génie, mû par son seul pessimisme. Il préférerait son talent de débatteur à son aisance de plume. Il l'avait croisé un jour de 2014 où il sortait de l'interview politique de la matinale de RTL, et l'avait tancé devant les journalistes présents. *« Ben oui ! Il tape toujours sur tout le monde ! Il faut bien que quelqu'un le remette à sa place de temps en temps »*, avait enchaîné Sarkozy, quand Zemmour s'était éloigné. Il lui reprochait d'être dans l'incantation en permanence, de flatter les bas instincts du peuple, quand le travail du politique consiste à concilier l'aspiration populaire avec ce qui est réalisable.

Pour Zemmour, Sarkozy était un acteur magnifique, qui brassait l'air pour faire croire qu'il gouvernait encore quelque chose. « *Il voulait être un chef d'État, encore eût-il fallu qu'il fût un chef, et qu'il y eût un État* », avait dit de Gaulle au sujet d'Albert Lebrun. Des décennies plus tard, la même sentence s'appliquait à Sarkozy.

Il s'extrayait du fauteuil planté dans l'antichambre du bureau de Michel Gaudin quand Sarkozy surgit derrière lui, tendant une main ferme.

– Monsieur Zemmour, c'est trop d'honneur que vous me faites de venir jusqu'ici, vous êtes une star maintenant, et vous vous abaissez à visiter un modeste candidat, ironisa-t-il.

Le rire sonore de Zemmour fusa en réponse à la provocation. Il ne portait pas de cravate, et cela irritait l'ancien président. Buisson avait coutume de dire qu'un homme de droite se doit d'en avoir car « *la cravate, c'est la verticalité* », et il acquiesçait. Quand Hortefeux avait lâché, en bras de chemise dans un campus des jeunes de l'UMP, sa plaisanterie sur les Auvergnats, malheureuse allusion aux Arabes qui lui avait valu une condamnation, Sarkozy avait condamné : « *Si Brice avait porté une cravate, il n'aurait jamais dit une telle connerie.* » Il attira son hôte dans le vaste bureau où il partageait son temps avec la rue de Vaugirard.

– Alors j'ai appris que tu veux devenir président ?

Zemmour attarda son regard sur la pièce. Le mobilier design devait coûter une fortune, et la décoration attira son attention. Des œuvres africaines ornaient les murs et il se souvint de la passion tardive de Jacques Chirac pour ce qu'on avait appelé « arts premiers ». Le président tête de veau avait masqué son complexe culturel par un attrait soudain pour l'art africain, et y avait consacré un musée pour faire oublier ses penchants pour la bière et les combats de sumos. Il se demanda si son successeur n'avait pas, à son tour, trouvé un intérêt à ces décorations pour épater les amis artistes de Carla. Zemmour avait pris place dans un fauteuil crème, faisant face à l'ancien président, qui s'était enfoncé dans le canapé. Des chocolats étaient disposés sur la table basse. Sarkozy interrompit sa rêverie. Il moulinait des bras et parlait de plus en plus vite.

– Tu as dit pendant des mois que j'allais m'effondrer, et regarde ce qui s'est passé. Juppé, le gentil, le moderne, le centriste ? Explosé ! Vaporisé ! Pulvérisé ! Fillon, le bosseur, le besogneux ? Balayé ! Le Maire, le jeune, l'ambitieux, l'honnête homme de la droite ? Envolé ! Et toi, tu disais que j'allais me casser les dents sur la primaire...

– Je n'ai pas dit ça, se défendit Zemmour. J'ai dit que la primaire était une catastrophe pour la droite et pour les institutions...

Sarkozy sentait monter la tension. Depuis dix ans, Zemmour lui cognait dessus, l'accusait à longueur d'articles, d'émissions ou de livres de n'avoir aucune ligne politique. Faire ce reproche à l'homme du Kärcher, l'un des seuls à droite encore capable de comprendre les réactions du pays !

– Tu crois que j'ai eu besoin de lire ton livre pour savoir que la France n'a jamais été aussi à droite ?, le secoua-t-il.

Un instant, Zemmour crut être en face de la marionnette des *Guignols*. Ça ressemblait à du Sarkozy, mais c'était trop gros pour être vrai. Son hôte s'agitait sur le canapé, croisait et décroisait ses jambes, accompagnait ses mimiques de soubresauts de l'épaule... Il lui évoquait définitivement Gad Elmaleh, le type assis devant lui jouait Sarkozy pour faire oublier qu'il n'était plus Sarkozy. Le candidat des Républicains ne s'arrêtait pas.

– J'ai une méthode et un calendrier et je n'en bougerai pas. Pour mettre en œuvre mon artillerie, je dois attendre que mon aviation domine bien le ciel.

L'artillerie, c'était le programme présidentiel. L'aviation, c'était l'idéologie. Il attendait que les esprits soient mûrs, que les thèmes progressent dans l'esprit des gens. Quand ce travail serait fait, il sortirait ses propositions, qui colleraient directement à cette attente. Personne ne pourrait le déborder sur sa droite. Même Marine Le Pen pourrait se rhabiller. Il voulait enfoncer encore Zemmour, l'abreuver jusqu'à la noyade. Il était de bonne volonté mais il arrivait trop tard. Il y a deux ans, Sarkozy avait trouvé la solution : les Républicains. C'était son cheval de Troie, qui lui permettait d'aller aussi loin que possible sur l'islam, l'immigration, l'assistanat, sans que personne ne puisse l'accuser d'être antirépublicain ! *« Elle est pas belle la vie ? »*

Zemmour pensa au Sarkozy qu'il avait connu dans sa jeunesse. Avec le jeune député-maire de Neuilly, ils marchaient sur une artère donnant sur l'Assemblée nationale – c'était en 1992, se souvint-il –, quand ils apprirent que le gouvernement d'Édith Cresson battait un nouveau record d'impopularité. La perspective des législatives de 1993 ne laissait aucun doute : la droite allait revenir aux affaires. Et le jeune Nicolas Sarkozy, sous les yeux de Zemmour, s'était mis à sautiller sur le trottoir, livré à sa soif de pouvoir, répétant, comme en transe : *« Je vais être ministre ! Je vais être ministre ! »* Zemmour avait ri, et il riait presque aujourd'hui, en entendant Sarkozy répéter de la même manière qu'il allait *« redevenir président »*... Il se fichait pas mal de savoir si l'ancien de l'Élysée allait gagner cette élection. Il lui répéta qu'il s'était lancé dans cette campagne pour imposer des thèmes dans le débat. Que s'il collait à ses positions, il l'anéantirait. Que s'il se dérobait, il s'effondrerait.

– Tu vois, c'est ça le problème avec toi, s'emporta Sarkozy. Tu te fais plaisir, tu dis que tout est fichu, que tout échoue, que tout le monde est nul... Tu te permets de dire n'importe quoi, tu radicalises ton discours, pourvu que ça fasse plaisir aux gens. Si ça t'amuse, tant mieux, mais moi j'appelle ça de l'irresponsabilité...

Pour la première fois de leur discussion, Zemmour sentit du désarroi chez Sarkozy. Il avait vu cet homme au fond du trou comme au zénith. Il était présent dans la salle où le premier des balladuriens s'était fait huer par les chiraquiens après la présidentielle de 1995, et avait fait le voyage en avion jusqu'au meeting où il s'était fait acclamer par les mêmes militants, en 1997. Il avait passé de formidables déjeuners avec le couple Nicolas-Cécilia, avant de ramasser Sarkozy à la petite cuillère au moment du divorce. Il l'avait vu dans tous ses états et le trouvait, aujourd'hui, mal en point.

Ils n'avaient pas grand-chose d'autre à se dire. Sarkozy n'avait pas le logiciel pour le suivre sur le terrain des idées. Il était arc-bouté sur l'Europe, sur le métissage, sur la tolérance, et prenait ses incantations pour de la sorcellerie. Il était fondamentalement un fils de Giscard et de Chirac, de cette race de guerriers prêts à tout pour remporter des victoires mais ne reculant devant rien au moment de trahir leurs électeurs. Il se souvint de son aveu terrible à Denis Tillinac, en 1997, qu'il avait révélé dans un livre : « *Pour les convictions, j'ai jamais eu le temps.* »

Il eut le pressentiment que cette entrevue serait la dernière. Il était presque touché par Sarkozy, mais leur histoire fut faite de brouilles successives. La première d'entre elles avait été terrible. En 1999, à l'occasion des européennes, où il avait mordu la poussière face à la liste Pasqua-Séguin-Villiers, il avait consacré plusieurs pages du *Figaro* à un portrait croisé entre Bayrou et Sarkozy et, pour la première fois, avait évoqué les rapports complexes du maire de Neuilly avec l'argent. Depuis, plus rien n'avait été pareil. Il allait se lever pour prendre congé. À quoi servirait cet entretien ? Si Sarkozy avait voulu l'acheter, il s'y serait pris autrement. C'est le moment que choisit le candidat pour attaquer.

– Si c'est un ministère que tu veux, tu aurais pu me le demander directement, souffla-t-il. J'ai filé des postes à Fadela Amara et Martin Hirsch alors vas-y, il y a de la marge...

– Tu ne changeras jamais...

Il sauta de son fauteuil en attrapant un chocolat. Sarkozy le raccompagna jusqu'à la porte. En se glissant jusqu'au palier, Zemmour eut le temps d'apercevoir la silhouette de Michel Barnier dans la salle d'attente. L'ancien commissaire européen, figure de la droite modérée, venait visiter le maître du grand écart intellectuel. Sarkozy lui dirait à coup sûr tout ce qu'il rêvait d'entendre. Éternel recommencement… En quittant les lieux, Zemmour eut envie de provoquer Sarkozy. Il improvisa :

– Si je gagne, je te prendrai dans mon gouvernement.

– Va te faire foutre.

109 JOURS
AVANT L'ÉLECTION

Ce discours marquerait les esprits. Henri Guaino l'avait achevé tardivement, dans la bienveillante solitude de la nuit, et il avait senti en refermant son vieil ordinateur qu'il tenait là son chef-d'œuvre. Il tressaillait presque à l'idée d'imaginer Sarkozy donner corps et vie à sa prose, lui qui était si attentif à la forme – lui dont la vanité d'écrivain se nichait dans le plaisir des bonnes formules et des développements implacables. Toute la journée, il avait éprouvé ce sentiment de satisfaction, qu'un sourire difficilement contenu trahissait. Il avait rejoint un ami journaliste chez *Les Anges*, une brasserie du VIIe, et avait commencé son déjeuner par un *Americano*, son cocktail préféré. Il avait fait honneur à cette bonne table, avait arrosé son épaule d'agneau confite d'un Menetout, et poussé le vice jusqu'à déguster une crêpe Suzette, son péché mignon. Il avait disserté comme il l'aimait, testant discrètement quelques sentences de son discours sur son ami, eurosceptique comme lui, et avait été rassuré par ses réactions. Il avait poursuivi cet instant par une flânerie aux abords de l'Assemblée nationale, comme à chaque fois qu'il éprouvait la jouissance du devoir accompli.

Il était repassé à son bureau, avait salué, sur un ton pour une fois enjoué, son assistante, et s'était plongé dans la lecture du *Monde.* Il avait quelques heures devant lui pour préparer son intervention du soir, dans une de ses émissions favorites, sur France 2, l'une des rares où on avait le temps de parler, pensait-il. Il dédaigna un café servi trop tiède, ouvrit du courrier administratif dont la seule vue lui causait de l'urticaire et dont l'existence justifiait celle des secrétaires. Il se reposa sur le dossier de son fauteuil et récita son discours, qu'il connaissait par cœur, en fermant les yeux.

Il avait rêvé d'écrire ces mots, et de les entendre un jour prononcés. Il s'était engagé en politique avec le dessein d'inscrire ses pas dans ceux du général de Gaulle, avait construit sa carrière politique dans le sillage de Philippe Séguin. Sa grande aventure, c'était Maastricht, en 1992, et cette campagne héroïque où quelques mousquetaires avaient convaincu 49 % de Français que la marche inexorable de la pensée unique pouvait être stoppée. Leurs douze millions de voix n'avaient pas suffi, mais quelque chose était né. Le peuple s'était rebellé, si bien que treize ans plus tard, les élites eurobéates avaient mordu la poussière. Son engagement auprès de Sarkozy, dès 2006, avait consacré cette victoire politique. La campagne de 2007 aussi, quand Sarkozy avait réconcilié la France du oui avec celle du non, sans piétiner les eurosceptiques. Puis il y avait eu le traité de Lisbonne, et cette ratification à la va-vite d'un accord « simplifié » qui ne simplifiait rien, mais qui aggravait le fossé entre les élites et le peuple. Il avait eu du mal à encaisser, mais s'était relevé : mieux valait-il se battre à l'intérieur que se perdre en de vaines incantations. Plusieurs fois, il s'était félicité d'avoir gardé son poste à l'Élysée, notamment quand, en 2008, ce fou de Sarkozy avait voulu supprimer l'article 16 de la Constitution permettant au président de décréter l'état d'urgence. À tous ceux qui lui rabâchaient l'argument de Balladur, auteur de cette proposition stupide au titre de sa commission sur la réforme des institutions – *« l'article 16 ne sert à rien »* –, il rétorquait que l'état d'urgence avait été créé justement pour ne jamais servir, et que ce n'était pas une raison pour lui faire la peau. Il avait regretté le traité budgétaire européen, un pur produit de technocrate, négocié entre Sarkozy et Merkel en 2011, mais n'avait pu faire autrement que de voter en sa faveur, en tant que député. De cette période élyséenne, finalement, il n'était pas fier de tout mais ne reniait rien, question de cohérence. Ni les écrits, ni les actes – encore moins son bureau, le plus prestigieux de la République, le plus grand de l'Élysée, occupé avant lui par Giscard. Son salaire de l'époque non plus, d'ailleurs. Depuis, il fulminait quotidiennement contre ses minables émoluments de député, l'interdiction faite aux parlementaires de gagner honnêtement leur vie en exerçant d'autres fonctions, et les malheureux vingt mètres carrés ou il était confiné avec son assistante, une mince cloison de contreplaqué pour seule délimitation de son espace vital.

Henri Guaino était de ces politiques pour qui les réussites comptent moins que les échecs, pourvu que les batailles soient belles et bien livrées. Il avait lutté avec Sarkozy, en 2012, puis il y avait eu la défaite, la douleur, et puis l'opposition. Le jour de la passation de pouvoir, il n'avait pu rester dans la cour d'honneur de l'Élysée. Il ne voulait pas voir Sarkozy quitter le palais présidentiel. Trop de souvenirs s'entrechoquaient dans son esprit, il avait presque pris la fuite et s'était évanoui dans Paris. Il n'avait pas pu retenir ses larmes.

Depuis 2012, il sombrait dans le désespoir. Son parti politique empli de cons et d'arrogants le rebutait. Il y était seul, profondément seul, définitivement seul. Dans sa retraite dorée, Sarkozy le décevait infiniment. Tout ce qu'il faisait, tout ce qu'il disait, tout ce qu'il pensait, portait le sceau de la trahison de leur histoire commune. Il avait cru, un moment, que Sarkozy serait le dernier président gaullien, et il n'en était rien. Sous la Ve République, finalement, seuls de Gaulle et Pompidou méritaient d'être sauvés... Il en souffrait tellement qu'il avait même essayé d'empêcher le retour de Sarkozy. Durant l'été 2014, alors que le vrai-faux retraité de la politique française s'apprêtait à annoncer son *come-back* en fanfare, il avait tenté de monter une coalition hétéroclite pour gagner la présidence de l'UMP à sa place. Avec Rachida Dati, Laurent Wauquiez et Guillaume Peltier, ils voulaient marginaliser l'aile centriste de l'UMP, et souhaitaient briguer ensemble, la tête du parti. Sarkozy avait même donné sa bénédiction à ces mousquetaires, pensant que leur victoire n'empêcherait jamais son retour et que leur défaite ne le gênerait pas. Wauquiez avait fait planter l'affaire, et ils avaient assisté, impuissants, au retour, puis à la descente aux enfers de ce président qui n'en était pas un, qui disait tout, son contraire et surtout n'importe quoi sur l'Europe, l'immigration, l'identité, tournant à plein régime dans le vide. Les mois avaient été longs, mais Henri Guaino apercevait un mince rai de lumière à l'horizon. Sarkozy avait recommencé à lui demander conseil, et l'écoutait enfin. Il avait bien caressé l'idée d'être candidat à la présidentielle, un jour, mais l'histoire était faite de circonstances, et elles ne s'étaient pas présentées.

Dans le taxi qui l'emmenait au studio, Henri Guaino ressassait les formules de son discours. « *Nos élites ont créé un monstre. L'Europe, qui était un si bel idéal, l'idéal de grands hommes, est devenue le cauchemar de nos concitoyens. Nous avons laissé une poignée d'idéologues déconnectés rendre insupportable l'idée d'Europe. Si elle veut survivre, l'Europe doit accepter de mourir.* »

Quand Sarkozy interprèterait ses mots, les choses rentreraient enfin dans l'ordre. Les fédéralistes de l'UMP mangeraient leur chapeau, il deviendrait le héros des souverainistes, et Juppé ferait peut-être, cerise sur le gâteau, une crise cardiaque. Après tout, si son rôle était d'aiguiller cette bête de campagne sur les chemins de la vertu, Guaino acceptait de l'assumer.

Nicolas Sarkozy devait prononcer son discours devant les parlementaires européens, réunis en session extraordinaire à Bruxelles pour un sommet sur l'avenir de l'Europe. La poussée des populistes aux élections européennes, l'explosion sociale dans tous les États membres et les menaces sur l'euro avaient conduit Martin Schultz, le président du parlement, à convier les démocrates de tous bords pour plancher sur une question naïvement posée : « Réinventer l'Europe de demain ». Quand il avait vu ça, Guaino s'était étranglé. Fallait-il que l'eurocratie soit devenue folle pour en arriver à ce genre de massacre langagier ? Il avait glissé dans le discours cette pique à l'égard de Schultz, qu'il méprisait au plus haut point : *« Soit on invente l'Europe de demain, soit on réinvente l'Europe, mais on ne peut pas faire les deux à la fois. Pour ma part, et cette conception est largement partagée par mes compatriotes français, je crois qu'il nous faut faire table rase de cette Europe pour restaurer la souveraineté des États-nations. »* Sarkozy devait prendre la parole vers 19 heures, et son discours durerait un peu moins d'une heure. Le journal de 20 heures en reprendrait de larges extraits. Ce texte jailli de sa plume aurait l'effet d'une bombe. Il rebattrait les cartes pour longtemps. Le débat devait commencer après le journal. Guaino aurait son triomphe.

Il avait ses petites habitudes dans les studios de France 2. D'humeur guillerette, presque badin, Guaino passa saluer Cambadélis, Philippot – il rit en imaginant la tête que ferait le vice-président du FN en entendant Sarkozy lui voler son rôle de pourfendeur de l'Europe –, et même François Bayrou eut droit à un sourire. Il s'isola dans sa loge et répéta encore quelques passages : « *L'Europe de demain, ce n'est pas une élite devenue folle qui s'impose aux peuples, ce ne sont pas les dérives d'un marché qui affame les citoyens, ce n'est pas cet idéal de paix dévoyé qui s'apprête à embraser les États...* » Il eut la même émotion qu'à chaque fois en entrant sur ce grand plateau, mélange d'adrénaline et d'excitation qui lui donnait l'envie de dompter ses adversaires. Il prit place sur son siège et ne remarqua pas la mine insolente de Philippot qui le toisait ouvertement.

– C'est un discours très surprenant que Nicolas Sarkozy vient de prononcer, monsieur Guaino, s'étonna David Pujadas, qui potassait ses fiches avant de prendre l'antenne. Il y a vraiment des mots très forts qui ont été prononcés, on va en entendre parler pendant longtemps.

Guaino versait presque dans l'euphorie. Si Pujadas lui-même devenait eurosceptique, alors la partie était gagnée ! Le décompte se fit entendre, le silence s'installa sur le plateau, rapidement brisé par la musique du générique. L'animateur annonça un débat exceptionnel sur l'Union européenne et présenta son sujet, annonçant dans le même temps les invités. Le journaliste lança un reportage introductif qui, disait-il, devait revenir sur le discours prononcé aujourd'hui par Nicolas Sarkozy, une véritable *« déclaration d'amour à l'Europe »*. Guaino réalisa qu'il n'avait toujours pas vu les images de Sarkozy à Bruxelles.

Il fixa l'écran et vit la silhouette de l'ancien président s'avancer vers le pupitre. Il se souvenait exactement de la première phrase de son discours : *« Je ne suis pas venu vous parler de l'Europe, je suis venu vous dire ce que nous, Français, pensons de cette Union européenne qui a détruit l'idéal européen. »*

Sarkozy marqua un silence avant de commencer :

– *Je ne suis pas venu vous parler de l'Union européenne, je suis venu vous parler de l'Europe, ce si bel idéal, que des hommes qui étaient à la croisée des chemins de l'histoire, je veux parler de Jean Monet, de Robert Schumann et de tant d'autres, ont porté avec leur cœur pour apporter la paix à notre si beau continent.*

Guaino élargit les yeux et sentit le sang battre ses tempes. Sarkozy poursuivit :

– *Je veux dire à nos partenaires que rien ni personne, jamais, ne fera dévier la France de sa mission dans la construction de cette Europe de la paix et de la prospérité. Même si les temps sont parfois durs, même si la mer est grosse, nous devons garder à l'esprit cette exigence fondamentale : nous devons poursuivre ce rêve européen, nous devons léguer l'Europe en héritage aux générations futures.*

Guaino crut s'évanouir. Il ignorait que, dans l'après-midi, Sarkozy avait soumis son discours à l'avis de quelques proches.

Dans son escorte pour Bruxelles, en plus de ses collaborateurs Éric Schahl, Hugues Anselin et Véronique Waché, et du photographe Sébastien Valente, il avait convié le jeune Fabien Raynaud, son ancien conseiller aux affaires européennes à l'Élysée, européiste convaincu, et son ancien « sherpa » Jean-David Lévitte. Dans le Thalys, Sarkozy avait posé devant leur tablette le discours de Guaino.

– Relisez ça et dites-moi ce que vous en pensez, s'il n'y a pas d'impair.

Dix minutes plus tard, les conseillers avaient interrompu sans ménagement la conversation de l'ancien président.

– On ne peut pas laisser passer ça en l'état, avait paniqué Lévitte. C'est du Marine Le Pen dans le texte ! Ou du Nigel Farage, comme vous voulez, mais sincèrement, même un type comme Dupont-Aignan aurait pu le signer !

Sarkozy avait grommelé, serré les dents, avant de rétorquer d'une voix sèche :

– Remettez-moi tout ça en forme si vous voulez, mais je ne veux pas de problème avec Henri. Faites gaffe, essayez de conserver autant que possible l'esprit.

Fabien Raynaud avait réquisitionné l'ordinateur de la conseillère presse et s'était isolé au fond de la rame. Une heure et demie lui avait suffi pour sauver ce qui pouvait l'être. Il avait simplement biffé les passages indéfendables, nuancé certaines idées, adouci toutes les formules. On évitait le pire, personne ne trouverait matière à critiquer le président avec cette nouvelle version. Lévitte était repassé derrière, supprimant encore certains passages, et avait validé. Sarkozy ne l'avait pas relu.

Sur le plateau de France 2, Guaino découvrait le torpillage orchestré contre son texte. Était-ce prémédité ? Improvisé ? Il croisa le regard de Philippot et comprit à son air satisfait que le jeune loup du Front national allait lui faire la peau sans tarder. L'épisode rouvrait une vieille cicatrice. En 2008, alors conseiller spécial du président, il avait accompagné Sarkozy et l'équipe élyséenne à Washington. Son discours sur « l'Amérique que nous aimons », qui osait admonester les États-Unis sur leur propre sol, devait ouvrir une nouvelle ère dans la diplomatie franco-américaine. Il avait peiné à accoucher de son texte et son retard l'avait conduit à emprunter, seul, un aéronef de secours de la présidence de la République. Dans l'avion présidentiel, Lévitte avait profité de son absence pour revoir et modifier le texte. Dans l'hôtel où séjournait la délégation française, Guaino s'était aperçu de la manipulation et des cochonneries injectées dans son discours par cette pourriture. Il avait explosé et menacé de quitter Washington. Sarkozy s'était excusé et avait juré qu'aucune modification n'était possible, que la dernière version était imprimée et déjà envoyée aux députés, ce qui était faux. Quand Guaino réalisa qu'il avait été dupé, il prit un taxi pour l'aéroport et jura qu'il se vengerait. Il dut rebrousser chemin, aucun vol n'était libre pour le ramener à Paris, et il dut endurer un discours émasculé le lendemain, dans lequel Sarkozy citait Elvis Presley et se mettait à plat ventre devant « l'ami américain ».

Ce souvenir douloureux le fit basculer. Sa vue se brouillait, la rage l'envahissait, il aurait voulu crier, hurler, expulser toute cette frustration. Il vit David Pujadas s'adresser à lui mais ne parvint pas à entendre sa voix. Il perdait le contrôle de ses nerfs et sentait que l'heure de la rupture venait de sonner. Combien de personnes le regardaient-elles ? Un, deux ou trois millions ? Peu importe. Il fallait franchir le Rubicon.

– Le discours que vous venez d'entendre est le parfait exemple de ce charabia technocratique qui a dégoûté le peuple français de l'Europe, décocha-t-il. Une infâme bouillie politiquement correcte où l'on ne dit rien, où l'on ne fait rien, où l'on accepte ce principe suicidaire d'une construction monstrueuse qui nous conduit tout droit à une guerre civile, après nous avoir entraînés dans la misère.

Il avait prononcé les mots lentement, en les découpant bien, comme s'il voulait être certain d'être entendu. Il ne vit pas les visages de Bayrou, Cambadélis et Philippot se décomposer. Devant eux, l'un des plus emblématiques sarkozystes était en train d'assassiner l'ancien président en direct. Stupéfait, Pujadas ne pensa même pas à le relancer. Au bout d'une minute de tirade, ivre de colère, Guaino quitta son siège et se dirigea vers la sortie. Durant quelques secondes, sur le plateau, le silence régna.

Il avait attrapé son manteau au vol ; il voulait regagner son domicile au plus vite. Dans un état second, comme en transe, il se sentait consumé par un désir de brutalité. Surtout, ne pas retrouver la raison. Il voulait garder intact ce sentiment d'humiliation pour, cette fois, ne pas pardonner. Ses mains tremblaient, il voulait agir vite. La colère avait toujours été sa meilleure conseillère. Il sortit de sa poche intérieure son téléphone et laissa glisser son doigt jusqu'à la lettre Z de son répertoire.

Les attentats de décembre avaient plongé la France dans un engourdissement trompeur. Aucun sursaut massif et populaire n'était venu s'opposer à la barbarie des fanatiques religieux qui avaient traumatisé le pays. Je m'étais interrogé sur cette passivité ; cette fois, seuls des anonymes avaient été touchés par les rafales de kalachnikov dans cette rame du métro parisien. Les vingt-neuf victimes et la sauvagerie du mode opératoire auraient pu engendrer une réaction proportionnée, mais les Français apparaissaient résignés.

Évidemment, la tentation de l'amalgame entre terroristes et musulmans tiraillait la frange la plus radicale de l'électorat, mais personne ne tentait de tirer parti de ce tragique évènement. Seul Zemmour s'y employait de manière indécente. Il attribuait le crime à la *« racaille de banlieue »* et faisait un lien entre immigration, délinquance et radicalisation. Il avait dû répondre de ses propos devant un tribunal qui l'avait sévèrement sanctionné, mais la punition n'avait porté que sur une partie de sa phrase. En réalité, ce qu'il disait était bien plus odieux. Selon lui, le terrorisme était consubstantiel à une partie de l'islam, et cette religion était incompatible avec la France. Il arguait que la vision littéraliste du Coran commandait de faire le djihad, et que le salafisme, qui défendait cette interprétation, devenait peu à peu majoritaire en France, dans les cités, dans les caves, dans les barres HLM. Il entendait ainsi briser un consensus national : de Marine Le Pen à Jean-Luc Mélenchon, de François Hollande à Nicolas Sarkozy, tous admettaient que l'immense majorité des Français musulmans souffrait de l'islamophobie consécutive aux attentats. « *Ces braves musulmans ne sont plus des musulmans* », répondait-il, ajoutant qu'aux yeux des terroristes, ils étaient des traîtres qui s'étaient soumis à la loi des mécréants. Avec ce genre de déclaration, on allait tout droit à la guerre civile.

La virulence de ses analyses sur l'islam n'était pas neuve. En parcourant *Petit frère,* son dernier roman, j'avais compris que pour Zemmour, la cohabitation entre les cultures ne pouvait s'achever que dans le sang. Que le métissage était une chimère, que le vivre-ensemble était une imposture. Il avait instrumentalisé un fait divers de la fin des années 2000. Un jeune DJ juif avait été tué par son ami d'enfance, un jeune Arabe, qui lui avait massacré le visage avec une fourchette pour une poignée de billets. Il semblait jouir en décrivant le meurtre, laissait traîner sur plusieurs pages la vision du sang et des viscères, décrivant la folie de l'assassin. Son roman se voulait une dissection des années SOS Racisme, et la phrase de Finkielkraut narguait le lecteur en exergue : « *L'antiracisme est le communisme du XXIe siècle.* » On suivait les deux héros de ce drame depuis leur prime jeunesse. Le Juif s'assimilait, travaillait à l'école, brillait, réussissait, gagnait de l'argent, mourait. L'Arabe se communautarisait, devenait un cancre, chutait, fréquentait les mosquées salafistes, tuait. C'était manichéen, mais d'une étonnante acuité. Zemmour avait compris que les jeunes femmes musulmanes, elles, réussissaient leur intégration. Il décrivait le regard cynique et profiteur porté par un homme politique sur l'antiracisme militant. Il dressait un tableau implacable de la situation des banlieues, sommées de choisir entre la fierté et la soumission, entre les traditions et l'assimilation, entre l'islam et la République. Il était xénophobe, islamophobe et racialiste, mais il savait de quoi il parlait. Il avait lu le Coran, enquêté dans les cités, fréquenté les penseurs les plus radicaux de l'islam. Il visait juste, voilà le problème.

Son équipe s'était organisée pour médiatiser les arrivées d'Henri Guaino et de Marion Maréchal-Le Pen. Le coup était bien joué, quoique amené avec de grosses ficelles. Les deux frondeurs des Républicains et du FN s'étaient affichés ensemble sur la couverture de *Valeurs actuelles*, et le titre ne respirait pas la subtilité : *« Ils veulent sauver la France : exclusif, Henri Guaino et Marion Maréchal-Le Pen rejoignent Éric Zemmour. »* Le tableau était parfait, l'union des droites chère au journal s'incarnait à la une, et Zemmour devenait presque leur candidat officiel. Le choix de *Valeurs actuelles* pour annoncer ce tournant de la campagne n'était pas anodin. Le magazine était coutumier des titres racoleurs. Ses patrons surfaient sur un succès factice, et radicalisaient leur ton au gré des ventes qui ne cessaient d'augmenter. La presse tombait systématiquement dans le panneau, reprenant leurs couvertures les plus *hardcore* pour en faire des scandales. Eux vendaient, et se frottaient les mains. Leur succès n'était que relatif, mais disait beaucoup d'une époque où le concept de modération était devenu une incongruité.

L'ancienne plume de Sarkozy ferraillait contre son ancien camp, qu'il accusait d'« *abandon de l'idéal gaullien* ». Le candidat de la droite n'était pas digne, selon lui, de représenter la France, et galvaudait l'héritage de ses pères fondateurs. Il rejoignait Zemmour dans un acte désespéré, et, insistait-il, désintéressé, pour « *enfin mettre des convictions sur la table* ». « *Je veux dire aux Français quel est le choix qui s'offre à eux dans cette campagne, et le boulet du parti, la pensée unique et l'impératif de cohésion d'une équipe de campagne m'en empêchaient.* » Il se disait enfin libre, et traînait sa vindicte sur les plateaux de télévision, dans la presse, sur les ondes. Les médias se délectaient des coups de sang de ce poète égaré en politique. Il semblait vivre une seconde jeunesse, et sillonna très rapidement le territoire pour abreuver ses auditoires de références à Malraux, Jaurès, Blum, de Gaulle, Camus...

La nièce de Marine Le Pen avait quant à elle claqué la porte du Front national, et s'apprêtait, selon certaines sources, à annoncer son retrait de la vie politique. La rumeur voulait que le motif du divorce soit le soutien de l'ancien ministre Frédéric Mitterrand à sa tante. J'avais sauté sur l'occasion pour révéler l'information, mais Mitterrand démentait formellement un quelconque ralliement, tout juste confessait-il avoir déjeuné avec la présidente du FN. L'extrême droite avait cette capacité folle à rêver d'attirer des personnalités dans ses filets, pour toujours faire chou blanc... Marion Maréchal-Le Pen avait été rattrapée au col par Patrick Buisson. Ils ne se connaissaient pas, mais une rencontre avait failli se monter à l'époque où elle tentait de ravir la tête de la région PACA. Elle eut finalement lieu, deux ans plus tard, dans un endroit discret. L'ancien journaliste trouvait mille qualités à la jeune députée et lui prédisait un grand avenir. Intriguée par l'aura de ce conseiller mystérieux, elle avait accepté de prêter main forte dans la campagne. Elle amenait dans sa besace des dizaines d'élus locaux frontistes, en sécession avec le parti. J'avais consacré un papier à cette nouvelle organisation de campagne, encore branlante, mais de plus en plus efficace. Les anciens du FN collaient, tractaient, et alimentaient les réseaux sociaux. Ils apportaient à l'équipe de Zemmour ce maillage du terrain qui lui faisait tant défaut.

J'étais certain que la mécanique finirait par s'enrayer. Zemmour avait déjà frôlé la sortie de route avec l'affaire d'Avignon. Le viol et le meurtre d'un petit garçon par un récidiviste avaient enflammé le pays. À moins de quatre mois du scrutin, la classe politique avait unanimement condamné l'horreur, et une marche blanche avait été organisée dans la cité des Papes, à laquelle François Hollande s'était joint. Le temps du deuil avait été rompu par Zemmour. Dans un meeting, le lendemain, il avait dressé devant ses fidèles le pedigree du meurtrier : africain, condamné en 2010 pour des faits similaires, il avait été extradé dans son pays et était revenu clandestinement. Zemmour en profitait pour accabler à la fois la politique pénale « *laxiste* », forcément, de Christiane Taubira, et l'absence de frontières, autant dans l'espace Schengen qu'aux confins du vieux continent. L'enregistrement était paru dans la soirée sur le site de *Médiapart*. Zemmour se lâchait et terminait, sous les applaudissements, en assurant que « *pour ce genre de types, la question de la peine de mort ne devrait même pas nous choquer.* » Les journaux avaient titré sur ce dérapage, et Zemmour s'était abstenu, pour quelques heures, de commenter la polémique. J'avais appris la suite des semaines plus tard.

Dans une réunion houleuse, où Henri Guaino avait menacé de faire capoter la campagne si le rétablissement de la peine de mort entrait dans le programme, Patrick Buisson avait exhibé un sondage de 2015 affirmant que 50 % des Français y étaient favorables. « *Un Français sur deux !*, avait-il argumenté. *Et ils ont enfin le candidat qui propose ça !* » Zemmour avait affirmé qu'il souhaiterait, à titre personnel, un débat national sur le sujet, suivi d'un référendum.

Il avait tourné la page de cette séquence en présentant son projet présidentiel. Il dégaina sa mesure phare pour lutter contre l'immigration. S'il l'emportait, les Français seraient consultés sur la suppression du droit du sol, la suspension des accords de Schengen, la fin du droit d'asile et celle du regroupement familial, ainsi que sur la révision des critères d'attribution des prestations sociales. Le reste du programme était à l'avenant. La France dénoncerait les traités européens pour se soustraire à la tutelle de la Cour de justice de l'Union européenne et de la Cour européenne des droits de l'homme, et cesserait de transposer automatiquement les dispositions législatives votées par le Parlement européen. Zemmour ne créait rien, il supprimait. Et le pire, c'est que ça marchait ; les sondages le rapprochaient de la barre des 10 %. Il commençait à être craint.

91 JOURS
AVANT L'ÉLECTION

Il avait remonté la petite rue calme jusqu'à l'adresse indiquée par SMS. Marine Le Pen avait convié Zemmour à la dernière minute, lui indiquant que leur rencontre était « *impérative* ». En observant ces petits pavillons de la Celle-Saint-Cloud, le journaliste se dit qu'il fallait être fou pour quitter Montretout et la dépendance aménagée en loft qu'elle occupait dans le jardin du manoir de son père. Ses deux officiers de sécurité saluèrent leurs collègues, installés dans leur voiture devant le domicile de la présidente. Il poussa le portail vert et longea une haie de plantes. La discrète maison blanche lui faisait face, il emprunta l'escalier extérieur pour pénétrer les lieux.

– Et voilà l'homme qui veut me faire perdre la présidentielle, l'accueillit Marine Le Pen sur le perron.

Zemmour distingua, dans son dos, la carrure de rugbyman de Louis Aliot, son compagnon, et la silhouette d'Aymeric Chauprade, son conseiller pour les questions internationales, discret facilitateur de ses entrevues avec Poutine. Il embrassa la présidente du FN et imita ses pas vers la terrasse où les deux compères, surplombant un vaste jardin, sirotaient un verre de vin blanc. Fatigué, éreinté par ses déplacements de campagne, il refusa celui que lui tendait Marine Le Pen. Il pensait à la jeune femme qu'il avait rencontrée à la fin des années 90. Permanente du Front national au sein de la cellule juridique, Marine honorait sa réputation de fêtarde et devisait avec les journalistes qui suivaient son père. Zemmour l'avait bien connue, et se rappelait sa souffrance au moment de la séparation d'avec Bruno Mégret. Le jeune journaliste avait été sommé par son patron au *Figaro*, Frantz-Olivier Giesbert, de s'occuper du FN. Il gardait le souvenir d'une guerre d'ego dévastatrice, aux conséquences picrocholines, soldées par la présidentielle de 2002, bâton de maréchal de Jean-Marie Le Pen.

Dans le psychodrame qui avait précédé la rupture définitive entre les deux figures du clan Le Pen, Zemmour avait vite ressenti une forme de malaise. À la lecture des coupures de presse, il avait vu ses confrères journalistes s'engouffrer dans la brèche d'une explication facile sur le parricide, le besoin de destruction, le drame familial… Tous avaient voulu voir dans cet affrontement la vendetta du patriarche jaloux envers l'ambitieuse héritière, où le meurtre du vieux roi Lear par sa fille sans vergogne. Ce qui se tramait ne relevait en rien de la psychanalyse, mais bien de la politique, avait-il analysé de son côté. Depuis plusieurs mois, il voyait s'effriter la ligne traditionnelle du FN au profit d'un gaucho-chevènementisme insufflé par Florian Philippot. Il avait entendu Le Pen se plaindre à mi-voix de la gestion autoritaire du parti, de l'absence de débat, des concessions au « système »… Il avait pressenti l'affrontement inévitable qui se profilait, l'avait théorisé dans plusieurs chroniques. En retour, la présidente du Front national lui avait sèchement fait savoir que ses avis comptaient peu.

Il évita un des quatre chats de son hôte, qu'elle accueillit dans ses bras et dorlota tendrement, et prit place dans un des fauteuils design qui habillaient sa terrasse. Face à lui, les deux députés européens observaient un silence courtois. Il connaissait Aliot et Chauprade de longue date. Au premier, il vouait une affection sincère, au second, une réelle admiration pour ses analyses géopolitiques. En les voyant le dévisager en se taisant, il comprit que l'invitation de Marine Le Pen masquait, ce soir, une offensive politique.

– Alors, tu veux faire perdre le Front ?, répéta Marine Le Pen.

Son visage invitait au silence. Elle avait durci sa mâchoire en dessinant un sourire forcé sur ses lèvres. Elle se lança dans une tirade vraisemblablement répétée, réquisitoire contre sa campagne de *« bras cassés »*.

– Le Front est aux portes du pouvoir, jamais la possibilité de gagner une élection présidentielle n'avait été aussi forte, et tu choisis ce moment pour venir tout menacer, s'emporta-t-elle. Je t'aime bien Éric, mais quand je vois avec qui tu marches, je commence à douter de ta sincérité.

Elle avala d'un trait sa coupe, qu'elle buvait avec un glaçon.

– Balladur faisait pareil que toi avec son champagne, très mauvais présage, plaisanta-t-il avant de réaliser, en constatant les airs paniqués d'Aliot et Chauprade, qu'elle ne goûterait pas la boutade.

Marine Le Pen s'était transformée en prédatrice. Elle plissait les yeux en regardant Zemmour ; elle s'apprêtait à fondre sur lui. Elle déroula son argumentaire. La France était prête à sauter le pas. Elle pouvait gagner en duel aussi bien face à Hollande que face à Sarkozy, quelques sondages la renforçaient dans cette idée. Elle était promise à la première place au soir du premier tour, pour la première fois dans l'histoire du parti. Le score du FN n'avait cessé d'augmenter depuis 2011 et son arrivée aux manettes. La stratégie qu'elle avait élaborée avec Philippot la conduisait à une victoire certaine, en 2017 ou en 2022.

– Justement, Philippot, parlons-en, intervint-il. Il te conduit au désastre. L'usure démocratique, le discrédit des politiques, la nullité de Hollande, les errements de Sarkozy, la fatigue des institutions, le chômage de masse, la montée de l'islamisme, les échecs économiques de tous les gouvernements, tous ces éléments jouent en ta faveur, et tes résultats ne sont pas si brillants.

Elle était à la tête du premier parti de France, bien sûr, mais ça n'avait rien d'un exploit. Elle voulait sa confrontation ? Elle allait l'avoir.

Le soleil déclinait et on n'apercevait déjà plus le fond du jardin. Une bise s'immisçait sur la terrasse en même temps qu'une paroi de glace s'installait entre eux. Zemmour se redressa dans son transat et poursuivit.

– Le Front national est fort pour une raison simple, haussa-t-il le ton. C'est parce que 70 % des Français ont fait le constat qu'il y a trop d'immigrés dans ce pays. Tu prospères sur cette évidence, mais en virant Le Pen sur les conseils de Philippot, tu rejettes quarante ans de légitimité sur le sujet. Et tu multiplies les marqueurs à gauche, la retraite à soixante ans, les trente-cinq heures, le soutien aux grecs de Syriza.

Il l'accusait d'avoir liquidé l'héritage. Voilà ce qui la perdrait. Les prophéties de Le Pen lui avaient assuré une rente de situation. Mais elle pensait « système », son père avait raison.

Elle s'était refermée sur elle-même, levait les yeux au ciel, et laissait percer des pouffements.

– De la branlette de journalistes..., soupira-t-elle. Tu reprends à ton compte la propagande de l'UMP qui essaie de me faire passer pour une dangereuse gauchiste, c'est ridicule, et tu m'avais habitué à mieux.

Le mutisme de Chauprade et d'Aliot fascinait Zemmour. Il lisait dans leurs pensées, ils étaient d'accord avec lui. Les électeurs de droite les plus enclins à se reporter sur le FN se retenaient encore à cause des questions économiques. Le plafond de verre se situait à ce niveau-là. Son fiscalisme, son étatisme, son socialisme en somme, seraient le tombeau de Marine. Il n'osa même pas aborder le thème du mariage pour tous, dont Philippot l'avait détournée.

Elle doutait. Zemmour avait été, pour elle, une référence. Elle manquait rarement ses débats à la télévision. Il commençait sérieusement à l'agacer, avec ses leçons de morale. Elle voulait le coincer. Elle avait trouvé un angle d'attaque.

– T'es devenu libéral, toi ?

– C'est ridicule, rétorqua-t-il.

Il ne l'avait pas attendue pour dénoncer la mondialisation. Il allait même plus loin ; c'était le concept anglo-saxon de globalisation qu'il combattait, ce procédé idéologique qui consistait à abolir les frontières pour créer des zones de libre-échange peuplées par des consommateurs.

– Mais je ne suis pas fou, poursuivit-il. Les gens veulent garder l'euro et je les comprends. L'euro ruine la France, mais son effondrement serait une catastrophe pour le peuple. Buisson a raison, on peut être pour la sortie de l'euro mais pourquoi le dire ? Pourquoi effrayer les retraités et les petits épargnants ?

Quant à savoir s'il était libéral, cela dépendait de la définition des termes.

– Si être libéral, c'est défendre la libre entreprise, alors oui, je suis libéral. Ça fait au moins une différence entre nous.

Il la trouvait affligeante. Sa certitude d'être appelée à un grand destin l'aveuglait. Le constat sur l'immigration dessinait une potentielle majorité électorale, et elle s'échinait à séduire les sympathisants de gauche. Elle avait sanctionné le pauvre Chauprade, coupable de s'être attaqué à la « *cinquième colonne* » islamiste en France, avait délaissé le concept de « Grand remplacement » cher à Renaud Camus, pour le qualifier de « *thèse complotiste* ». Elle avait accueilli à bras ouverts les militants gays. Zemmour ricana. Marine croyait avoir inventé l'eau tiède avec son « ni droite ni gauche » mais singeait mal les premiers inventeurs du slogan. Son FN à elle n'était « ni de droite, ni de droite ».

– Et tu paieras tôt ou tard le fait d'avoir favorisé l'élection de Hollande en 2012, menaça-t-il.

– Mensonge, répliqua-t-elle instantanément. J'ai laissé mes électeurs libres. Et puisqu'on en arrive à ces arguments minables, sache que j'ai longuement hésité. Jusqu'au dernier moment, j'ai pensé appeler à voter pour Sarkozy, en exigeant la réciprocité pour les élections futures. Mais il n'aurait jamais accepté ce marché.

La patronne du FN commençait sérieusement à s'agacer. Elle avait organisé cette rencontre entre gens de confiance pour réussir un coup. Elle pensait même pouvoir passer un accord avec Zemmour afin qu'il se désiste en sa faveur avant le premier tour. La soirée tournait au drame. Elle eut envie de faire éclater sa vraie nature, de pleurer devant ceux qui, elle le savait, ne lui voulaient pas de mal. Mais elle devait assumer le poids de sa charge et ne jamais plier. Son père l'avait prévenue qu'elle devrait avaler un bol de crapauds chaque matin pour faire de la politique. Elle fit couler le champagne sans un mot, vida la moitié de la coupe et inhala lentement une bouffée de sa cigarette électronique.

La nuit avait embrassé la terrasse et seules les bougies reflétaient encore son visage. Zemmour la remercia pour son hospitalité, et se leva. Il traversa la salle à manger, s'étonna devant la décoration faites d'objets vintage, d'un cheval de manège et d'une reproduction de dessin d'architecte sous verre représentant le Panthéon. *Intérieur de Bobo*, ricana-t-il. Marine Le Pen l'avait suivi discrètement. Elle le rattrapa par le bras avant qu'il ne s'évanouisse dans la ruelle, et planta son regard dans le sien.

– Éric, pourquoi tu fais tout ça ? Si ce n'est pas sérieux, dis-le-moi, ne fais pas tout foirer...

– Je fais ça parce que j'ai vu ce qui a planté Chevènement en 2002, et que tu fais la même erreur. Il n'a pas voulu faire campagne contre l'immigration et ça l'a tué. Je m'en rappelle comme si c'était hier : il est monté à 15 % dans les sondages, il a magnifiquement fait campagne sur l'Europe, comme toi aujourd'hui, et il s'est effondré après janvier 2002. Et devine qui lui a piqué ses voix ? Ton père...

Il passa le pas de porte sans lui jeter un dernier regard. Elle cachait mal ses larmes.

66 JOURS
AVANT L'ÉLECTION

En quittant le restaurant, Zemmour avait marché vite, fixant un point virtuel quelques mètres devant lui pour ne pas croiser de regards. Une habitude prise dès les débuts de la notoriété ; répondre à chacun faisait perdre un temps fou, et on n'était jamais à l'abri d'un importun venu se « payer » une célébrité.

Il s'était emmitouflé dans son trench bleu marine, en avait remonté le col, et camouflait son nez dans l'écharpe mauve qu'il promenait toujours avec lui. Il aimait ce petit restaurant italien où il avait ses repères. Les restaurateurs l'adoraient, lui, le client fidèle, et respectaient son besoin d'être tranquille. Il bénissait leur carte, spécialement leur *burratina* fumée et les *triangoli* à la crème de truffes. En de rares occasions, il s'autorisait un verre de vin des Pouilles. Il avait surtout aimé revoir Chevènement. C'est le vieil homme qui l'avait fait appeler, pour lui proposer un déjeuner. Entre eux, une complicité perdurait. Ils s'étaient jaugés durant des années, quand le « Che » défiait la pensée unique. Zemmour avait trouvé chez lui la culture, la profondeur, l'audace, qui faisaient tant défaut à la classe politique. Il avait même voté pour lui en 2002. Chevènement, pensait-il à l'époque, était le seul à pouvoir incarner une synthèse nationale. Il parlait de sécurité comme Clémenceau, d'Europe comme de Gaulle, d'économie comme Jaurès. Il pouvait rallier à lui les orphelins de Pasqua et Séguin, et même les déçus de Mitterrand et Chirac. Ça commençait à faire du monde. Chevènement président, le système aurait vacillé, la France serait sans doute repartie sur les rails. Il n'avait qu'un défaut, il ne savait pas parler d'immigration comme Le Pen. Pour Zemmour, au soir du 21 avril 2002, c'est Chevènement qui aurait affronté Chirac au second tour s'il avait brisé ses chaînes et dénoncé l'immigration massive. Et il aurait gagné.

Chevènement avait toujours gardé son affection à ce journaliste qui le vivifiait, le bousculait parfois, mais l'intéressait toujours. Il le faisait rire. Il respectait son anticonformisme et s'y retrouvait presque. Il aimait moins sa brutalité verbale, mais sans doute l'exercice du débat télévisuel, que Chevènement avait toujours fui, l'y contraignait. Zemmour, croyait-il, avait ce défaut de formulations excessivement agressives lorsqu'il se retrouvait dans le feu de la discussion. Il se savait en désaccord avec lui sur certains points, notamment sur certaines réflexions trop racialistes à son goût, mais il avait accepté de le soutenir lors de son procès, en 2011. En tant qu'ancien ministre de l'Intérieur, il avait écrit une lettre au tribunal expliquant qu'il suffisait de « *consulter les listings de la direction centrale de la Sécurité publique du ministère de l'Intérieur pour convenir que plus de 50 % des infractions constatées sont imputables à des jeunes dont le patronyme est de consonance africaine ou maghrébine.* » Zemmour avait perdu son procès, mais Chevènement avait gagné un camarade. Plus que tout, l'ancien ministre craignait que la mise au ban du polémiste n'emporte son cher et vieux pays dans un vaste élan de déculturation organisée. Si on ne faisait pas l'union sacrée des anticonformistes, le politiquement correct finirait par tuer l'âme de ce peuple.

– Depuis quelques années, mon cher Éric, vous apportez une contribution remarquée au débat public, avait-il attaqué, pour justifier son initiative.

Il suivait cette campagne avec passion, écoutait, lisait, et se laissait impressionner. L'hiver s'achevait et Zemmour tutoyait les 12 % d'intentions de vote dans certaines enquêtes. Lui-même avait déjà atteint de telles cimes, et frisé les 15 %, mais il voyait une sérénité se dégager de cette campagne loufoque.

– Je me réjouis de voir émerger dans cette élection des thèmes qui me sont chers, le félicita-t-il. Même dérangeante, votre voix mérite d'être entendue.

Il confessa préférer le voir porter ses idées plutôt que Marine Le Pen. La discussion glissa. Ils se perdaient en digressions sur l'histoire de l'Europe, la Première Guerre mondiale, la Seconde, la politique monétaire française, la désindustrialisation. Zemmour prit sur lui de briser cet instant.

– Cher Jean-Pierre, je dois vous poser la question. M'avez-vous proposé cette rencontre pour parler de ma campagne ?

L'ancien ministre aimait être en situation de force et jouer avec son interlocuteur. Son œil se fit mutin, sa bouchc observa une cambrure, et sa réponse se fit, énigmatique.

– Disons que j'apprécie votre initiative, et que je la surveille, Éric, mais j'ai passé l'âge des campagnes.

Hollande n'avait jamais suivi ses conseils ; il l'avait seulement utilisé le temps que s'évanouisse le spectre de la défaite de Jospin, en 2002. Il avait passé cinq années à tenter de convaincre ses anciens amis socialistes, mais plus rien n'était possible avec eux. Il se refusait évidemment à appuyer Zemmour, car il ne pouvait être d'accord avec tout.

– Mais je ne m'interdis pas pour autant d'envoyer un signe, le moment venu.

En regagnant son bureau à pied, Zemmour songea que toute l'ambiguïté de Chevènement était là. Avait-il été un jour un politique ? Il n'avait jamais adopté les codes de ses congénères. Il avait démissionné deux fois avec fracas. Il avait raté son rendez-vous avec l'Histoire, sans doute parce qu'il n'avait pas su faire les concessions nécessaires. Il ne pouvait s'empêcher de comparer sa propre campagne à la défaite glorieuse du « Che » en 2002. Et lui, après tout, était-il un politique ?

Il arpentait, l'esprit au large, une artère de la capitale. Il n'avait pas remarqué, en marchant, cette voiture sombre stoppée sur le bas-côté. Il n'avait pas non plus prêté attention à son rugissement au démarrage. Il avançait, vouté, en fredonnant du France Gall. Un groupe de collègues qui discutaient en fumant sur le trottoir sourirent en reconnaissant le dynamiteur de la campagne. La voiture s'engagea rue La Fayette, et accéléra de manière fulgurante. Les piétons se figèrent, alertés par le bruit. Zemmour, qui traversait hors des clous, eut à peine le temps de se retourner pour voir le bolide lancé à pleine allure. La voiture le percuta de plein fouet, ne laissant aucune chance à sa frêle carcasse. Elle ne marqua pas de temps d'arrêt, et fonça vers les grands boulevards et manquant de renverser un cycliste. Zemmour fut projeté une dizaine de mètres plus loin, et finit sa course en se brisant les reins sur le trottoir. Certains passants téléphonaient déjà au Samu. La responsable d'une boutique de téléphonie sortit en courant, affolée, et hurla en voyant le corps. Il saignait abondamment. Son visage était recouvert de lésions violacées. Il gisait dans le caniveau.

Leur mise en scène avait viré au fiasco. Ils avaient alerté la presse et comptaient sortir des locaux du Conseil constitutionnel pour annoncer, triomphants, qu'ils avaient recueilli six cent quinze parrainages pour la candidature d'Éric Zemmour. Les équipes de Nicolas Dupont-Aignan avaient réactivé, dans l'ombre, leur fichier de signataires de 2012. Leur moisson avait été moins fructueuse, mais le renfort des élus locaux rameutés par Marion Maréchal-Le Pen avait permis de dépasser le seuil des cinq cents sésames. Ils comptaient médiatiser en grande pompe, ce jour-là, le ralliement de Robert Ménard, qui avait accordé le sien, en tant que maire de Béziers, au candidat. La nouvelle aurait surpris plus d'un observateur, Ménard comptant parmi les proches de Marine Le Pen. Il souffrait, depuis plusieurs mois, de ses mauvaises relations avec la présidente. « *Elle m'est antipathique* », avait-il soufflé à Patrick Buisson lors d'un de leurs déjeuners, au sujet de cette femme qui le « *glaçait* ». Il ne voyait plus quoi attendre de ce parti qui souhaitait le « *bompariser* », allusion au maire d'Orange Jacques Bompard, élu en 1995 avec l'étiquette FN et attaqué sans relâche par les instances nationales pour avoir voulu étendre son emprise sur le Vaucluse. Ménard était là, devant les grilles du Conseil constitutionnel, ainsi que Buisson, Guaino et Dupont-Aignan. Mais les micros se tendaient pour demander si le dépôt de signatures serait bien valide après que Laurent Fabius, le nouveau président du Conseil, eut émis des doutes. Le candidat était encore dans le coma ; les quatre zemmouriens étaient la risée du Web. Leur coup de com' tombait à l'eau, ils en devenaient pathétiques.

La veille, Zemmour avait été hospitalisé en urgence au Val-de-Grâce, et son état fut stabilisé rapidement. Dans la soirée, on apprit que son pronostic vital n'était plus engagé, mais qu'il était plongé dans un coma artificiel et risquait de subir de lourdes séquelles. C'était la première fois qu'un candidat à la présidentielle, porté par des sondages avantageux, était stoppé net dans son élan par un coup du sort. Sa campagne s'achevait sur cette note et des hommages lui furent rendus dans la période où il était inconscient. Nicolas Sarkozy saluait un « *adversaire coriace* » qui « *donnait à réfléchir* » et poussait la droite à *« cesser de renier ses valeurs »*, Marine Le Pen un *« patriote »* sans compromissions, animé par *« la recherche de la vérité »*. Les éloges transcendèrent les clivages politiques. François Bayrou honorait un *« homme de convictions, cultivé, exigeant »*, et François Hollande regrettait *« l'effacement d'un adversaire politique qui avait le mérite de clarifier les lignes de fracture »*.

Les journalistes, eux, couraient après l'information. Les témoignages étaient peu nombreux, on se contentait d'hypothèses. L'accident avait sans doute été causé par un chauffard, qui avait pris la fuite et craignait aujourd'hui d'assumer son geste. Une contestation envahissait les réseaux sociaux, sur la foi d'une vidéo postée sur YouTube. Un passant avait sorti son téléphone portable pour filmer Zemmour, qu'il s'étonnait de croiser dans cette rue du IXe arrondissement. Sa vidéo était de mauvaise qualité, mais on y voyait clairement le candidat traverser la rue et se faire faucher par une voiture noire. Certains internautes avaient échafaudé une théorie du complot. La plaque d'immatriculation était illisible, et ils affirmaient qu'elle avait été retirée. Immédiatement, certains avaient conclu à la tentative d'assassinat politique, d'autres insinuaient, sans aucune preuve, que l'État islamique venait de mettre à exécution sa fatwa.

L'affaire avait dégénéré. Sur Twitter, la sphère complotiste étayait sa version, et l'ampleur du phénomène dépassait les buzz classiques. Il était à l'hôpital, et chaque minute de son sommeil lui envoyait de nouveaux supporters. Vengeance du grand capital, tentative d'assassinat politique, manœuvre d'intimidation orchestrée par la « dictature socialiste »... Tout y passait, surtout le pire. Certains comparaient ce malheureux accident à l'assassinat de René Gorlin, le régisseur de Coluche, abattu de deux balles dans la nuque lors de sa campagne présidentielle, en 1980. Ce qui n'était finalement qu'un crime passionnel était resté, pour l'histoire, un avertissement lancé à l'humoriste. Les fêlés d'aujourd'hui empruntaient les mêmes raccourcis. Zemmour devenait à leurs yeux le candidat « antisystème ». Ils l'élevaient au rang de héros. Et lui, il dormait.

Le clan Zemmour avait accusé le coup, mais ne s'avouait pas vaincu. L'état de santé de leur candidat s'améliorait et il serait rapidement sorti du coma. Une réunion de campagne avait eu lieu au lendemain du dépôt des parrainages, et ils en étaient sortis en forçant leurs sourires et en lançant des « *On continue !* » Des participants m'avaient raconté cette séance de travail hallucinante où Patrick Buisson avait monopolisé la parole. « *Éric est en campagne depuis deux ans* », avait-il argumenté. Il avait, selon le politologue, rempli tellement de salles en France, séduit tant d'acheteurs de son *Suicide français*, convaincu un si grand nombre d'indécis grâce à la télévision, qu'il était impossible d'abandonner. Il fallait poursuivre les transgressions en l'absence du candidat, se démultiplier sur le territoire. Marion savait remplir des salles, Henri excellait dans l'art de galvaniser un public, ils réussiraient à maintenir cette candidature vivante. À ceux qui redoutaient une chute dans les sondages, il avait fait cette réponse de vieux renard :

– Les sondages, on s'en fout ! On leur fait dire ce qu'on veut.

L'accident pouvait même les servir : après avoir attaqué Zemmour, les politiques devaient aujourd'hui retenir leurs coups pour ne pas être accusés de s'en prendre à un moribond. Et ses idées perçaient chez les Français, chaque enquête le confirmait. Il était devenu un enjeu politique.

28 JOURS
AVANT L'ÉLECTION

Frigide Barjot esquiva de justesse un taxi à qui elle venait de griller la priorité, et mit les gaz pour échapper à ses injures. Comme d'habitude, elle arriverait en retard. Elle brûlait, depuis le 26 mai 2013, de revoir ses anciens camarades de La Manif Pour Tous. Leur séparation l'avait plongée dans une spirale de dépression. Elle enrageait à chaque fois que l'histoire de ce printemps lui revenait en mémoire. Ludovine de la Rochère lui avait interdit de prononcer les mots d'« union civile », l'alliance pour les couples homosexuels qu'elle prônait à la place du « mariage pour tous ». L'organisation s'était divisée en deux camps, ses deux jambes droite et gauche, comme elle disait, entre les partisans de l'abrogation de la loi Taubira et ses troupes qui militaient pour un élargissement du PACS. Elle avait perdu la main sur « son » mouvement, s'était fait expulser de son logement social, avait vu déserter des amis, et s'était fait voler son emblématique scooter rose, qu'elle avait dû remplacer par un deux roues moins voyant. La série noire l'avait anéantie. Elle se gara sur un trottoir et entra dans l'immeuble.

– *Salut les chéris !*, lança-t-elle en jetant son casque rose sur le sol.

Ils la dévisagèrent, dubitatifs. L'apparition de cette échevelée à choucroute blonde, blouson de cuir à moumoute aux poils fatigués sur le dos, jetait un froid. La rencontre n'avait pas été simple à organiser. Albéric Dumont, le logisticien en chef de La Manif Pour Tous, avait œuvré pour un rapprochement avec l'ancienne égérie du mouvement. Les autres cadres, qui connaissaient son impulsivité, ses failles et ses lubies, avaient freiné. Mais l'heure était grave. La Manif Pour Tous avait traversé la campagne comme une ombre, peinant à exister, échouant à imposer ses thèmes dans le débat. Les candidats de la droite semblaient s'être concertés, pendant la primaire, pour éviter le sujet. Après avoir promis d'abroger la loi, Sarkozy avait noyé le poisson et proposait une vague réécriture qui ne changerait rien. D'aiguillon, le mouvement s'était muté en caisse de résonnance de la droite catho et avait perdu de son influence.

Ludovine de la Rochère se leva pour embrasser Frigide, qui venait d'enlacer un par un tous ses anciens amis, de Tugdual Derville, le patron d'Alliance Vita, à Camel Bechikh, celui de l'association de musulmans Fils de France. Elle n'en menait pas large, et redoutait ces retrouvailles avec son ancienne amie. Elle savait que Frigide l'accusait d'avoir envoyé des identitaires avec banderoles la siffler dans ses derniers happenings pour La Manif Pour Tous. Elle ne rougissait pas de son bilan à la tête de l'organisation, mais devait l'admettre : 2017 était un rendez-vous raté.

– Il faut utiliser notre réconciliation là, maintenant, pour peser, glissa-t-elle à la catho déjantée, qui jouait avec ses multiples bracelets bariolés. On doit enterrer nos querelles, pour remettre les questions de mariage, de procréation et de famille sur le devant de la scène au second tour. Il faut cliver, à tout prix.

– C'est clair, dit Barjot. Il faut réinventer l'esprit de 2013. Eux, ils ont le 11 janvier et l'esprit Charlie. Nous on a le 13 janvier et l'esprit ONLR.

Frigide Barjot s'en cachait à peine, elle soutenait Sarkozy au premier tour. Mais la versatilité des sondages l'avait obligée à anticiper tous les scenarii. Si Marine Le Pen affrontait Hollande au second tour, son choix était fait. Elle en voulait encore à la patronne du FN de ce coup de téléphone à quelques jours de la première grande Manif Pour Tous, où elle avait justifié son absence par le fait de *« se concentrer sur les ouvriers »*, mais elle la soutiendrait publiquement. Tant pis pour la réputation, elle pensait de toute façon qu'une offensive des islamistes ferait éclater la guerre civile en France avant dix ans.

Ils parlaient tous en même temps et personne ne s'écoutait. Les six derniers mois avaient été cauchemardesques. Ils s'étaient fait balader par les politiques, comme si une alliance implicite Hollande-Sarkozy-Le Pen avait manœuvré pour les faire disparaître du paysage.

– Il n'y a pas trente-six solutions pour s'inviter dans la campagne de second tour, les coupa Albéric Dumont. Ça fait presque deux ans qu'on n'a pas réussi à organiser une grande manif '. C'est maintenant ou jamais.

Son intervention souleva quelques protestations. Plus d'une fois, ils avaient songé à organiser un de ces grands rassemblements bleu-blanc-rose qui faisaient la joie des chaînes d'info en continu. Mais le risque était grand : après les manifestations monstres de 2013, une contre-performance à cinquante mille personnes entrainerait la fin du mouvement, et ils s'étaient jusque-là retenus d'agir par peur de mourir. Dumont, lui, n'était pas sur cette ligne. De nature volontaire, le jeune homme préférait forcer le destin. Il ne cachait pas sa sympathie pour Zemmour et avait, très tôt, demandé à rencontrer le candidat. Leur entrevue avait été brève mais cordiale, et il ne lui avait demandé qu'une chose : « *Arrêtez de dire qu'on ne pourra pas abroger la loi. Vous envoyez un mauvais signal à nos ennemis.* » Le conseil avait été écouté. Il avait l'attention de tous et exposa son idée. Une grande manif aurait lieu le dimanche, une semaine avant le second tour. Elle devrait avancer tous les thèmes défendus par La Manif Pour Tous, et inviter les candidats à s'y rendre. Si Sarkozy affrontait Marine Le Pen, l'un et l'autre se battraient pour récupérer les voix des manifestants. Si Hollande se qualifiait, son adversaire serait obligé de venir les flatter. Ils seraient gagnants à tous les coups.

Il fallait aller vite. Le premier tour arrivait dans moins de quinze jours. Ils officialiseraient la réconciliation entre Barjot et La Manif Pour Tous quatre jours avant le vote, et en profiteraient pour annoncer un rassemblement historique. Ils dépenseraient des fortunes s'il le fallait pour affréter des cars de toute la France. Il ne devait pas y avoir moins d'un million de personnes dans la rue. Frigide Barjot jubilait. Elle retrouvait sa place au premier rang, enterrait sa rupture avec ce mouvement qu'elle avait fondé, même si la réconciliation n'effaçait pas toutes les blessures du passé. Elle sortit une cigarette de sa poche, attrapa son casque, et sourit en repensant à la confidence de Sarkozy, lors de leur dernière entrevue au siège des Républicains : « *Laissez faire le temps de la violence politique. Vous êtes leur leader naturel, vous reviendrez.* »

Le climat se dégradait. Nicolas Sarkozy avait dû annuler à la dernière minute un déplacement à Marseille. Ce coup de massue n'était pas prévu. Il avait dépêché un conseiller pour trouver en urgence le livre et voulait en avoir un compte-rendu complet avant midi. Les extraits qui circulaient sur Internet étaient assassins. Je l'avais reçu en service de presse et survolé en quelques heures. Patrick Buisson l'avait intitulé *La Cause du peuple,* mais ce titre faussement scientifique – évoquant avec malice le journal prolétarien « rouge » – masquait mal les deux objectifs de l'ouvrage : graver dans le marbre sa philosophie politique, et flinguer Sarkozy. Je compris en lisant pourquoi on décrivait dans la presse un Buisson sûr de lui disant : « *Il faut me maintenir Sarkozy en vie jusqu'au premier tour, sinon ça ne sera pas drôle...* » Il avait fomenté son coup depuis trois ans. La rupture avec Sarkozy ne l'avait pas mis à terre. Il avait commencé l'écriture seul, sans s'ouvrir à quiconque de ce projet. Les fameuses bandes enregistrées à l'insu de Sarkozy avaient causé sa perte ? Elles seraient sa renaissance. L'ouvrage était un verbatim du quinquennat de Sarkozy, sur le modèle du livre d'Attali sur Mitterrand. « *Une bombe* », « *Une torpille* », « *Un feu d'artifice* », s'était-il vanté.

On y découvrait un président cruel, instable, mais surtout versatile. Buisson racontait par le menu tous les renoncements du mandat, et leur petite cuisine. Sarkozy apparaissait en conquérant obsédé par les sondages, mais dépourvu de boussole. Au soir des élections européennes de 2009, quand Cohn-Bendit avait doublé le PS, il avait envisagé de mettre l'écologie au centre de son action, et même de proposer un poste ministériel à Cécile Duflot ! Le fameux discours de Grenoble qui ciblait les délinquants étrangers et les Roms avait été préparé en quelques minutes dans la fièvre du mois de juillet 2010, et Buisson disait avoir bataillé contre. « *La fermeté des propos ne fit que souligner la faiblesse des actes* », écrivait-il. Carla Bruni en prenait aussi pour son grade. Selon l'ancien conseiller, l'apparition de cette « *fausse artiste et vraie soixante-huitarde* » dans la vie de Sarkozy avait mis l'ancien président « *sous perfusion* » d'un message « *déconnecté, déraciné, inopérant.* » Les réflexes journalistiques étaient intacts chez Buisson. En plus de dépeindre Sarkozy en fier à bras mû par son seul désir d'être aimé, il livrait un témoignage susceptible de relancer la machine judiciaire. Il décrivait le fonctionnement opaque de l'Élysée période Sarkozy, qui selon lui abusait des conseils du sondeur Pierre Giacometti, ami du président, multipliant ses contrats, pour des ministères notamment. Le livre s'arrachait. Tout le monde en parlait. Sarkozy paniquait. Buisson avait accordé une interview au *Monde* et se félicitait de faire *« enfin la lumière sur l'imposture Nicolas Sarkozy »*.

La classe politique s'était focalisée sur cet événement somme toute très parisien, mais à plusieurs centaines de kilomètres de là, un fait divers sordide s'invita à la fin de cette campagne. Un fêlé avait rudoyé une pauvre inspectrice du travail qui contrôlait son entreprise. Le type en question, un entrepreneur du Nord, avait été incapable de justifier son geste. La presse décrivait un type normal, père de famille tranquille, qui avait perdu ses nerfs. Le genre de profil qui bascule tout à coup dans la folie, sans qu'on comprenne jamais pourquoi. L'affaire aurait pu se limiter à un entrefilet dans les colonnes de la presse locale, mais quelques incendiaires avaient décidé de faire du petit patron le porte-voix de la France qui souffre. Une pétition circulait sur Internet pour le faire libérer, et un obscur député centriste avait décidé de politiser son procès. Il s'appelait Jean Lasalle, et s'était fait connaître sous le surnom de « député marcheur », parce qu'il avait parcouru six mille kilomètres à pied « à la rencontre des Français ».

Le jour du procès, il avait fait le déplacement dans le Nord et avait profité de la présence des médias pour défendre un *« martyre de la liberté »* et justifier son *« acte de violence légitime. »* Le patron avait été condamné, logiquement, à cent mille euros de dommages et intérêts à verser à sa victime, ainsi qu'à un an de prison ferme, assorti d'un mandat de dépôt. En quittant le palais de justice, le député centriste avait annoncé qu'il lançait une marche blanche à travers le pays, pour soutenir les petits commerçants *« écrasés par les charges et assommés par l'administration »*. Quelques excités l'avaient suivi dans cette randonnée qu'il avait choisi de nommer « Aux armes citoyens ».

17 JOURS
AVANT L'ÉLECTION

Au téléphone, Alain Juppé avait la voix blanche. Les derniers sondages étaient désastreux. Sa pire angoisse prenait forme. Après sa défaite face à Sarkozy dans la primaire de la droite, il avait enragé.

– C'est un vol, répétait-il. Un vol. Ils ont organisé un scrutin à leur main pour m'assassiner.

Le faible nombre de votants l'avait persuadé que cette primaire n'était pas légitime. Il avait juré, avant le vote, qu'il se présenterait quand même à la présidentielle, quitte à faire perdre son camp. François Bayrou s'était interposé, et lui avait rappelé les termes de leur accord :

– Je t'ai soutenu dans la primaire, tu as perdu. C'est à mon tour de jouer. Tu dois me soutenir.

Mais Juppé avait faibli, puis renoncé. Faire campagne pour le Béarnais contre Sarkozy lui aurait façonné à jamais, parmi les siens, une image de traître. Il avait laissé ses soutiens le faire à sa place, de manière plus ou moins assumée, et regrettait aujourd'hui de ne pas avoir mouillé la chemise. Bayrou avait bien démarré, avait formidablement défendu leurs valeurs, incarnait la réconciliation du pays sur un programme de réformes audacieux, et avait fait un travail de pédagogie remarquable sur la réduction de la dette publique. Pourtant, sa campagne patinait. Les autres candidats se tiraient la bourre sur le terrain identitaire. Marine Le Pen, Sarkozy et Zemmour étaient au coude à coude. Le polémiste était sorti de son coma artificiel et avait pris une semaine de repos, mais jurait qu'il serait sur pied pour achever sa campagne. Il paraissait même requinqué, sur les images que Juppé avait vues à la télévision.

– Ce pays devient fou. Tu te rends compte qu'il a fait dix jours de coma et qu'il a pris quatre points dans les sondages, murmura le maire de Bordeaux dans le combiné.

Bayrou lui reprocha son manque d'implication, malgré leur pacte.

– Viens faire mon dernier meeting, implora-t-il.

Il espérait une bonne surprise, comme en 2007, lorsqu'il était sorti à 18 % au premier tour. Avec le même score, il serait aujourd'hui qualifié pour le second tour, et l'emporterait face à n'importe qui. Sarkozy, Le Pen ou Hollande n'auraient aucune chance...

Depuis la fenêtre de son bureau, François Bayrou fixait les montagnes paloises. Son destin était-il de trébucher à chaque fois devant la dernière marche ? La campagne avait été d'une brutalité inouïe. Les trois candidats de la droite l'avaient asphyxié. Zemmour, pensait-il, avait siphonné une partie des voix « antisystème » qu'il espérait agréger. Quant à François Hollande, il avait mené une bataille tactique redoutable, et incarnait le rassemblement des forces progressistes du pays. Il avait réussi à impulser un nouvel espoir au sein de l'électorat modéré, et privait Bayrou de leurs bulletins. Il fallait donner un dernier coup de collier, envoyer un geste fort. L'arrivée de Juppé était sa seule chance. Il tenta une dernière approche.

– Si je ne suis pas au second tour, tu auras le choix entre Hollande, Sarkozy ou Marine Le Pen. C'est cela que tu veux pour ton pays ?

– Laisse-moi réfléchir.

– Ah, j'oubliais, il y aura peut-être Zemmour.

Un silence pesant s'installa dans le combiné.

J'avais grimpé, fébrile, les marches qui menaient aux salons privés du premier étage. J'avais pris l'habitude de suivre les soirées électorales du Front national depuis l'espace clos réservé aux journalistes. On ne savait jamais, plus d'un de mes confrères avait déjà été passé à tabac par des nervis. Mais ce soir, un ami qui écrivait dans un journal de droite m'avait obtenu un passe-droit pour assister aux réjouissances des cadres frontistes. Le parti avait loué une salle dans l'ouest parisien, la musique du rez-de-chaussée faisait déjà vibrer les murs, le pupitre de Marine Le Pen était prêt, et, à l'étage, les ténors Steeve Briois, Nicolas Bay, Louis Aliot, Bruno Gollnisch, angoissaient en silence. Le champagne était servi mais aucun n'avait entamé sa coupe. Seuls manquaient Florian Philippot, qui passait la soirée sur les plateaux, et Marine Le Pen, attendue pour sa déclaration à 20 heures 15. Les derniers sondages lui promettaient toujours le second tour, mais elle croisait les doigts pour affronter Hollande plutôt que Sarkozy.

Lorsqu'apparut le visage du président sortant sur l'écran, ils commencèrent à applaudir avant de s'interrompre, en identifiant Zemmour. Une enclume s'abattit sur leurs têtes et je fus prié par l'attaché de presse de quitter la pièce. Ils étaient trois dans un mouchoir de poche, moins de quatre cent mille voix les séparaient. Nicolas Sarkozy réalisait un score moindre que dans les sondages, et s'écroulait à 15,75 %.

Comme prévu, Marine Le Pen le devançait, avec 16,25 % des voix, mais c'était Zemmour qui créait la surprise, avec 16,80 % des suffrages. Devant l'écran géant, certains militants pleuraient. Je n'arrivais même pas à me réjouir de leur détresse, et faisais bêtement les comptes. Chacun avait recueilli près de six millions de voix. Hollande sortait en tête, frôlant les 18 %. Avec dix points de moins qu'en 2012, il avait tout de même remporté son pari. La voie était libre. François Bayrou finissait à 13 % dans le peloton, devançant à peine Mélenchon et ses 11 % de votants. Les autres candidats se partageaient les miettes.

La soirée post-électorale fut annulée. Mon rédacteur en chef me téléphona en catastrophe. Je dus revenir au journal pour une conférence de rédaction improvisée. Le service politique au complet était réuni autour du directeur du journal. Une couverture sur Hollande, *« Le rempart »*, fut décidée. J'étais chargé d'un papier sur les rêves brisés de Marine Le Pen, et du portrait de Zemmour, que j'intitulais *« La divine surprise »*, référence à Maurras et Pétain qui permettait de camper le personnage et ses électeurs. Nous avions un autre scoop en boutique. Ma consœur qui couvrait l'actualité de la droite avait décroché l'interview de Nathalie Kosciusko-Morizet qui, après l'élimination de Sarkozy, donnait son bulletin à Hollande plutôt qu'à *« une caricature de la droite, qui ressemble à tout, sauf à la France »*. Nous aurions aimé avoir Juppé annonçant qu'il voterait Hollande au second tour, mais, nous le découvrîmes le lendemain, il avait réservé cette exclusivité au *Monde*.

13 JOURS
AVANT L'ÉLECTION

L'ancien Premier ministre planta sa fourchette dans l'entrecôte Black Angus saignante qui refroidissait devant lui. Le choix de la terrasse n'était sans doute pas une bonne idée. Il y avait du monde, ils seraient vus, reconnus. Dans quelques heures, on chuchoterait que les deux anciens hollandistes avaient comploté ensemble, à *La Fontaine Gaillon*, un restaurant chic du IIe arrondissement, à quelques jours du second tour. Il sourit, ce n'était pas tout à fait faux.

Hollande allait être réélu, et son plan était réduit à néant. Durant son année de solitude post-Matignon, Manuel Valls s'était imposé le silence, et avait mûri son plan de reconquête. Il s'était persuadé que le président s'effondrerait, et qu'il arriverait en sauveur pour le remplacer.

Depuis son départ de Matignon, il tentait de fédérer les réformistes du PS pour préparer la suite. Il avait même un moment espéré que la conjoncture empêcherait Hollande de se représenter, qu'une primaire serait imposée par le PS et qu'il la remporterait, mais Flanby était parti au combat et sortait miraculeusement indemne de ce premier tour sanglant. Il avait beau chercher, il ne trouvait pas ; Hollande avait la baraka, cette putain de chance ne le lâchait jamais. Il était le plus faible, le plus mou, le plus informe des socialistes, et pourtant, tout lui réussissait. C'était injuste, mais c'était comme ça.

Il aurait cinq ans à patienter avant de se présenter en 2022, et rien ne disait qu'il réussirait l'opération. Son action à Matignon lui avait attiré les foudres de l'aile gauche du PS, sans parler des écologistes et communistes, qui avaient décrété sa mort.

Il ne serait jamais en situation de rassembler la gauche plurielle qui avait permis à Mitterrand puis à Hollande d'arriver à l'Élysée. Il devait inventer autre chose. Il avait songé à créer une grande coalition, allant du centre droit au centre gauche, pour gouverner sur une ligne pragmatique, libérale, et progressiste. Bayrou ne se représenterait certainement pas une quatrième fois à la présidentielle, Juppé était sorti du jeu politique. Mais il y avait Hollande. Il avait retourné l'équation dans tous les sens ; avec le gros à l'Élysée, impossible de manœuvrer. François aurait certainement envie de choisir son successeur, et de lui barrer la route du pouvoir. Il ne pouvait pas retourner à Matignon, et devrait trouver le moyen d'exister durant cinq ans sans argent, sans troupes, sans poste. La route serait longue.

Arnaud Montebourg avait le regard perdu dans celui de son merlan Colbert. Lorsque Valls avait demandé sa tête à Hollande, en août 2014, après une énième critique du ministre de l'Économie sur la politique gouvernementale, une haine froide, brutale, contenue, s'était installée entre eux. Ils étaient voués à se détester ; leur âge créait une rivalité interdisant tout rapprochement.

Les rayons du soleil désertèrent la terrasse. L'air s'était épaissi, un orage menaçait.

– Tu sais que j'ai déjeuné ici le lendemain du jour où tu m'as viré ?, grinça Montebourg de sa voix de châtelain. J'étais avec Hamon et Aurélie, on avait juré de te faire la peau.

L'ancien promoteur de la « démondialisation » parlait comme si l'affaire était vieille de trente ans. Lui aussi avait vécu la solitude, durant trois ans. Il avait vaguement espéré retrouver le chemin du pouvoir, mais toutes ses tentatives étaient restées vaines. Il avait envoyé des cartes postales à son électorat, en gravissant le Mont-Beuvron, et perpétuant le rendez-vous des frondeurs sur ses terres de Frangy-en-Bresse, en signant des tribunes dans la presse pour appeler à une troisième gauche, mais tout échouait. Le PS aurait besoin d'une clarification idéologique, se disait-il, mais il se refusait à la provoquer.

Il n'avait pas eu besoin de chercher très loin le responsable de l'atrophie intellectuelle de son camp : Hollande, et sa tambouille solférinienne. Hollande, et ses synthèses improbables. Hollande, et son cynisme destructeur.

– On a un intérêt commun, dit-il en rompant le silence. Si Hollande est réélu, on est morts, toi et moi.

Si Valls avait accepté de le voir, se dit-il, c'est qu'il attendait, lui aussi, un électrochoc. Il devait entendre son discours, et marcher avec lui. L'ancien Premier ministre baissa les yeux et engloutit une fourchette de purée. Il avait l'œil noir mais brillant. Il écoutait.

– Moi, j'ai été dégagé pour incompatibilité politique, mais toi, il t'a viré parce que tu le gênais, poursuivit l'ancien ministre.

Valls s'était redressé, avait liquidé d'un trait son verre. Montebourg insista. Hollande était dans la vengeance perpétuelle, ritualisée. Il exécutait sournoisement, un par un, les quinquagénaires socialistes. Il n'avait pas supporté, lorsqu'il était à la tête du PS, de voir cette bande d'ambitieux lui savonner la planche en espérant le voir chuter. Il avait joué au benêt mais n'avait jamais oublié. En 2012, il les avait fait ministres pour mieux les tuer. Il suffisait de faire le compte : Cahuzac, carbonisé avec son compte en Suisse. Peillon, dégagé en deux ans à cause d'une polémique sur les rythmes scolaires. Moscovici, placardisé à la Commission européenne au motif que ses résultats étaient mauvais. Batho, virée en une journée pour s'être plainte de la baisse de son budget. Hamon, Filipetti, dézingués en même temps que lui.

– Et toi, et moi… Il ne reste plus que Cazeneuve, un gros naze sans ambition. Il a réussi son coup. Il a orchestré un remplacement de génération. Il a installé les trentenaires, il veut nous ringardiser. Macron à Matignon, c'est ça. C'est toi en plus jeune. Il va gérer pépère et leur filer les clés du camion. Et en 2022, on aura passé notre tour.

La démonstration avait vitrifié Manuel Valls. L'ancien Premier ministre se racla la gorge. Un serveur vint suggérer le *cheese cake* du jour, mais ils optèrent pour deux salades de fruits. Valls attendit qu'il s'éloigne pour reprendre.

– Et qu'est-ce qu'on fait ? Il va gagner, on perd cinq ans, on ne peut rien faire !

Il écrasait méticuleusement une fraise des bois avec le dos de sa cuillère. En pensant à ce con de Cambadélis, il eut envie de casser quelque chose. Montebourg devinait ses pensées. Lui aussi avait raillé durant toute la campagne ce Premier secrétaire zélé et ses stratégies tordues.

– Quand je pense qu'il a envoyé tout le PS faire campagne contre Zemmour, et que grâce à lui, on en reprend pour cinq ans de Flanby..., siffla-t-il.

C'était l'impasse. Valls avait juré de se venger, mais Hollande avait tout bétonné. La gauche serait obligée de faire bloc face à Zemmour. Il n'y avait aucune marge de manœuvre. Montebourg haussa un peu la voix, comme s'il voulait être entendu par les tables alentours.

– On va le fumer maintenant, entreprit-il.

Il avait un plan en tête et n'improvisait pas. Contrairement à ce que répétaient les médias, les reports de voix de gauche sur Hollande seraient délicats à obtenir au second tour. Le président de la République avait fortement déçu son électorat de 2012, et il n'aurait pas le vote des Verts, encore moins celui des mélenchonistes. Celui de la droite modérée n'était pas acquis non plus. Il fallait faire fondre son socle.

– Je fais une interview pour dire qu'il a été un président plus libéral que Sarkozy. Toi, tu fais un communiqué en affirmant que devant le choix qui est offert à la France, entre l'immobilisme et la xénophobie, tu ne peux pas choisir.

Valls blêmit. S'abstenir ? C'est ce qu'il avait prévu de faire. Mais de là à le dire... Jamais un Premier ministre ne s'était désolidarisé du président au moment de sa réélection. Mais Montebourg avait semé le doute en lui. S'il y avait une chance, une seule, de se débarrasser de Hollande, elle était là. Ils se levèrent de table et Montebourg insista pour régler l'addition. En serrant la main de son vieux rival, l'ancien ministre de l'Économie s'approcha de son oreille et chuchota.

– Je ne fais pas ça parce que je t'aime bien, rassure-toi. On se débarrasse de lui, et on aura tout le temps de se bastonner à la primaire de 2022.

J'avais survolé les trois recueils publiés par Zemmour entre 2011 et 2013. C'était à ce moment-là qu'il était devenu un politique. L'exercice quotidien de la chronique l'avait obligé à ouvrir son champ de réflexion à des sujets qui lui échappaient jusqu'alors. Il faisait couler l'actualité dans le moule de ses idées. Sa pensée était devenue globale. Ses premiers livres s'attaquaient à des sujets précis : l'immigration, l'Europe, la justice, le droit, le communautarisme, mais il avait gagné, en se rompant à l'exercice de la pensée en trois minutes, une faculté à les conceptualiser. Sans doute aurait-il été incapable, avant ce passage sur RTL, d'écrire *Le Suicide français. Z comme Zemmour* et les deux tomes du *Bûcher des vaniteux* étaient des manifestes. Son corpus idéologique y était développé sans complexe, et de manière exhaustive. On lui avait reproché durant toute la campagne de ne pas avoir de programme. On s'était trompé, son programme n'avait pas attendu l'élection pour être couché sur le papier.

Le choc du premier tour dissipait enfin ses effets. Le président n'apparaissait pas publiquement, mais donnait, discrètement, des gages à son aile gauche. Il flattait les écologistes les plus proches de lui, pour faire oublier que, sur Twitter, son ancienne ministre Cécile Duflot l'accablait. Le jour du débat, elle avait repris un par un tous les termes du fameux « Moi, président » pour souligner les promesses non tenues. La gauche plurielle prenait l'eau. Jean-Luc Mélenchon n'avait toujours pas donné sa consigne de vote, et les députés socialistes interprétaient ce silence comme un coup de poignard dans le dos. Ce furent les réactions d'Arnaud Montebourg et de Manuel Valls qui eurent le plus de retentissement. Dans une interview à BFM, l'ancien ministre de l'Économie, interrogé sur son vote, avait eu une réponse plus qu'ambiguë :

« *En tant qu'homme de gauche, je ne vois pas qui est le plus à droite des deux candidats du second tour. François Hollande est le candidat du monde libéral, je suis bien placé pour le dire, et Éric Zemmour est celui du petit peuple xénophobe. Ça ne me laisse pas beaucoup de choix.* »

Quand Jean-Jacques Bourdin l'avait relancé, en lui demandant s'il pourrait s'abstenir, il avait lâché un énigmatique « *Sans doute* ». La presse avait imaginé un complot des deux frères ennemis de la gauche, car, le même jour, Valls avait publié son communiqué :

« *Je ne peux trouver de bulletin de vote qui satisfasse mes convictions dans ce second tour. Le choix entre l'immobilisme et la tentation réactionnaire n'est pas conforme à l'idée que je me fais de mon pays.* »

Montebourg et Valls étaient introuvables. Tout le monde voulait leur arracher une interview, une explication à ce choix, mais ils semblaient avoir disparu.

Comme Sarkozy, Marine Le Pen avait observé un silence quasi monastique depuis le soir de sa défaite. J'avais bien compris au ton de son attaché de presse que je n'étais pas en course pour publier en exclusivité sa consigne de vote au second tour. La campagne prenait un tour différent. Je m'étais préparé à vivre au rythme du FN durant la quinzaine d'entre-deux-tours, et me retrouvais à suivre les premiers déplacements de Zemmour depuis son rétablissement. Les gens venaient plus nombreux qu'au début de la campagne. Un soir, il avait rempli le Zénith de Perpignan, un de ses plus gros meetings. Il réservait ses derniers voyages pour Toulouse, Marseille, Nice, Toulon et Lille. Il reçut le soutien inattendu du chanteur sarkozyste Didier Barbelivien, selon qui ses propositions sur la peine de mort *« n'étaient pas illégitimes »*. Des journalistes osaient défendre sa proposition visant à supprimer les 7 650 euros de déduction fiscale pour les détenteurs de carte de presse. Les deux stars de RMC, Jean-Jacques Bourdin et Éric Brunet, s'engagèrent contre cet *« avantage indu »*, et l'éditorialiste du *Figaro* Ivan Rioufol signa une tribune pour saluer *« la mise au pas d'une profession devenue folle »*. Michel Houellebecq avait accordé une réaction écrite de quelques lignes à *Valeurs actuelles*, sibylline au possible : *« Je ne vote plus depuis des années. Mais si j'allais voter la prochaine fois, à l'évidence, je ferais le choix de l'aventure. »* Quelques jours après le premier tour, Alain Finkielkraut et Michel Onfray avouèrent dans un texte commun qu'*« en tant qu'anciens hommes de gauche »*, ils glisseraient un bulletin Zemmour dans l'urne, le 7 mai, pour *« poursuivre le combat des Lumières contre l'obscurantisme »*.

La riposte fut bien menée. Les appels à voter pour François Hollande, venus de tous horizons, se multiplièrent. Caroline Fourest, Pierre Bergé, Bernard Henri-Lévy signèrent dans *Le Monde* des textes d'une redoutable efficacité. La chanson engagée *Kiffe la France* de Yannick Noah et Francis Lalanne saturait les ondes. L'ancienne patronne du MEDEF, Laurence Parisot, qui distribuait des bons points au pacte de responsabilité lancé par Hollande et fustigeait la pensée « *malsaine* » de Zemmour, surprit son monde en venant à la rescousse du candidat socialiste. Deux évêques empruntèrent le même chemin, l'annonçant au journal *La Croix*, et *Le Canard Enchaîné* rapporta la réaction du candidat de droite en l'apprenant : « *Les évêques, de toute façon, il faudra les mettre dans les mêmes avions que nos imams salafistes. Bon débarras !* »

On me demanda de m'intéresser aux suites de l'affaire de la prise d'otage dans le Nord. Nous étions abreuvés, dans les journaux, des images de Jean Lassalle marchant quelques pas devant des centaines d'anonymes, béret basque vissé sur le crâne, serviette humide sur le front, impeccable dans son costume noir et sa cravate, malgré ses chaussures de marche et son sac à dos. La troupe progressait lentement sur les petites routes de campagne. « *Nous ne sommes même pas partis cinq cent, mais nous sommes aujourd'hui plus de cinq mille !* », s'était-il félicité dans une interview. La presse raffolait de cet énergumène décidé à

« renverser un système autiste ». Lassalle s'arrêtait dans les bourgs et recueillait des cahiers de doléances de la population. Des anonymes venaient le rejoindre pour passer une heure, une journée où une semaine à ses côtés. Les politiques ne savaient pas quoi penser de cet attelage bizarre de petits patrons et d'opposants à la gauche. *Libération* parodiait ces manifestants en *« petite clientèle poujadiste »* flattée par *« un député bas de plafond »*, *Le Figaro* avait estimé le nombre de ces marcheurs, depuis le début de leur périple, à cinquante mille personnes, et avait titré : *« La France de Jean Lassalle peut-elle faire tomber Hollande ? »*

12 JOURS
AVANT L'ÉLECTION

– Amore mio ?

Sarkozy s'était perché sur ses mocassins pour tenter de distinguer, par-dessus le muret de pierre, le profil de son épouse. Elle n'était pas dans la piscine. Il voulait en finir. Deux jours qu'elle le harcelait, le poussait à bout, le suppliait de donner sa consigne de vote pour dégager *« le pingouin »*. Ce moment de repos dans la propriété du Cap-Nègre virait à l'enfer. Il tourna les talons et se planta sur son fauteuil, face aux deux cent cinquante degrés de mer qui s'offraient à sa vue. Il replongea dans la lecture de Balzac. Rien ne l'apaisait plus. Sa vie avait été une telle course qu'il n'avait jamais vraiment goûté les joies de la littérature, et ses découvertes récentes l'enchantaient. *Les Braises*, de Sándor Márai, avaient été une révélation, et il viendrait cet été, après Balzac, à bout de Stendhal et Flaubert, qu'il connaissait mal. Il était travaillé par le doute. Zemmour n'était pas un mauvais type, on pouvait même reconnaître qu'il avait réussi un joli coup. Mais le soutenir, ne serait-ce pas laisser une trace un peu honteuse dans l'histoire ?

Il voyait depuis plusieurs jours le gros de ses troupes dériver vers ce candidat hors système. Pourquoi pas, après tout ? Ils avaient une carrière à construire. Mais lui, en tant qu'ancien président, avait une image à conserver. Carla apparut au bout de la terrasse, une serviette de bain nouée sur la poitrine, le visage dissimulé sous un large chapeau et des lunettes noires. Elle devait revenir de la petite crique où elle se rendait souvent pour plonger dans la mer, à l'abri des paparazzi. Il bondit hors du fauteuil et se dirigea vers la terrasse, où le vent faisait claquer les tentures. Elle avait à nouveau disparu. En pénétrant dans le vaste salon aux murs ocre, il reconnut la silhouette de sa femme, qui venait de revêtir une robe pâle.

– Je ne parle pas aux lâches qui veulent aider François Hollande à être réélu, le surprit-elle.

Les Italiennes..., songea Sarkozy. Il avait subi quarante-huit heures de chantage affectif, et ne supportait plus cette ambiance. Même ses trois heures de vélo ne le détendaient plus. Avec plus de six mois de campagne dans les jambes, il aspirait au calme, au repos, et à tourner la page de la politique. Il se débattait pour en placer une, mais Carla le boudait ostensiblement. Elle se dirigeait vers la salle à manger sans l'écouter, indiquant qu'il était l'heure de passer à table. Il planta ses incisives dans un quartier de melon, pendant qu'elle s'installait pour déjeuner. Carla Bruni sélectionnait minutieusement des morceaux de mozzarella. Il se fit plus doux, presque mielleux.

– Je ne veux pas qu'il soit réélu, bien sûr, annonça-t-il timidement. Mais réfléchis quand même. Tu me vois, moi, Nicolas Sarkozy, appeler à voter pour ce type ?

– Je ne te demande pas d'appeler à voter pour lui, mais de faire battre l'autre, à n'importe quel prix. Prends sur toi, enfin ! Tu as pensé à l'image de la France ? Il est laid, nul, il grossit des fesses et du ventre. Tu imagines l'image que ton pays renvoie à l'étranger ?

L'argument fit mouche. Oui, Hollande était laid, c'était même un ectoplasme. L'idée que ce petit calculateur mesquin, con comme une valise sans poignée, puisse réussir sa réélection, là où lui avait échoué, cinq ans plus tôt, était insupportable. Carla Bruni était intarissable, et s'était lancée dans une tirade ponctuée de jurons italiens. Elle le ravissait.

– Et puis regarde, parmi tous ces gens qui votent pour Zemmour, il n'y a pas que des idiots ! Tiens, prends Michel, par exemple...

Elle avait raison. Houellebecq ressemblait à un débris humain, buvait comme un trou, était sale comme un peigne, mais il était tout sauf débile. Il avait adoré, d'ailleurs, son dernier roman, au point de se procurer *Soumission* en édition originale. La pièce valait deux mille cinq cents euros, mais il était fier de la posséder.

– Et le Front national ? Tu as pensé à tous ceux qui vont dire que je suis le premier chef de la droite républicaine qui favorise une alliance avec l'extrême droite ?

– Mais Zemmour, c'est quelqu'un de cultivé, ce n'est pas le Front national !, poursuivit Carla. Et puis le Front national, si tu enlèves Marine Le Pen, ce n'est pas terrible...

Elle marquait des points. Marine Le Pen était épaisse, peu distinguée, agressive, mais il fallait arrêter avec la diabolisation. Le père, par exemple, était un type fin, amusant, brillant orateur. Il avait secrètement admiré son éloquence et s'en était, à certains moments, inspiré. Il devait convenir que la victoire de Zemmour signifiait aussi la mort de Marine Le Pen, et cela lui remontait le moral. Il regardait passer les plats sans toucher aux aliments gras, et fut ramené à sa conversation par le bruit de Carla s'allumant une cigarette.

– Ce que je ne comprends pas, reprit-il, c'est cet effondrement. J'ai fait une bonne campagne, et rien n'a marché.

– Les Français ne veulent pas remettre sur le trône le roi à qui ils viennent de couper la tête, voilà l'enseignement. Moi, je pense que tu as perdu dès 2007, avec le *Fouquet's* et le yacht de Bolloré. Un président ne s'amuse pas sur un bateau alors que la France a faim.

Il sursauta et lui coupa la parole.

– Je n'étais pas encore président ! Et en 2007, la France n'avait pas faim !

– C'était une connerie, mon Nicolas. Tu n'étais pas avec la bonne gonzesse à l'époque, c'est sans doute pour ça...

Il avala d'un trait son verre d'eau pétillante et demanda un café à son intendant. Il irait courir, puis se baigner, et appellerait Brice en fin d'après-midi pour discuter de sa décision. Il partirait ensuite en vacances, loin, et reprendrait sa vie de conférencier. Il coulerait enfin des jours heureux avec Carla.

11 JOURS
AVANT L'ÉLECTION

– Et Marine Le Pen, elle va vraiment arrêter la politique ?

Rachida Dati s'était penchée vers Louis Aliot pour chuchoter la question à son oreille. Perdu, le regard au loin, il se laissait bercer par le bruit de la route. Il n'en savait rien, à vrai dire. Marine avait annoncé sans concertation qu'elle voterait Zemmour puis se retirerait de la vie publique, et il n'avait pas eu le temps d'en discuter avec elle. Elle n'était pas venue au Parlement européen, prétextant des affaires courantes à gérer dans le Nord, et ne répondait plus à ses SMS. Il avoua son désarroi. Florian Philippot avait plaidé, au lendemain du premier tour, pour que le parti investisse des candidats dans toutes les circonscriptions aux élections législatives. Il pensait qu'Éric Zemmour ne continuerait pas la politique après sa défaite, et que le FN pourrait récupérer ses électeurs. Selon lui, il y avait même une chance, dans ce contexte abrasif, d'arracher une majorité à l'Assemblée nationale. Philippot voulait imposer une cohabitation à Hollande, et espérait que le plus présentable des leaders frontistes soit appelé à Matignon. En l'occurrence, lui.

Aliot n'y croyait pas. Il était partagé entre l'amertume de la défaite et l'espoir soulevé par Zemmour. Évidemment, il voterait pour lui, il l'avait dit aux médias. Mais il ne pouvait se résoudre à laisser la campagne s'achever sans le Front national.

– Si Zemmour gagne, il aura besoin du FN autant que de vous pour gouverner, se consola-t-il en s'adressant à Rachida Dati.

L'ancienne ministre pianotait frénétiquement sur son Blackberry, accoudée à la portière de la voiture, et opina distraitement.

– Vous pensez que la victoire de Zemmour est possible ?, osa-t-il finalement demander.

– Je connais bien Hollande, il est beaucoup plus intelligent qu'on ne le croit, répondit-elle. Sa force, c'est de laisser penser qu'il est idiot. Ce sera serré, en tout cas. La gauche se reportera mal sur Hollande, mais Zemmour aura le même problème avec la droite. Il va avoir plus de mal, la barre est très haute. À moins qu'un événement vienne rebattre les cartes.

– Comme le truc de Dupont-Aignan ?, interrogea Aliot. C'est drôle d'apprendre maintenant qu'il a voté pour Le Pen au second tour de 2002, alors qu'il était au RPR, mais le dire dans une interview, vu le contexte actuel, ça fait un peu décalé…

– Moi aussi j'ai été surprise, reprit Dati. Peut-être qu'en avouant ça aujourd'hui, il veut faire sauter la digue.

L'ancienne protégée de Sarkozy avait sympathisé sur les bancs de Strasbourg avec le vice-président du FN. Ils avaient échangé quelques SMS, pour se remercier mutuellement, lorsqu'elle défendait le FN contre les attaques, ou quand il lui décernait publiquement des bons points. Elle avait découvert le Front national sur le tard. Au Parlement européen, elle avait été séduite par la verve, le langage et les bonnes manières de Jean-Marie Le Pen. Un jour qu'elle discutait avec lui dans la salle d'embarquement, elle avait simulé un appel téléphonique pour ne pas être aperçue en compagnie de son encombrant collègue. Elle l'avait suivi à quelques mètres, et fut sidérée de voir les personnels de l'aéroport quémander une photo avec lui. Un autre jour, son père lui avait avoué qu'il pouvait glisser, de temps en temps, un bulletin FN dans l'urne. Depuis, elle s'affichait sans complexe à leurs côtés, pour peu qu'ils soient bons camarades. À quoi bon se cacher ?

Ils discutaient depuis vingt minutes. Les taxis affrétés par le Parlement européen formaient une file ininterrompue sur la route de l'aéroport. C'était un des petits rituels des députés exilés à Strasbourg ou Bruxelles : la délégation française, toutes étiquettes politiques confondues, partageait les voitures et souvent les discussions, au moment de rentrer vers Paris. La presse, qui cherchait toujours des indices de connivence entre la droite et le FN, aurait été bien inspirée de jeter un œil à ces contacts discrets, râlaient souvent les socialistes du Parlement européen. Loin des regards, on s'embrassait comme du bon pain, on discutait, on riait, et parfois on complotait.

Aliot sortit du taxi, sac de voyage à la main, et marcha quelques mètres. Rachida Dati lui faussa compagnie sans mot dire en arrivant dans la salle d'embarquement du vol vers Paris. Il comprit en voyant Brice Hortefeux ; ils étaient liés par une vieille détestation. Elle le comparait à un officier nazi, il la trouvait vicieuse. Le temps et les intérêts communs n'avaient jamais effacé les rancœurs. Hortefeux discutait avec Nicolas Bay, le secrétaire général du FN. Ils parlaient bas, mais ne s'interrompirent pas à son arrivée.

– Je crois que Nicolas va appeler à battre la gauche, peut-être même inciter directement à voter pour Zemmour, confia le vieil ami de l'ancien président.

Aliot se surprit à trouver Hortefeux sympathique. En marchant vers l'appareil, Nicolas Bay questionna l'ancien ministre de l'Intérieur.

– Vous croyez à la victoire de Zemmour ?

Hortefeux grimaça.

– L'essentiel est de mettre toutes les forces dans la bataille, insista-t-il. Ceux qui vont manquer au combat peuvent faire une croix à jamais sur le vote des électeurs de droite !

Bay sourit. Deux ans auparavant, Hortefeux l'avait prévenu : « *On a des idées trop proches donc, entre nous, ce sera une lutte à mort. Vous voulez nous tuer. On va vous tuer.* » C'était le temps de la rivalité Marine Le Pen-Sarkozy et Bay songea à l'ironie de la situation. Aujourd'hui, tous les deux étaient morts. Lui avait décidé de s'engager pour le second tour, et ne croyait pas la victoire impossible. Il avait misé gros sur 2017. Le 23 avril était venu saccager ses plans, mais il concevait plutôt ce coup du sort comme une accélération du processus. Avec son ami Guillaume Peltier, ils s'étaient plusieurs fois fait la remarque qu'il faudrait se débarrasser des aînés pour commencer à faire de la vraie politique. On y était, et c'était grâce à Zemmour. Il composa le numéro de son vieux complice.

8 JOURS
AVANT L'ÉLECTION

L'un avait commandé un verre de brouilly frais, l'autre un chocolat viennois servi tiède. Laurent Wauquiez avala goulument la crème qui débordait de sa tasse, et commença à parler.

– L'électorat de droite nous attend au tournant, si on ne fait rien on est morts, et si on se plante on est morts.

Guillaume Peltier tirait sur sa cigarette en plissant les yeux. La terrasse du Café Bourbon, institution du quartier de l'Assemblée nationale, était déserte. L'ancien ministre lui avait donné rendez-vous très tôt. La journée allait être longue.

Wauquiez avait remonté les manches de sa chemise blanche et détendait ses longs bras pour illustrer sa démonstration. La droite était morte, mais c'était une bonne nouvelle. Elle avait cessé de s'assumer, avait dégoûté les électeurs. Elle se bouchait le nez, s'embarrassait de débats byzantins, tournait autour du pot. Vote FN ou PS ? Ni-ni ou front républicain ? Les gens n'en avaient plus rien à faire. Ils venaient de le montrer. « *Soit on change, soit ils nous changent* », répétait Wauquiez. Zemmour avait gagné, et maintenant il fallait le soutenir.

Peltier pensait à la prédiction de Sarkozy : « *Un jour, ce sera un atout pour toi d'avoir été au* FN. » Ce jour était venu. Il regardait Wauquiez s'agiter. Son interlocuteur avait peur. Il transpirait. Il tremblait. Peltier l'écoutait regretter que Sarkozy n'ait pas assumé le combat identitaire qui avait animé cette campagne. Le candidat s'était borné à combattre le FN sur le terrain moral, alors que c'était une question d'efficacité politique. Wauquiez répétait les mêmes mots, « *connerie* », « *erreur* », « *forfaiture* »... Une France majoritaire qu'on avait réduite au silence s'était réveillée, analysait-il. Elle s'était rebellée dans l'isoloir, et commençait à prendre le maquis.

À ses yeux, l'incendie provoqué dans un centre d'accueil de migrants à Loudun n'était pas un accident. On avait imposé aux gens la présence d'immigrés clandestins, et ils ne laissaient pas passer cette ultime provocation. Ils voulaient que la France reste la France. Ils n'écoutaient plus ce qu'on leur disait. L'affaire Vincent Lambert, selon lui, avait aussi fait beaucoup de mal. La quasi-totalité des médias et des pouvoirs publics avait expliqué que ce pauvre homme plongé dans un état végétatif était inconscient, même si ses yeux clignaient, et voulaient faire de son histoire un cas d'école pour légaliser l'euthanasie. Or, le type s'était réveillé.

– La confiance est rompue, insistait Wauquiez. On a sous les yeux les prémices d'une ère de sécession. Les gens vont tout casser, et si on ne réagit pas très vite, les politiques seront les premiers dans la charrette.

Wauquiez mentait-il ? Depuis tout ce temps, Peltier avait appris à ne jamais croire sur parole ce type brillant, mais capable de toutes les volte-face. Ils avaient enterré la hache de guerre trois ans auparavant, juste à temps, car leur concurrence avait failli les conduire à la destruction. Wauquiez avait, un jour, demandé l'exclusion de son rival en bureau politique. En retour, Peltier le pilonnait de confidences distillées dans la presse. Ils avaient fini par considérer leurs intérêts communs, et par réaliser que leur bagarre profitait à NKM, cette bulle médiatique qui s'était trompée de parti, comme ils disaient. Ils avaient pactisé, et étaient aujourd'hui dans la même galère. Soit ils sombraient ensemble, soit ils survivaient ensemble.

Peltier s'inquiéta.

– Tu as parlé à Patrick ?

Wauquiez sursauta. Bien sûr que non, il n'avait pas appelé Buisson. Et pourtant, il le fallait. La clé de ce second tour était là. Toutes les forces de la droite devaient se rassembler. Pour Peltier, il était hors de question de renouer avec son mentor. Ils avaient rompu au moment de la révélation des enregistrements, en 2014. Après l'avoir défendu sur les plateaux télévisés, Peltier avait téléphoné, furieux, au politologue. « *Tu m'as juré que cette histoire était fausse. Tu t'es foutu de ma gueule !* » « *Connard !* », avait été la seule réponse de Buisson. Ils ne s'étaient plus jamais parlé. Il le fallait aujourd'hui. Patrick avait gagné la partie, il avait les clés en main.

– Je me charge de le contacter, dit Wauquiez.

Il n'avait jamais rompu avec l'ancien conseiller de Sarkozy, qui nourrissait de grands espoirs en lui. Aux yeux de Buisson, l'ancien ministre était un des rares capables, dans l'avenir, de réconcilier la droite avec les classes populaires. Il doutait de la sincérité de ses convictions, mais se rassurait d'une formule : « *À force de tenir ce discours, il finira par le croire. C'est comme avec Pascal :* "Mettez-vous à genoux, priez et implorez. Faites semblant de croire, et bientôt vous croirez." » La théorie se vérifiait plutôt bien. Wauquiez avait enfourché les thèses buissonniennes et assumait de lire Finkielkraut, Houellebecq, et bien sûr Zemmour.

– J'ai eu Guaino longuement au téléphone hier soir, reprit-il. Il veut qu'on fasse un appel d'une grande ampleur, un truc dans la presse. Et la petite de Sens Commun, Madeleine de Jessey, a appelé Marion Maréchal-Le Pen. Figure-toi qu'elles étaient dans la même classe au collège, je ne le savais pas. Elles ont repris contact quand elles ont commencé la politique. Elles ont été bien discrètes…

Le temps pressait. Il fallait abattre la frontière entre la droite et le FN avant le second tour. Il avait parlé dans le week-end à Xavier Bertrand, Christian Estrosi, Éric Ciotti, et à son vieil ennemi Jean-François Copé.

Tous acceptaient de signer cette tribune appelant à soutenir Zemmour.

– J'appelle Le Maire, s'engagea Peltier. Même si je sais déjà qu'il ne voudra pas se joindre à nous. Et je suis déjà en contact avec Nicolas Bay. On a milité ensemble quand j'étais au FN, on est restés amis, et il veut pousser ses troupes à soutenir Zemmour. Il roulera avec nous, je lui ai parlé il y a trois jours.

S'ils jouaient finement, ils pouvaient donner l'impression que la droite et le FN se rangeaient derrière Zemmour. Avec un peu de chance, les médias crieraient à l'offensive réactionnaire et dénonceraient cette « union des droites » qu'ils craignaient tant. Il fallait un électrochoc pour les électeurs.

On se souvenait du *« monopole du cœur »* de Giscard, de *« l'homme du passé »* et de *« l'homme du passif »* de Mitterrand, du refus de Chirac d'affronter Le Pen en 2002, mais ce débat d'entre-deux-tours fut inclassable parmi les célèbres affrontements de la Ve République. François Hollande l'abordait en position de force. Malgré la radicalité des critiques venues de la gauche, des écolos et du Parti communiste, la fonction jouait en sa faveur. Après avoir hésité à annuler ce traditionnel rendez-vous, ses conseillers l'avaient incité à étouffer le débat. Zemmour serait forcément dans l'affrontement, il fallait le renvoyer à son statut de saltimbanque, d'amuseur public, et le traiter par le dédain. Surtout, ne pas rentrer dans son jeu, ne pas répondre à ses arguments, l'enjeu était de délégitimer sa parole. Il fallait l'enfermer dans la case du commentateur, et insinuer que l'action publique était une science autrement plus exigeante que la polémique.

Le résultat fut des plus frustrants. Zemmour resta dans son rôle de bretteur, il sautillait sur sa chaise, alternait les développements de quelques minutes et les piques assassines, glissées en une seconde, en coupant la parole au président sortant. Dans son costume sombre, François Hollande donnait l'impression d'encaisser les coups, de se dérober. Zemmour avait tiré le débat sur son terrain. Sa réussite fut de mettre les causes du désastre au centre de l'échange, plutôt que les solutions. Nous avions retenu une seule phrase de ces deux heures trente d'affrontement.

« Les politiques échouent parce qu'ils ne savent plus analyser les racines du problème. Moi, j'y ai consacré un livre de plus de cinq cents pages, il s'appelle Le Suicide français. *Arrêtez de me parler de programme, le vôtre fait vingt pages, et personne ne l'a lu. »*

Le match avait aussi été psychologique. Deux adversaires qui se connaissaient parfaitement s'acharnaient l'un sur l'autre. Hollande avait été éditorialiste, avait fréquenté toute sa vie des journalistes, était tombé amoureux d'une d'entre elles, et anticipait parfaitement leurs raisonnements.

Il avait eu l'occasion de se frotter à Zemmour dans ses jeunes années. Lorsqu'il soutenait Jospin, l'énarque député de Corrèze avait pris l'habitude de petits déjeuners au Flore avec le journaliste du *Quotidien de Paris*. Il engloutissait des pains au chocolat et Zemmour s'amusait de son appétit. Le journaliste, lui, gardait un autre souvenir.

Étudiant à Sciences Po, il avait suivi les cours d'économie de Hollande sur les bancs de la préparation à l'ENA. Avec son camarade de classe Moscovici, il apprenait doctement les règles de la fiscalité édictées par celui qu'il accusait, aujourd'hui, d'être le champion du monde des hausses d'impôts. Personne ne sut si le débat relançait le second tour, mais le camp du président accusa le coup. Je comptais parmi les quelques journalistes présents dans les studios de la plaine Saint-Denis, et entendis Gaspard Gantzer, le conseiller en communication de Hollande, sortir de sa loge quelques minutes avant la fin et enrageant : « *C'était une connerie, ce débat.* » Zemmour était sorti exténué, et j'avais réussi à lui parler quelques secondes, contournant le barrage érigé par son premier cercle.

– Vous savez quel est le plus beau compliment qu'on m'ait fait dans ma carrière ?, m'interrogea-t-il pour expliquer comment il avait su manœuvrer Hollande. C'est Pierre Méhaignerie qui m'a dit un jour : « Je ne sais pas comment vous faites pour raconter mieux que moi les réunions de l'UDF alors que j'y suis et que vous n'y êtes pas. » C'est parce que je n'avais pas besoin de savoir, je les connaissais par cœur, je savais comment ils pensaient. J'étais dans leur tête.

Il reçut au lendemain du débat le renfort de deux centristes. Jean Lassalle et Jean-Christophe Fromantin, le député-maire de Neuilly, avaient rédigé un communiqué commun pour refuser le maintien au pouvoir de représentants d'une *« caste »* dont le seul bilan était d'avoir *« appauvri et désespéré »* les Français. La dépêche AFP consacrée à leur annonce pointait les liens de Lassalle avec Bayrou et de Fromantin avec Borloo.

« Ceux qui partagent les valeurs de cette marche savent que François Hollande ne peut rien pour réconcilier le pays avec lui-même, parce qu'il est à l'origine de nombre de ses maux », insistaient-ils.

Le clan Zemmour avait dû manigancer une journée de propagande électorale, car *Le Figaro* publiait, le même jour, un appel de cent parlementaires Républicains et FN à voter pour Éric Zemmour. C'était peu, au regard du nombre potentiel de signataires de droite, mais la presse relaya sans réfléchir en comparant leur tribune à « l'Appel des 43 » députés UDR diligenté contre Chaban-Delmas en 1974.

4 JOURS
AVANT L'ÉLECTION

Il claqua la porte de son bureau et manqua de trébucher sur une plante verte dans le couloir. Jean-Luc Mélenchon voulait fuir cet endroit sinistre, où il ne supportait plus de voir sa tronche placardée sur tous les murs. Une dizaine de militantes s'affairaient au milieu des cartons. Il fallait quitter les lieux et vite s'affranchir de l'exorbitant loyer du QG. Il avait revêtu, en dépit du temps printanier, un pardessus et un chapeau de feutre noir, imitation de celui de Mitterrand. Il voulait marcher quelques mètres, s'aérer, oublier cette campagne.

Que lui avait-il manqué ? Hollande avait fait déserter tant d'électeurs de gauche qu'il aurait dû être, cette fois, la vraie révélation de cette élection. Au lieu de cela, il stagnait au même niveau qu'en 2012. Les crétins qui répétaient que Zemmour avait pu lui prendre des voix se plantaient complètement. Bien sûr, il avait joué de la fracture entre le peuple et les élites, mais il ne pouvait pas croire que ses électeurs partageaient les lubies anti-immigration du journaliste.

Il s'aventura en direction de la Porte des Lilas, regarda les étals et observa les visages. Il y avait une majorité d'arabo-musulmans, c'était vrai, admit-il intérieurement. Mais ces gens-là étaient français, ne posaient de problème à personne et ne demandaient qu'à vivre paisiblement dans ce pays. Pourquoi certains continuaient-ils à les accuser de tous les maux ? Ces types étaient les nouveaux damnés de la terre, ils avaient été foutus là par le capitalisme pour affamer les ouvriers. Et puis ils étaient restés, on les avait parqués dans les tours, on les accusait au quotidien en leur refusant encore le droit d'être français. Zemmour était bien gentil, à lui expliquer que son discours ne portait plus, mais il n'allait pas se mettre à taper sur les immigrés sous prétexte que ça faisait des voix !

Il se débattait avec ses doutes. En 2012, il avait appelé à voter pour Hollande, à contrecœur et sans y croire une seconde, pour dégager Sarkozy. Entre-temps, l'autre avait mené une politique plus libérale que la droite et avait, en prime, désespéré le peuple de gauche. Cette fois, c'était décidé, il suivrait son instinct. Il n'appellerait pas à voter pour lui ; il ne voulait pas cautionner une nouvelle trahison. Il avait regardé, le week-end dernier, cette pathétique manifestation républicaine organisée par Cambadélis. Devant son poste de télévision, il avait souffert en constatant que la prophétie de Valls, *« la gauche peut mourir »,* se réalisait. Ils avaient voulu refaire le rassemblement de 2002 contre Le Pen, mais l'antifascisme était agonisant. Et en plus, il pleuvait. Le rassemblement avait eu lieu à la Bastille. Le cortège était incohérent, les gens semblaient désorientés, ne chantaient pas. Ils étaient vingt mille, peut-être trente, mais ils avaient annoncé cent cinquante mille. L'état-major du PS avait fait le déplacement dans sa quasi intégralité. Mélenchon s'était tordu de douleur en voyant ce qu'était devenue la gauche depuis Mitterrand. Ils n'avaient plus aucune foi en rien, débitaient du prêt-à-penser au kilomètre, étaient incapables de réinventer la révolution. Le vieux, lui, parlait du bonheur et retournait les cœurs. Le peuple les avait abandonnés, et ils ne s'en rendaient pas compte. Le dernier électeur partirait un jour en éteignant la lumière, et ils continueraient à discuter entre eux dans le noir. François Hollande ne pouvait être aveugle. Ce jour-là, il était attendu à la Bastille et n'était pas venu. L'envoyé spécial de la chaîne d'info l'avait annoncé à la télévision, avant qu'un obscur jeunot du PS vienne démentir en disant que le président était concentré sur les problèmes de politique étrangère.

Mélenchon connaissait Hollande, et savait que pour une foule conséquente, il se serait déplacé. Ce type était un menteur, un cynique, un immonde personnage qui l'avait toujours méprisé. Il était bien content d'avoir obtenu le soutien de son ancienne compagne, ça avait dû bien l'emmerder, et Valérie s'était beaucoup investie dans la campagne. Quand il était encore au PS, Mélenchon le traitait de « *pauvre type* » et de « *minable* » lorsque Hollande affichait trop son air supérieur. *Ce type portait des couches culottes à l'ENA quand je faisais évader des partisans d'Allende,* se disait-il quand la rage le consumait. En 1997, au Congrès de Brest, Hollande l'avait humilié en trafiquant les résultats de leur affrontement. Mélenchon avait craqué, à la tribune, après l'annonce de son maigre score. Il avait cité le conseil de Mitterrand : *« Ne cédez jamais, marchez votre chemin »*. Il avait ajouté : *« Eh bien, je marche, Monsieur ! »*

Il marchait depuis vingt ans, mais il n'allait nulle part. Il n'avait plus d'alternative. L'autre France ne l'attirait pas. Le dimanche d'entre-deux-tours, il avait, là aussi, regardé La Manif Pour Tous à la télévision. Les organisateurs avaient annoncé un million de personnes et la police trois cent mille. Ils étaient plus nombreux, c'était déjà ça, et plus joyeux aussi. Mais leur projet n'était pas le sien. C'était la France de Pétain, la France renfermée, la petite France. Quand Zemmour avait prononcé un discours de trente minutes à la tribune, et avait exhorté les manifestants à *« ne pas se laisser faire »* et à *« reprendre leur destin en main »*, il avait pourtant frissonné. Il avait de l'estime intellectuelle pour ces hommes et leur réussite ne l'étonnait pas. Il avait fait ses premières télévisions sur LCI grâce à Patrick Buisson, et gardait un souvenir honnête de ce journaliste incollable sur l'histoire des idées politiques. Il était même venu à l'Élysée, du temps de Sarkozy, pour assister à sa remise de la Légion d'honneur.

Avec Zemmour, c'était différent. Ils avaient été potes. Il avait été invité par sa femme à l'anniversaire surprise du journaliste. Là encore, des heures et des heures de discussions sur le marxisme et la guerre culturelle avaient façonné une relation cordiale. Il lui avait même demandé des services. En 2010, fasciné par les discours de Sarkozy sur l'histoire de France, il avait demandé à son vieux copain de lui arranger un déjeuner avec la plume présidentielle, Henri Guaino. L'échange avait été enrichissant et il n'avait jamais oublié les conseils, s'en était même servi pour ses propres campagnes.

Mais Zemmour était allé trop loin. À un moment, il était devenu un adversaire politique, et un bon trotskiste savait cogner. Mélenchon n'avait pas hésité, au moment opportun, à tirer sur l'ambulance. Un de ses militants l'avaient informé que Zemmour tenait des propos intolérables sur la déportation dans un journal italien ; il avait traduit, sommairement, et balancé sur son blog. La polémique avait touché Zemmour, mais pas coulé. Il avait été viré d'iTélé, et peut-être que sa vocation politique était née avec ça. Quelle ironie, songeait Mélenchon. Avait-il eu raison ? Il n'en savait rien. Il avait honte, c'était une certitude, et se sentait terriblement las de ce spectacle minable de la politique.

La suite s'écrirait sans lui. Il avait fini sa promenade et se sentait apaisé. Les médias le sollicitaient pour connaître sa consigne de vote, il les enverrait balader en leur disant qu'aucun des deux candidats ne représentait ses idées, et il en profiterait pour assassiner Hollande, « *Le président le moins à gauche de la cinquième République* ». La formule lui plaisait, elle ferait mouche, ces abrutis de journalistes se jetteraient dessus. Il allait rentrer au QG, faire ses cartons, demander que la voiture le raccompagne chez lui et dormir, longtemps. Il prit son téléphone portable et hésita longuement. Puis il écrivit le SMS qui lui brûlait les doigts. *« Je n'appellerai évidemment pas à voter pour toi, mais bon courage, camarade. »*

JOUR DE L'ÉLECTION

Il avait pris quinze, vingt kilos ? Son ami, c'était une évidence, avait énormément grossi durant ces cinq dernières années. Stéphane Le Foll observait François Hollande comme un enfant admire sa mère. Il était subjugué par son sang-froid, sa maîtrise, sa détermination à ne jamais lâcher ses objectifs.

– Tu es fatigué ?, le questionna-t-il.

Hollande avait des cernes sous les yeux et bâillait de plus en plus souvent. La campagne avait été harassante et, confia-t-il, « *un homme n'a plus la même énergie après cinq ans au sommet de l'État* ». Les trajets en train l'avaient rincé, les vols encore plus, et il avait dû mener de front l'exercice du pouvoir et sa campagne. Voilà pourquoi il avait été obligé de réduire ses déplacements et de faire le strict minimum. Il était tassé dans son fauteuil Louis XVI et semblait absent de la conversation. Son bureau était impeccablement rangé, comme s'il s'apprêtait à partir.

En 2012, dans son bureau de président du Conseil général de Corrèze, Hollande avait passé la soirée électorale entouré de ses proches. Cinq ans de pouvoir et cette armée s'était réduite à peau de chagrin. Jean-Marc Ayrault n'avait pas digéré son renvoi de Matignon, Kader Arif et Faouzi Lamdaoui se débattaient avec la Justice, Valérie Trierweiler avait pondu un livre assassin, Aquilino Morelle s'acharnait sur Hollande, qu'il tenait pour responsable de son renvoi de l'Élysée. Le président avait réuni quelques fidèles, pour savourer l'attente des résultats, mais ils seraient peu nombreux ce soir. Julien Dray était là. L'ancien banni de la « hollandie », déclaré infréquentable par Trierweiler, goûtait une revanche discrète depuis que l'ancienne compagne était partie en vrille. Il avait eu le triomphe modeste, s'était réinstallé au sommet du pouvoir, avait l'oreille du président, et comptait parmi les intimes de Julie Gayet. Le pouvoir et les femmes, une histoire de grâces et de disgrâces... Il avait convaincu Hollande que la stratégie de Camba était la bonne, et qu'il serait réélu face à n'importe quel candidat de droite affaibli au second tour. Que Montebourg et Valls s'étaient suicidés politiquement, et que leur coup d'éclat les enverrait dans les oubliettes de la gauche. Qu'il suffisait de tenir un langage apaisant pour incarner le rassemblement des Français, sans mener campagne sur le terrain.

L'histoire allait lui donner raison. Hollande avait peut-être été l'homme de tous les ratés, on le tenait pour mort au lancement de la campagne, mais il avait tenu, enduré, cru en son étoile. Raffarin avait raison, son costume présidentiel avait pesé 20 % des voix au premier tour de cette élection. Et ça allait passer au second. Dray répétait une formule, qu'il savait parfaitement appropriée : *« Hollande est un joueur de loto qui gagne tous les cinq ans. »*

Ils attendaient Bernard Poignant. Le conseiller de Hollande, ancien maire de Quimper, était chargé ce soir d'informer le président dès que Beauvau aurait les premières estimations fiables. Il était presque seize heures, il ne devrait pas tarder. Le président appuya sur un bouton et commanda des boissons fraîches, des petits fours, ainsi que deux bouteilles de champagne.

– Tu n'as pas peur du sondage ?, questionna Le Foll.

Une enquête d'opinion publiée quelques jours plus tôt par *Le Figaro* donnait Hollande vainqueur avec 52 %.

– Ça va remobiliser son électorat, mais il a trop de retard, éluda le président.

Il retrouvait le sourire, et quelques petites blagues fusaient déjà. Le son de la télévision, branchée sur iTélé, était coupé.

– Et pour la suite ?, demanda Dray.

Ils avaient eu cette discussion cent fois, mais il voulait entendre Hollande en parler devant témoins.

Il savait le président capable de dire tout et son contraire à deux interlocuteurs différents, et voulait, cette fois, être certain de ses intentions. Hollande ne renâcla pas à parler.

– Contrairement à 2012, j'aurai les moyens de gouverner sans alliés, se réjouit-il. Je vais me passer des Verts, je ne garderai que Jean-Vincent Placé pour donner le change, il trépigne depuis 2012 pour avoir un ministère. Je vais laisser les communistes se noyer dans la contestation, et je vais resserrer autour de mon premier cercle, je garde Sapin, Cazeneuve, Ségolène, et on va faire monter la nouvelle génération.

Il voulait du neuf, du sang frais, des nouveaux visages. Les gens attendaient ce renouvellement de la classe politique.

– Je sais que tu la détestes, mais je vais faire de Najat ma ministre de l'Intérieur, lança-t-il à Dray, qui fulmina.

– Elle est conne, c'est le degré zéro de la politique...

– Elle incarne cette gauche de l'avenir, ouverte sur les questions de société, ferme sur ses valeurs, et consciente de la règle du jeu dans un univers mondialisé. Avec elle, pas d'états d'âme sur la politique économique trop libérale..., la défendit-il.

Il renverrait Taubira en Guyane. Elle avait été utile, mais elle divisait trop pour rester. Le deuxième quinquennat devait être celui de l'apaisement. À l'exception du droit de vote des étrangers, il n'y aurait pas de réforme clivante. Il voulait laisser dans l'histoire sa marque de chef d'État aimé, respecté, ayant su réconcilier les Français dans une période de crispation.

– Tu voudrais le porter, toi, Stéphane, le droit de vote des étrangers ? Ça aurait du sens que ce soit un Français de souche qui le fasse...

Le Foll sourit en s'imaginant ministre de la Justice.

Le jour déclinait. Hollande enleva sa veste, et fit sonner le bouton pour demander qu'un huissier vienne servir le champagne. On frappa à la porte ; c'était Poignant. Le conseiller s'approcha, scruta, comme écœuré, les magnums qui patientaient dans des seaux à glace, et s'approcha de Hollande. Le président se redressa sur son fauteuil et lui jeta un regard inquisiteur.

– Ce sont les premiers résultats de Beauvau, chuchota Poignant d'une voix sèche. Je ne sais pas, je ne comprends pas. C'est très, très mauvais...

Le nouveau gouvernement s'installait. Zemmour avait certainement nommé Henri Guaino à Matignon pour leur proximité idéologique, mais aussi par affinité personnelle, et la presse rapportait leurs difficultés à composer une équipe représentative des sensibilités de la majorité présidentielle. La question frontiste avait été résolue sans pudeur ; le président avait imposé Marion Maréchal-Le Pen, qui avait insisté pour obtenir l'Éducation nationale, devenant ainsi la plus jeune ministre jamais installée rue de Varenne. L'eurodéputé Nicolas Bay héritait discrètement de l'Industrie, tandis que l'énarque Philippe Martel, ancien directeur de cabinet de Marine Le Pen et ami intime de Zemmour, avait accepté le poste de secrétaire général de l'Élysée.

La présidente du FN était revenue sur sa décision de quitter la vie politique, et avait accepté d'occuper la présidence de l'Assemblée nationale en cas de victoire dans sa circonscription du Pas-de-Calais. Les élections législatives se profilaient. La presse avait pointé l'impossibilité pour le nouveau président de gouverner avec un parlement à sa main, mais l'Élysée avait habilement manœuvré. Le Front national et les Républicains, au lieu de leurs habituels candidats, présentaient partout en France des binômes député-suppléant labellisés « majorité présidentielle », validés par le Château. Leur logo tricolore improvisé était assez peu professionnel, mais le visage du président, largement mis en scène sur les affiches, permettait de les identifier. Quelques dissidences venaient menacer aux quatre coins du territoire la victoire de ces candidats « zemmouriens », mais les estimations électorales, fondées sur les résultats du second tour de la présidentielle, promettaient une victoire nette et une majorité large.

J'avais décidé de conserver mon poste au service politique. La perspective de suivre les premiers pas du nouveau gouvernement m'enthousiasmait. Pour la première fois, j'avais pu couvrir la campagne du candidat victorieux, et devais logiquement l'accompagner à l'Élysée. Mais je « rempilais » pour une autre raison. L'équipe gouvernementale ne tiendrait pas un an. Il y avait des signaux. À l'exception de Laurent Wauquiez, le nouveau ministre des Affaires étrangères, d'Éric Ciotti, qui remplaçait Christiane Taubira à la justice, de Xavier Bertrand, qui récupérait l'Économie, et de Jean-Christophe Fromantin, chargé de la Santé, tous les entrants au gouvernement étaient des novices à grande gueule. Ils se planteraient, et finiraient par se haïr. La campagne éclair avait masqué leurs divergences, la moitié d'entre eux craquerait au moment du débat sur la peine de mort.

Avec l'arrivée au pouvoir de La Manif Pour Tous, qui obtenait le symbolique ministère de la Famille pour Ludovine de la Rochère et celui de l'Environnement pour Madeleine de Jessey, le débat sur le mariage homosexuel allait refaire surface, au risque d'une nouvelle crispation de la société sur ce thème brûlant. Les outrances identitaires du ministre de l'Agriculture, Guillaume Peltier, et celles, plus assumées, de Thierry Mariani, qui reprenait le poste créé puis supprimé par Sarkozy à l'Immigration et l'Identité nationale, feraient très mauvais ménage avec le gaullisme social du Premier ministre ou de son protégé Julien Aubert, le nouveau ministre de l'Intérieur. Les inconnus, élus locaux, intellectuels ou entrepreneurs, qui avaient été nommés, se feraient dévorer par la machine, comme je le pressentais pour le général de Villiers, installé à la tête du ministère de la Défense. La laïcité intransigeante, voire sectaire, de la ministre de la Ville Lydia Guirous, exploserait à la figure du catholique bon teint François-Xavier Bellamy, ministre de la Culture. La perspective de ces affrontements larvés, sur lesquels j'aurais une vue imprenable, et que je contribuerais, en jouant finement, à dévoiler en place publique, m'excitait au plus haut point.

J'avais rendu mon manuscrit en respectant les délais. Dans l'urgence, j'avais dû emprunter des raccourcis, éluder certaines questions, mais réussissais à brosser un portrait contrasté du nouveau président. J'avais acquis la conviction que la candidature surprise d'Éric Zemmour n'était pas seulement un complot manigancé par quelques renégats ; elle était l'aboutissement d'une patiente et redoutable construction. Mais son engagement politique n'avait rien d'évident, et j'avais passé plusieurs jours à en chercher la cause.

La réponse était dans ses livres. Le fil conducteur de la pensée zemmourienne restait cette hantise du déclin qui l'avait conduit à prendre tous les risques et à dénoncer les chimères de l'époque. Il avait voué son combat médiatique à la libération de la parole, certain que les inhibitions de la droite et le règne du politiquement correct avaient participé au désastre. Il avait analysé très tôt les raisons de la défaite culturelle de son camp. Il avait observé Giscard, Chirac, Sarkozy et les avait vus perdre leurs moyens dès qu'ils étaient assimilés à des héritiers du pétainisme. Plus encore que la *reductio ad hitlerum*, la France souffrait, selon lui, que ses élites portent sur leurs épaules le poids de la culpabilité. L'accueil des immigrés, la fin des frontières, la dissolution de l'État-nation étaient les fruits de ce complexe. La France était livrée aux *« hordes de barbares »* parce qu'elle refusait de se défendre. Il avait voulu briser cette inhibition. Crever l'abcès.

Il s'était installé dans le paysage médiatique avec la sensation de pénétrer le *« cœur du réacteur »*. Dans les émissions grand public où il débattait, il assistait à la fabrication de la pensée unique. La culpabilisation du petit peuple, l'interdiction de certains mots, thèmes ou idées, naissait sur les plateaux télé, et il s'était servi de son exposition pour introduire la contradiction, le doute, la faille dans le système. Puis il avait décidé de le faire exploser. Selon lui, les valeurs de Mai 68 avaient accouché d'un nouvel ordre dont on commençait, plus de quarante ans après, à percevoir les incohérences. La réalité explosait à la face du pays. Il voulait accélérer ce processus, avait mué en agent de riposte idéologique. Il s'était employé méthodiquement à déconstruire le discours dominant. Il avait poussé cette entreprise jusqu'à s'attaquer au tabou des tabou, celui qui revenait comme un boomerang dans les pattes de quiconque voulait défier la bien-pensance : l'occupation.

Dans *Mélancolie française*, son essai historique, Zemmour déminait le terrain. Pétain était, selon lui, adulé et détesté pour de mauvaises raisons. La victoire de Verdun ? Une tragédie, durant laquelle le chef de guerre avait commis l'erreur de ne pas aller écraser militairement l'Allemagne sur son territoire – erreur que la France avait payé durant la revanche de 1940. La collaboration avec l'Allemagne ? Un compromis historique, qui avait sauvé des vies, car, selon Zemmour, le pétainisme était un pacifisme. Il était monté d'un cran avec *Le Suicide français*, où il étayait ce mythe du Pétain « sauveur des juifs » durant la Seconde Guerre mondiale. La polémique avait porté, au moment de sa sortie, sur cette tentative de réhabilitation. Zemmour s'était défendu en se faisant le héraut de la souveraineté française, soi-disant défendue par le maréchal. La vérité était ailleurs. Il tentait de vider le sujet Pétain de sa substance, de déculpabiliser le Français suspect de racisme, de rendre sa fierté à ce pays qu'on sommait en permanence de s'excuser. Il voulait absoudre ce péché originel. Vichy était le nœud gordien. Il le tranchait.

Notre faute avait été de simuler l'étonnement, de surjouer l'indignation, de baisser la garde. L'« *énorme surprise* », puis l'écœurement démocratique mis en scène pour les téléspectateurs, n'avaient cette fois pas suffi. Tout aurait pu être anticipé. Zemmour avait avancé ses pions, avait quadrillé le terrain, installé le décor. Il avait l'avantage. Il n'avait pas lancé sa campagne à Limoges, un soir d'automne ; il la préparait depuis trente ans. Il était monté en puissance, jusqu'à cet accident démocratique. La fatigue des partis, le succès du populisme, la place des questions identitaires dans le débat public, tout concourait à l'émergence d'un candidat antisystème. Il avait saisi sa chance. Le paysage était en place, depuis plusieurs années.

Épilogue

Il raccrocha brutalement le combiné, se leva, fit quelques pas sur sa gauche, et claqua la lourde porte dorée qui fermait son bureau. Du calme. Il devait travailler sereinement. L'agitation des huissiers, le ballet des conseillers, la multitude de coups de téléphone le rendait fou. Il n'avait pas passé dix minutes seul depuis six mois et commençait à saturer. Il y avait ces demandes incessantes, les journalistes, la presse étrangère, les politiques, l'opposition, l'administration, les banques, l'Union européenne, les chefs d'État étrangers... Tous voulaient le voir et sonder ses intentions. Certains lui prêtaient la volonté d'isoler la France, et voulaient l'acculer. Ils pouvaient bien aller se faire foutre. D'autres venaient quémander des faveurs. Bande de connards.

Ce qui l'agaçait le plus, c'était cette armée de petits gominés arrivés d'on ne sait où et qui pondait des notes internes pour expliquer que telle réforme n'est pas légale, que tel projet n'est pas constitutionnel. Il attendrait un mois, et les renverrait tous chez leur mère. Le pouvoir était un enfer, il ne le découvrait pas, mais le niveau de contrainte le surprenait. Le manège perpétuel du personnel lui tapait sur le système. On amenait des piles de dossiers sur son bureau, on lui faisait parapher des classeurs plusieurs heures par jour, sa secrétaire gérait un agenda à la minute, il n'avait jamais l'occasion d'improviser...

Il se planta sur le balcon. Le parc, les arbres, la pelouse impeccablement entretenue l'apaisaient. Il n'avait toujours pas pris le temps d'aller tremper sa main dans cette fontaine, au fond du tapis vert. Il respira. Son référendum sur l'immigration serait un plébiscite, et les législatives devraient être un examen réussi. La polémique sur l'expulsion des imams étrangers avait été une tempête médiatique, mais les gens applaudissaient, les sondages étaient unanimes. Il y avait ces négociations européennes qui l'angoissaient, mais il était déterminé à mener une politique de la chaise vide si les technocrates bruxellois l'emmerdaient. L'opposition était groggy, et mettrait du temps à se reconstruire. Quant à la droite, ses leaders Juppé, Fillon, et Sarkozy avaient tous fui le terrain politique ; personne ne viendrait lui mettre de bâtons dans les roues. Il était arrivé là par effraction, et les ors du pouvoir ne l'excitaient pas du tout. Sa vie ne serait plus jamais la même, il aspirait à quitter cet endroit. Il était élu pour cinq ans, et réfléchissait depuis plusieurs jours à annoncer qu'il ne ferait qu'un seul mandat. Son Premier ministre nourrissait, lui aussi, un dessein présidentiel, et ils pourraient organiser une transition. De Gaulle et Pompidou avaient bien réussi.

Il sursauta ; le secrétaire général de l'Élysée venait d'entrer dans son bureau. Philippe Martel traversa la pièce à pas lents, les yeux plongés dans une note de quelques paragraphes rédigée par le service communication.

– Éric, regarde, il y a déjà un livre qui sort sur toi.

Le président attrapa la feuille et lut, esquissant une légère moue. La note s'alarmait qu'un membre de la rédaction d'un hebdomadaire réputé hostile consacre déjà un livre au président.

– Il m'a collé au train pendant des semaines. Ça n'ira pas bien loin, rassura-t-il son ami. Il va sûrement répéter les conneries qu'il a écrites pendant toute la campagne.

Martel resta muet, il enchaîna.

– Je les connais par cœur, ils sont tous pareils. Ils sont tellement encartés, tellement dans l'idéologie, qu'ils ont été incapables de voir les vrais ressorts de l'élection.

Il roula la feuille en boule, la jeta et manqua la corbeille en papier. Martel se retira et il fût – enfin – seul.

Il alla ramasser le bout de papier. *À moins que...* Il le défroissa et acheva sa lecture. Le titre retint d'abord son attention. *Une Élection ordinaire.* L'auteur, expliquait la note, « *s'était livré à un travail d'enquête minutieux et analysait la montée en puissance, sur trois décennies, du nouveau président de la République* ». La thèse se voulait un contrepied de l'analyse des médias ; les résultats de cette présidentielle étaient « *la conséquence d'une rébellion du pays contre ses élites, dont les signes avant-coureurs n'avaient été décryptés ni par les autres candidats ni par les médias, et qu'avait su récupérer un candidat habile et opportuniste, devenant le premier président antisystème de la Ve République* ». La note concluait par ces mots, qui lui arrachèrent un sourire : « *Éric Zemmour n'est pas devenu président par hasard, il l'est devenu par accident.* »

Remerciements